連理木에 핀

무궁화

東川 金泳卓 長篇小說

6·25를 남침이라 인정 않는 권력집단이 있다.

그들은 대한민국이 잘못 태어난 국가라 공언한다.

이 땅의 백성들은 역사 날조를 조목조목 가슴에 담는다.

圖書出版 修書院

작가의 말

동물계의 동족상잔이란 서로를 잡아먹는 피의 게임이다.

그런 게임을 공산집단의 수괴 김일성이 자행했다. 우리는 이를 '6·25남침전쟁'이라 부른다. 그 상흔은 한 세기를 눈앞에 두고도 치유의 기미가 보이지 않는다. 푸른 집 권력에 하수인이 된 사법부는 더하여 국민을 2분법으로 갈라놓고, 오늘도 축창가를 부르며 저들만의 잔치에 취한 모습이다.

하- 잠깐만의 세월인데 저리도 많은 군상이 놀고도 먹여 준다는 사회주의 환각에 중독이 되었단 말인가? 동시대를 살아온 지식인의 한 사람으로 이 나라를 지켜내지 못한 죄책감으로 가슴이 터진다.

돈을 주고 통일을 사겠다고 나섰고, 그리하여 통일을 쟁취한 독일은 분명 1등 국가이다. 그네들의 사상이 그렇고, 경제가 그렇고, 삶의 질이 그렇다. 필자는 카투사 병으로 병원 근무를 하면서 독일군의 모습을 잠깐 보았다. 우리 보고 하층족이라 눌러볼까 두렵다. 가까운 이웃 나라 대하기가 두렵다.

우리는 스스로 동방예의지국이고, 단일민족이라며 뻐기고 살았다. 그런데 이제는 지지리 하등민족이 되고 말았다. 국법을 화수회(花樹會) 약정쯤으로 여기는 권력의 끝은 철저하게 내로남불

정신에 머물고 있다. 예서 더 하등국가일 수가 없다. 법을 무시하는 국민의 등급은 아프리카주 어느 야만족쯤에 속한다.

하늘에 휭- 떠서 본 한반도의 모습은 밤과 낮이 다르다. 낮이면 하나이던 것이 밤이면 둘이 된다. 한쪽은 전등 불빛으로 휘황찬란한데, 다른 한쪽은 암흑이다. 꼭 '연리지 고목에 핀 무궁화' 같다.

소설 속의 주인공 최용국(崔容國, 91세)은 실존 인물이다. 그는 이북의 함흥의대(咸興醫大) 출신이다. 그의 아버지는 철도 요원으로 역장의 지위에 있었다. 아들만 3형제를 두었다. 큰형 상국은 골수 좌익분자로 남침의 최전방에서 활약했다. 그리고 문화부 대공 장교로 광주지역을 관장했다. 그의 동생 영국은 선발부대로 의정부까지 밀고 내려왔으나 미아리고개를 넘지 못하고, 장총을 안고 버티고 서서 허수아비처럼 눈을 뜨고 죽었다.

최용국을 포함한 150여 명의 의대생들은 함경북도 성진시(城津市)에서 북쪽으로 한 2백 리 정도 거리의 상평리(上平里)라는 곳에서 군사훈련을 받고 있었다. 의술 교육이었다. 훈련은 4주간의 단기였고, 훈련이 끝나면 곧바로 야전병원에 배치되어 부상병 치료를 해야한다.

그런데 훈련은 시작부터 엇박자로 나갔다. 지금 이들에게 필요한 교육은 응급환자를 살리는 처치 교육이다. 한데도 교육의 주 내용은 사상학과에 치중되고 있었다. 적군이 언제 쳐들어올지 모르는 상황이다. 이 시간에도 이름 모를 고지에서 포탄을 끌어안고 생명이 죽어가고 있을 터이다. 정치교육과 정훈교육이 무슨 필요가 있다는 말인가? 훈병들의 입에서 불만이 터져 나올 수밖에 없었다.

가령, '몽금포작전'이라고 하는 현대판 전설이 있었다. 북한에 빼앗겨 황해도 몽금포항에 있는 것으로 알려진 미 군사고문단장 윌리엄 로버츠 준장의 전용 보트를 탈취하거나 폭파해 버리는 임무였다. 우리군 최초의 대북응징 작전이었다. 1949년 8월, 해군 작전국 정보과장 함명수 소령이 진두지휘했다. 북한군 경비정 4척을 격침시키고, 경비정 1척을 나포했으며, 북한군 120여 명을 사살하는 전과를 올렸다. 그러나 몽금포항에 로버츠 준장의 보트는 없었다. 북한은 이 사건을 실감나게 부풀리고 각색해서 6·25 남침의 선전도구로 사용했다. 이들의 정훈교육 단골 메뉴였다. 150명의 의대생들에게는 별로 중요한 군사교육이 아니었다.

굵은 철선 같은 소낙비가 내리던 날이다. 그게 오후 4시경이었다. 부산(釜山)을 출발하여 이원(利原)을 거쳐 성진(城津)·청진(淸津)으로 진격하던 일단의 한국군 선발 정예부대가 이들을 생포하는 데 성공하고, 선무 작전으로 150명 중 80%를 우리 아군으로 만들었다.

작전은 용의주도했다.

"탕! 탕! 탕!

세 발의 총성과, 알싸한 화약 내음과, 그리고 선무 작전의 귀재 대한민국 육군 위용(魏勇) 대위가 이 일을 해냈다.

"본관의 성은 위고 이름은 용맹할 용이다! 외자다! 지금부터 본관 용이 지휘한다! 귀관들은 포위됐다! 대한민국 육군에 포위됐다! 육신과 더불어 영혼도 포위됐다! 그러나 본관은 귀관들의 사상까지 포위하지는 않는다! 영과 육에 대한 합동 구속은 단 10분지간이다! 10분 후면 귀관들은 포위망에서 벗어나 자유의 몸이 된다!"

약속대로 위 대위는 10분 후 이들을 풀어주었다. 3일간의 시한을 두고, 재집결을 간구(干求)했다. 작전은 들어맞았다. 최용국을 중심으로 120명이 약속한 장소에 모였다. 엘리트 집단이었기에 모험적 작전이 가능했다. 이것이 6·25남침전쟁의 실상이었다.

용국의 사상을 키워준 사실상의 기비(基肥)는 영화 「엘베강의 상봉」과 「도라- 도라- 도라-」이다. 용국은 이 두 영화의 뿌리를 가슴 깊이 심어 키웠다. 그렇게 자란 나무는 연리지(連理枝)가 되고, 고목(古木)으로 남아 무궁화 꽃을 피웠다. 주인공 최용국의 사상에 접근하기 위하여 이 영화를 내레이션 해 둔다.

전자의 경우는 '민주공화국'에서, 후자의 경우는 '조선민주주의 인민공화국'에서 각각 상영되지 못했다. 최용국은 '엘베강의 상봉'을 평양의 김일성 은총 속에서, '도라- 도라- 도라-'는 자유로운 서울의 하늘 아래에서 각각 감상했다. 평양의 '엘베강'은 황홀한 꿈속이었는데, 서울의 '도라-'는 혼돈 속의 감상이었다.

「엘베강~」은 독일이 제작국이고, 「도라~」는 일본이 제작했다. 미국·영국·프랑스·소련의 연합군이 엘베강에서 독일군을 만나 일촉즉발의 위기상황 속에서 서로 화합하는 평화주의를 주제로 설정한 것이 「엘베강의 상봉」이오, 일제가 변장한 기모노를 걸치고, 미국령의 진주만 폭격을 정당화한 영화가 「도라- 도라- 도라-」이다. 용국은 어려울 때면 이 두 영화를 생각하곤 했다. 남한의 자본주의를 익히기가 쉽지 않았다. 그는 국가보훈처 창단멤버였고, 여기에서 청춘을 불살랐다. 이제 용국은 아흔을 넘긴 반 사신의 몸이 되었다. 이 나이를 살면서 오매불망 고향을 그리고, 통일을 기다렸으나 헛되고 말았다.

'나는 67년이란 긴 세월을 남한 땅에서 살았다. 하층 생활은 몸으로 때우며 익혔고, 부유층의 모습은 눈으로 요기했으며, 국민의 근성은 공직생활을 통하여 터득했다. 남한은 콩가루 집안이다. 북의 정권이 멸망하기 이전에 사라질지 모른다.'

2021년 8월 일

프롤로그

아! 38선의 원흉들

주인공 최용국의 사상을 키워준 기비(基肥)는 영화「엘베강의 상봉」과「도라- 도라- 도라-」였다. 최용국은 이 두 영화의 뿌리를 가슴 깊이 심어 키웠다. 그렇게 자란 나무는 연리목(連理木)이 되고, 고목(古木)으로 버티며 무궁화 꽃을 피웠다. 주인공 최용국의 사상에 접근하기 위하여 이 영화를 내레이션 해 둔다.

전자의 경우는 '민주공화국'에서, 후자의 경우는 '조선민주주의 인민공화국'에서 각각 상영되지 못했다. 최용국은 '엘베강의 상봉'을 평양의 김일성 은총 속에서, '도라- 도라- 도라-'는 자유로운 서울의 하늘 아래에서 각각 감상했다. 평양의 '엘베강'은 황홀한 꿈속이었는데, 서울의 '도라-'는 혼돈 속의 영상이었다.

「엘베강~」은 독일이 제작국이고,「도라~」는 일본이 제작했다. 미국·영국·프랑스·소련의 연합군이 엘베강에서 독일군을 만나 일촉즉발의 위기상황 속에서 서로 화합하는 평화주의를 주제로 설정한 것이「엘베강의 상봉」이오, 일제가 변장한 기모노를 걸치고, 미국령의 진주만 폭격을 정당화 한 영화가「도라- 도라- 도라-」이다.

제2차 세계대전에서 독일의 패망을 불러온 마지막 전투가 있었다. 잘 알려져 있지 않은 전투다. 유럽에서는 이 전투를 일러 '엘베강의 비극'이라 부른다. 엘베강은 독일의 3대강 중의 하나다. 원한의 씨앗을 잉태하여, 발화시켜준 애증의 엘베강, 강은 독일 북부의 저지대를 횡단, 함부르크를 지나 북해로 스며들어 흔적을 감춘다.

제2차 세계대전 말기인 1945년 4월 이 강의 중류 데사우 남동쪽에 있는 토르가우에서 미·소 양군이 만나 독일 분단에 견인차 역할을 한다. 더하여 연합군 승리의 결정적인 계기가 마련된다. 미·소 양군의 병사들은 이날 맺은 우정을 다지며 교류하고 있는 바, 이것이 그 유명한 '엘베의 맹세'이다.

제2차 세계대전 관련 어록
엘베강에서 만난 소련군과 미군

독일은 이탈리아와 일본의 원군을 후방에 두고, 미국·영국·프랑스·소련의 연합군과 서로 엘베강을 맞보며 일대 접전을 벌인다. 독일군은 마지막 보루인 이 강을 사수하기 위하여 전군의 화력을 이곳으로 집결시켰다. 강을 가로지른 톰바르트 다리 너머 뚝방에 진을 친 수 많은 연합군의 병졸들이 포신을 적의 가슴에 겨눈 채 분을 삭이고 있었다. 공격 명령이 떨어지면 어느 한 쪽 진영은 우주 밖으로 날아가야 한다. 눈앞에 먹잇감을 둔 사자와 호랑이가 서로 잇빨을 드러내고 으르렁 대고 있었다.

제2차 세계대전 관련 어록
진주만 공습, 일본 패배의 지름길이었다.

제2차 세계대전의 전사(戰史)가 바뀌는 순간이 제로 시한에 접근하고 있었다. 산의 능선처럼 휘어진 강둑을 엄폐물 삼아 포복해 온 한 패의 병사들이 누우떼처럼 허연 입김을 토해내며 숨을 고르고 있었다. 대열은 흡사 위엄을 과시하는 물고기의 군무 같았다. 병사들은 공격 명령을 기다리는 초조함으로 전신이 쇠붙이에 찔리듯 아파왔다. 철모를 눌러쓴 독일병정은 강둑을 향하여 거총하고, 방아쇠에 검지를 깊숙이 찔러 넣었다. 수천, 수만의 생명이 초단위 시한에 내몰린 채 이승의 공기를 마지막으로 호흡했다. '따당-!' 공격명령이 어느 쪽에서 먼저 떨어질까? 한 방의 총성이 울리면 무수한 병사들은 청춘을 막음하고 엘베강의 물속으로 수장될 것이다.

그런데 팽팽하던 긴장감은 톰바르트 다리 위에서 일순 봄눈처럼 녹아내렸다. 기적이 일어났다. 누가 먼저랄 것도 없이 철모를 벗어 든 병사들이 손을 흔들며 서로간의 간격을 좁혀나가더니, 다정한 애인을 만난 듯 서로 껴안는다. 그렇게 부둥켜안고 춤을 추는 것이다. 순간 '와아-' 하는 함성이 천둥소리보다 더 크게 터지고, 방축에 은신해 있던 연합군 병사들이 강물로 첨벙첨벙 미치

오늘도 엘베강은 말이 없다. 도도히 흐를 뿐이다.

광이처럼 뛰어든다. 너럭바위에 올라와 진을 치고 앉아있던 물개들이 몸 온도를 높이려 쫓기어 입수하듯 그렇게 몸을 던지는 것이다. 이쯤에서 독일 병정들도 강으로 뛰어들었다. 그리고 연합군과 서로 얼싸안는다. 병사들의 눈에서 뜨거운 피눈물이 쏟아졌다. 엘베강은 병사들의 눈물을 빗물처럼 모아 안으며 조용히 흘렀다.

"오 마이 갓! 오 마이 갓!"

병사들은 이렇게 수호신을 큰 소리로 연호했다.

강의 위쪽에서 독자적으로 작전을 수행하던 소련군 병사들도 합세하여 독일병정의 진지를 향하여 모자를 흔들며 환호했다. 그러나 이자들의 자세는 얼마만큼의 거만이 담겨 있었다.

7년 전쟁은 이렇게 종말을 고했다. 영화 '엘베강의 상봉' 줄거리다.

이 영화의 주제는 휴머니즘이다. 이 영화가 '대한민국'에서는 상영되지 못했다. 독일 병사들의 거만은 훗날 대한민국에 38선을 그어놓고야 풀어졌다.

제2차 세계대전은 왜구의 가증스런 우월주의가 불러왔다. 일제의 본심이 담긴 시나리오『도라- 도라- 도라-』를 생각해 보면 그 사실에 공감이 간다. 이 영화는 진주만 폭격을 주제로 삼았다. '도라 도라 도라'는 폭격 암호다. 일제는 이 암호를 절묘하게 이용하여 진주만을 기습한다. 선전포고 없이 전쟁을 일으킨다는 것은 국제법상 위법이다. 일제는 이 위법을 벗어나기 위하여 교묘한 지혜를 동원한다. 그리하여 진주만 폭격이 적어도 국제규범 틀 속에서 이루어지도록 각본을 꾸몄다.

-일본 정부는 미합중국정부의 태도로 미루어 앞으로 교습을 계속할지라도 타결에 이룰 수 없다고 인정치 않을 수 없음에 관하여 이렇게 미합중국 정부에 통보하게 된 것을 유감으로 여기는 바이다.-

최후통첩의 선전포고문이다. 이를 접한 루스벨트 대통령 등 수뇌부는 일본이 외교관계를 끝내겠다고 선언한 것이라 이해했을 뿐이다. 드디어 특공대가 진주만에 정박 중인 전함의 화구 속으로 포탄을 쏟아 놓기 시작했다. 미합중국은 손을 써 볼 여유가 없었다. 적국의 방어 시간을 절묘하게 빼앗은 선전포고였다. 전사자 2,403명에 부상자가 1,143명에 이르고, 전함 4척, 배 6척이 수장되었다. 항공기 188대가 파괴되었다. 당시의 미합중국은 일본의 80배에 달하는 군사력을 보유하고 있었다. 진주만 공습의 참상이었다.

미합중국은 공습 1시간 뒤에 전달한 최후통첩을 지금도 선전포고라고 생각하지 않는다.

평화주의를 주제로 설정한 「엘베강의 상봉」과는 달리 변장한 기모노를 걸치고, 진주만 폭격을 정당화한 영화 「도라- 도라- 도라-」는 흥행 면에서도 뒤졌다.

일제는 대전이 끝날 무렵 자국군이 점령하고 있던 필리핀에 미연합군이 상륙하자 가미카제 특공대를 편성하여 공격을 시도하고, 1945년에는 오키나와를 방어하기 위해 1천 명이 넘는 특공대원이 신풍(神風), 가미카제 공격을 감행하기도 했다.

인간은 전쟁보다 평화를 선택했다.

번외의 이야기가 장구했다. 그러나 '제2차 세계대전'과 '36년간'의 일제 강압은 우리 민족의 모든 것을 빼앗아갔다. 2개의 사건 중 하나만 빗겨 갔어도 우리는 남북으로 분단되지 않았다. 그리고 비극 6·25 참상을 겪지 않을 수 있었다. 6·25는 한민족의 두뇌를 좌와 우로 영원히 2분 해놓은 역사적 산물이다. 더 몸서리 돋게 하는 것은 지금 남한 땅의 좌우 갈등이다. 통치자라고 하는 사람이 국가발전구상에는 관심없고 철저하게 내편 네편으로 갈라놓고 밤낮없이 "청군 이겨라", "백군 이겨라"만 외치고 있다.

지금 대한민국이 1국 체재의 독립국가라고는 하지만 이는 연리지목에 핀 무궁화와 같아 언제 시들지 모른다. 분명 시한부 생명을 살고 있는 터이다.

최용국 主人公의 주장에 귀 기우릴 때이다.

차 례

제1부 산목(散木)

고향 그리다

하늘이 무겁다. 어느 날 못된 인간 하나를 잉태했다. 비가 내려도 한 스무날 이어진다. 까마귀가 여염집 추녀 밑에서 비를 피하고 있다. 들고양이가 부뚜막에 앉아서 쥐구멍을 응시한다. 너 있어 나가 못 산다. 편이 되어 쪼개지고 그 한쪽이 백두혈통에 염색되었다. 이양이면 정은이가 살아 있을 때 합쳐보자. 다 같이 가난하면 나는 잘사는 축에 낀다. 이제 두목이 바뀌어도 난 다칠 일은 없다. 그저 뭉쳐만 있으면 산다. 세상이 이쯤으로 변했다.

'다람쥐 쳇바퀴 돈다.'고 한다. 엄흉스러움을 숨기려는 뒷얘기다. 용국은 스스로 어리석기 위해서 '다람쥐 운동'을 한다. 용국의 기상 시간은 1년 12달 변함이 없다. 6시면 일어난다. 일어나자마자 시작하는 운동이 '다람쥐 쳇바퀴 돌기'다. 40분 정도 소요된다. 운동의 유형은 3가지이다. '벽돌기', '말태우기', 자맥질하기'가 그것이다. 이름이 좀 특이했다. 오늘은 조금 일찍 시작했다. 직립하여 시계의 침 반대 방향으로 벽을 짚고 돌아가는 운동이 벽돌

기다. 그것부터 시작한다. 벽을 향하여 두 팔을 양쪽으로 쫙 벌리고 상체와 손바닥을 벽에 딱 붙인 다음 그 자세를 유지하면서, 자라가 빨대로 바윗돌을 흡입하듯 밀착한 손바닥 힘으로 갯벌의 큰 게가 움직이듯 좌로 1보, 또 좌로 1보, 또 좌로 1보, 이렇게 움직여 도는 운동이다. 목표는 3바퀴다. 3바퀴 완주에 대략 12분이 소요된다. 두 번째 운동은 바닥을 짚고 엉금엉금 기어서 가기다. 귀여운 손주를 등에 태우고 말놀이하는 그런 자세를 취하는 말 태우기 운동이다. 마지막 3바퀴는 자맥질하기. 자-벌레가 몸을 원형으로 만들어 꼬리를 머리 쪽에 갖다 붙인 다음, 몸을 앞으로 펴며 자질을 하듯 기어나간다. 무릎을 잔뜩 오그려 몸의 길이를 줄인 다음 두 손으로 방바닥을 잡고, 앞으로 몸을 끌어당김과 동시에 다리에 힘을 주어 몸통을 밀어서 이동을 시킨다. 벽에 붙어서 도는 벽 돌기나, 두 손과 두 발로 땅을 짚고 엉금엉금 기어가는 말 태우기나, 허리를 한껏 굽혔다가 펴는 자맥질하기나 어렵기는 매한가지다.

등줄기에 땀이 많이 났다. 오늘따라 힘이 달렸다. 마지막 세 바퀴를 비몽사몽 혼수상태로 돌았다. 그러면서도 그는 습관적으로 주술을 외운다. 그가 다람쥐 운동을 할 때 외우는 주술이다. 바이칼호수를 지나 한반도에 닿는 상모솔새처럼 용국은 봄의 꼬리에 그렇게 매달려 성진포구로 고향을 찾아가는 것이다. 한데, 오늘 아침 이 운동을 하다가 용국은 기절했다. 마지막 1바퀴를 남기고 그리 된 것이다. 생일날이고 해서 할멈이 이것저것 찬을 갖춰 아침상을 들이려다 난리가 났다. 92번째 맞는 생일이다. 이날의 생일에도 축하객은 물론 할멈뿐이었다. 자식이 있었지만 얼씬 못하게 한다. 실향민의 설움은 자신만으로 족했다. 굳이 자식놈들에게까지 실향의 아픔을 대물림해 주고 싶지 않았다. 용국은 등을 방바닥에 붙인 채 반듯한 자세로 누워 천정을 쳐다봤다. 이미 미동도 하지 못하는 몸이 되었다. 일제가 만들어 놓은 38선이란 쇠사슬에 목이 묶긴 채 그렇게 죽어간다는 사실이 한없이 서러웠다. 일제는 흡혈기가 되어 36년 동안 조선의 피를 빨아 먹었다. 그리고 38선이란 괴물을 안겨주고 뱀처럼 뒤도 돌아보지 않고 떠났다.

미(美)제와 중(中)제와 소(蘇)제가 밉기로는 일제 못지않았다. 주먹만 한 땅덩이를 중간에 놓고, 공기놀이 이제 그만 했으면 좋겠다.

정신대 할머니의 처녀 동상 마냥 양손을 꼬옥 쥐고 반듯한 자세를 유지한 채 움직이지 않고 누워있는 용국의 왼쪽 손에 무언가 들려 있었다. 꼬깃꼬깃 구겨진 종이쪽지였다. 쪽지에 적혀있는 내용은 고향의 가족들이 보고 싶을 때면 외는 주술로 철새 이야기였다. 영하 섭씨 30도까지 내려가는 시베리아·알래스카를 떠나 영하 10도의 날씨에 먹잇감이 풍부한 이남의 서해안 갯벌과 낙동강 하구로 이동해 온다는 겨울 철새 이야기다. 철새 중에는 큰고니란 아름다운 이름을 가진 놈도 있는데, 이놈은 230cm가 넘는 날개를 달고 다닌다. 그놈들의 틈에 눈곱 크기의 상모솔새가 끼어온다는 것이다. 용국은 그렇게 하루 아홉 바퀴면 죽기 전 상모솔새가 낙동강 하구에 닿듯, 고향 단천(端川)에 이를 수 있다는 계산을 하고 있는 터였다. 용국에게 상모솔새는 그가 살아가는 삶의 증표이자 고향으로 돌아갈 수 있다는 희망의 상징이었다. 상모솔새가 남한 땅에서 겨울을 나고, 러시아의 바이칼호수로 돌아가는 길 장진호(長津湖)에 내려 쉬어갈지도 모른다는 생각을 할 때면 용국은 전신에 오싹 소름이 돋는다. 장진호는 함경남도 개마고원에 있는 호수 이름이다. 그곳 가까이에 용국의 진외가가 있다. 전신에 닭살이 돋는 것은 그곳에 진외가가 있어서만은 아니다. 남한 소유의 백마고지가 전투의 상징이듯, 북한 땅의 장진호는 6·25와 피의 상징이다. 핏물이 강을 이루어 이 호수로 흘러들고, 그리하여 호수의 수면이 10cm나 더 높아졌다고 전하는 전쟁은 아직도 이 땅에서 진행형이다.

대정맥이 끊긴 대한민국의 운명은 어디로 가는 것인가?

1950년 11월 미 제10군단 예하 미 제1해병사단이 장진호 북쪽으로 진출하던 중 중공군 제9병단 예하 7개 사단과 충돌하여 2주간에 전개한 철수 작전을 두고 우리는 장진호 전투라 부른다. 장진호 전투는 동부전선의 미 제10군단 예하 미 제1해병사단이 서부전선 부대와 접촉을 유지하기 위해 장진호 북쪽으로 진출하던 중, 중공군 제9병단 예하 7개 사단 규모가 포위망을 형성하자, 이 장진호 계곡을 벗어나기 위해 1950년 11월 27일부터 12월 11일까지 2주간에 걸쳐 전개한 철수 작전이다. 장진호 전투는 미국 전사상(戰史上) 가장 고전했던 전투로 기록된다.

장진호는 용국의 할머니가 자란 곳이라고 했다. 용국은 상모솔새 생각만 하면 눈물이 펑펑 쏟아졌다. 눈물은 임진강을 타고 내리다가 멀리 멀리 엘베강쪽으로 녹아들었다. 동·서독을 하나로 묶어 통일 독일을 만들듯, 남북을 하나로 묶어 통일 대한민국을 만들어 놓을 수는 없는가. 용국의 92년간의 삶은 '살았어도 죽어야 했고, 죽었어도 살아야 했다.' 세상 두 쪽인 나라가 이 지구상에 한반도 말고 또 있다던가.

용국은 생전에 '엘베강의 상봉'을 한 번만 더 보고 싶었다.

19501028호 군번

등뼈산 7부 능선 중턱쯤에 분지형의 작은 평원이 하나 있다. 함경북도 성진시(城津市)에서 북쪽으로 한 2백리 정도 거리의 상평(上平)리라고 하는 곳이다. 바위가 사람의 척추처럼 생겼다고 해서 가까이 사는 주민들은 등뼈산이라고 불렀다. 여기 150여명의 의과대학 졸업반 생도가 모여 의술 교육을 받고 있었다. 위생과 응급진료에 대한 기초훈련이었다. 훈련은 4주간의 단기였고, 훈련이 끝나면 곧바로 야전병원에 배치되어 부상병의 치료를 책임진다. 그런데 훈련은 시작부터 엇박자로 나갔다. 지금 훈병에게 필요한 교육은 응급환자를 살리는 처치 교육이다. 한데도 교육의 주 내용은 사상학과에 치중되고 있었다. 적군이 언제 쳐들어올지 모르는 상황이다. 이 시간에도 이름 모를 고지에서 포탄을 끌어안고 젊은 생명이 죽어가고 있다. 이 판에 정치교육과 정훈교육이 무슨 필요가 있다는 말인가? 훈병들의 입에서 불만이 터져 나오고 있었다.

가령, '몽금포작전'이라고 있었다. 북한에 빼앗겨 황해도 몽금포항에 있는 것으로 알려진 미 군사고문단장 윌리엄 로버츠 준장의 전용보트를 탈취하거나 폭파해 버리는 임무였다. 우리군 최초의 대북응징 작전이었다. 1949년 8월, 해군작전국 정보과장 함명수 소령이 진두지휘했다. 북한군 경비정 4척을 격침시키고, 경비정 1척을 나포했으며, 북한군 120여명을 사살하는 전과를 올렸다. 그러나 몽금포항에 로버츠 준장의 보트는 없었다. 북한은 이 사건을 실감나게 부풀리고 각색해서 6·25남침의 선전도구로 사용했다. 이들이 매일 받는 정훈교육 단골 메뉴였다. 임상 과목은 마이너(규모가 작은 조직이나 집단) 계통으로 안과, 이비인후과 이렇게 세부적이고 전문적인 교육이 아니라, 내과 외과 이제 이런 큰 범위로 훈련을 받고 있었다.

정식 의과대학 졸업생들에게는 맞지 않는 교육내용이었다. 쓸데 없는 교육이니 시간 낭비이고, 비효율적이었다. 이들의 불만은 시간이 흐를수록 표면화됐다. 중상을 입은 병사가 살려 달라고 아우성치는 소리가 귓전을 때렸다. 들리는 말로는 전세가 아주 나쁜

쪽으로 기울고 있었다. 조국과 민족을 위해 한 몸 바쳐 싸우다가 전사한 전우가 부지기수이고, 부상병이 트럭으로 넘쳐난다고 했다. 부러진 팔다리를 붕대로 묶어 병원으로 후송하고, 절단된 발목을 응급처치해야 하는 일이 이들의 몫이다. 그런데 날이 갈수록 심해지는 사상교육에 맥이 빠질 대로 빠진 의학도들에게 희망은 전연 보이지 않았다.

하루하루가 지루하고 따분했다.

용국은, 돌 틈바귀를 비집고 나오면서 거북이 등짝처럼 불거지고 페인 소나무 뿌리를 베개 삼아 몸을 눕혔다. 병사들에게 휴식시간은 금쪽같은 자유의 틈새였다. 하늘의 끝자락이 저쪽 멀리에 보였다. 노을이 붉게 타고 있었다. 불운의 전주곡이었다. 노을이 지는 다음 날은 물가에 소를 매어놓지 않는다고 했다. 큰비가 내린다는 예고다.

노을빛 붉은 하늘이 지구처럼 빙빙 돌아갔다. 용국은 돌아가는 구름의 꼬리를 따라 눈알을 굴렸다. 구름은 이리저리 덧 섞기며 묶이었다가 풀리기를 반복했다. 암수가 흘레를 붙는 중이다. 비를 만들기 위해서다. 이를테면 운우의 지정을 나누고 있는 것이다. 불규칙한 하늘의 운영(雲影)을 보다가, 용국은 비몽사몽 간에 꿈을 꿨다. 영화 『엘베강의 상봉』이었다. 이참, 용국은 이 영화에 대한 꿈을 자주 꿨다. 어떤 예시인가, 용국은 꿈이 있는 다음날엔 몸가짐에 신경을 더욱 썼다.

제2차 세계대전 이후 유럽은 독일이 다시는 전쟁을 일으키지 못하게 해야 된다고 생각했다. 그 조치의 하나로 독일을 분단시켜

놓은 것인데, 여기에는 자본주의와 공산주의의 이념적 대결도 작용했다. 소련을 제외한 연합군은 서독을, 소련군은 동독을 차지하게 했다. 유럽인들의 생각은 현명했다. 지금까지의 독일은 제2차 대전 이전의 정책으로 회기 하려는 의도를 보이지 않고 있다. 그들은 일본과 달리 기회가 있을 때마다 전쟁에 대하여 사죄하고 보상했다.

이름없는 군번, 지금도 수많은 원혼이 버려진 흙속에 묻혀 있다.

'엘베강의 상봉'을 두고 연합군의 사령관들은 2차 대전의 종말이 아주 좋지 않은 후유증을 가져올 것으로 예감했다. 연합군 병사들이 손을 흔들며 먼저 강물에 뛰어들어서 독일군을 포옹하는 장면이 사실상 항복을 암시하고, 그리고 소련군의 태도는 서로 용서한다는 모습이 아닌 불만의 표출이라는 해석이다. 독일과 소련은 제1차 세계대전의 양대 축으로 서로 앙숙지간이다. 연합군의 승리로 제2차 세계대전이 종결되었지만 전쟁의 후유증은 다시 전쟁을 불러온다는 논리였다.

누우·임팔라·얼룩말·기린·버팔로 이것들은 하나같이 초원의 왕자들이다. 그러나 사자와 호랑이의 먹잇감에 불과한 존재들이다. 뒷날 미제와 소제가 서로 먹잇감을 앞에 놓고 대립각을 세울 것이란 예단을 가능하게 하는 언어들이다.

呂궁식, 李마주, 朱체식은 용국을 형처럼 따랐다. 이들은 성자만 엮어서 스스로 여·이·주라 불렀다. 여의주(如意珠)가 낫다고 나중엔 그렇게 개명했다. 늙은 뱀이 이것 못 얻어 용이 못되고, 이무기가 되었다는 여의주 말이다. 여의주는 요술방망이었다. 이들은 어떠한 어려움에서도 생명을 유지할 것으로 믿는다. 용국은 지금 막 꾼 꿈 이야기를 세 사람 앞에서 꺼냈다.

그 때다. 주눅 든 등뼈산이 바윗돌 무개로 짓눌리고, 하늘이 갈라지듯 천둥이 심하게 울었다. 구름에 실금이 가며 번쩍 번쩍 빛이 났다. 저러다가 하늘이 두 쪽 나지 싶었다. 연이어 천둥이 울었다. '후두둑-' 먹구름이 입을 벌리고 굵은 철선 같은 소낙비를 쏟아냈다. 금속성 터지는 소리가 이어졌다. 그 소리가 아주 가까이에서 들렸다. 그게 오후 4시경이었다. 남조선군 제1차 선발대가 금속성 터지는 소리를 앞세우고 들이닥쳤다. 부산(釜山)을 출발하여 이원(利原)을 거쳐 성진(城津)·청진(淸津)으로 진격하던 일단의 한국군 정예부대였다. 훈병들은 배추흰나비가 거미줄에 걸린 듯 옴짝달싹 할 수 없는 지경에 처하고 말았다. 그들은 그저 어미 잃은 송아지 마냥 한동안 허공으로 시선을 던졌다. 그대로 넋이 빠져나갔다. 소낙비는 더 줄기차게 내렸다. 옆 사람을 분간하기가 어려웠다.

"탕-! 탕-! 타탕-!"

두 그루 나무가 이어 붙어 하나가 된 '연리지 목'

총성이 연이어 울렸다. 알싸한 화약 냄새가 코끝에 묻어났다. 어느 찰나에 나타난 사나이가 권총을 빼어들고 있었다. 밥풀떼기 세 갯짜리다. 육군 대위였다. 체구가 탄탄하게 보였다. 그의 총구는 구름 속의 별을 향하고 있었다. 50여m 거리를 두고 M1소총을 든 한국군 병사들이 쌍무지개 대형으로 훈병들을 둘러싸고 있었다.

밥풀때기는 카랑카랑한 목소리로 서언전포고(善言戰布告)를 했다.

"본관은 대한민국 육군대위 위용(魏勇)이다! 성은 위고 이름은 용맹할 용이다! 외자다! 지금부터 본관 용이 지휘한다! 귀관들은 포위됐다! 대한민국 육군에 포위됐다! 육신과 더불어 영혼도 포위됐다! 그러나 본관은 귀관들의 사상까지 포위하지는 않는다! 영과 육에 대한 이중 구속은 단 10분지간이다! 10분 후면 귀관들은 포위망에서 벗어나 자유의 몸이 된다!"

훈병 의대생들은 용 대위가 지금 무슨 소리를 하고 있는지 어리둥절했다. 하늘이 두 쪽으로 찢어지는 소리를 내며 또 한 번 울었다. 천둥이 구름을 때리는 소리였다. 그 때마다 하늘의 저편에 실뱀이 기어가는 모양의 금줄이 그어졌다. 그 사이로 빗물이 줄줄줄 새어나왔다.

위용이 두 번째 선전포고를 했다. 이번에는 선전포고(宣戰布告)였다.

"귀관들에게 일주일간의 시간을 준다. 일주일 후 현재의 복장 차림으로 지정 장소에 집합한다. 집합하는 자는 위대한 대한민국 육군에 편입된다. 물론 군의관 신분이다. 육군병원에 근무하게 된다. 지금부터 본관과 같이 행동해도 좋다."

용국은 정신이 벙벙했다. 포위를 당한 건지, 포위를 한다는 건지 분간이 가지 않았다. 위용이라는 저 친구 아무래도 술에 취한 취객 같았다.

하여간 어디로 잠입을 했는지, 한국군의 기습작전은 놀라웠다. 등뼈산을 경계로 꽤 많은 인민군이 훈련병을 호위하고 있었다. 그런데 호위병은 국군이 들이닥쳤는데도 총소리 한 번 내어보지 못하고 어디론가 사라지고 말았다. 소낙비가 세차게 퍼부을 때 아군과 호위병 사이에 백병전이 벌어지고 호위병은 순식간에 섬멸되고 말았다. 사상교육에만 열을 올리던 교관들은 모두가 사상교육을 하러 저승으로 떠났다.

포위망없이 포위된 훈병들은 위 대위가 시키는 대로 깍지 낀 두 손을 장배기에 얹었다. 영화 '엘베강의 상봉'이 용국의 머릿속을 후비며 지나갔다. 총칼로 중무장을 한 남조선 군대의 위용은 당당하게 보였다. 인천상륙작전이 전개되고, 전세가 불리할 것이란 숙덕거림이 며칠 전부터 풍문으로 들려왔다. 훈병들에겐 괴로운 시간의 연속이었다. 수없는 생명이 간호의 손길을 기다리며 아우성치다가 숨을 걷는 병사들의 처참한 모습이 눈앞을 가렸다. 이렇게 무너질 수는 없었다. 손바닥만큼 남은 땅 부산만 덮치면 숙원이던 통일과업이 완수된다. 하나, 낙동강이란 철선에 목줄이 걸린 인민군들은 비오는 날에 날궂이하는 개처럼 다 먹은 남조선 땅을 콱! 콱! 토해내고 스스로 백기를 드는 패잔병으로 변신하고 말았다.

어찌하여 요새지대와도 같은 등뼈산이 적병들의 수색에 발각이 되었다는 말인가? 용국은 자꾸만 머리가 빙빙 돌았다. 밥풀떼기 저자! 용국은 저자가 분명 돌았다고 단언했다. 그러지 않고서는 이럴 수가 없다. 너를 죽이지 않으면 내가 죽는다. 이것이 전쟁의 원리다. 그렇게 익혔다. 전쟁포로를 풀어주고 1주일 후에 다시 돌아오라니 이럴 성한 놈의 전술이라고 믿기는 어려웠다. 듣기 싫도록 받은 정훈교육 내용에도 없는 작전이었다. 잡히면 죽는다는 말만 귀에 딱지가 붙도록 들었다. 개놈들 손에 개죽음 당하느니 차라리 혀를 물어 혈서를 쓰고, '김일성 장군님 만세'를 부르며 죽으라는 말을 수없이 들어왔다. 정훈교육이라는 교육 내용은 주로 이런 것이었다. 용국은 정말로 헷갈렸다. 용국과 여·의·주 이렇게 넷이 모였다. 누가 주동해서가 아니다. 서로 눈빛을 보고 모인 것이다.

이마주가 먼저 말을 꺼냈다. 튀자고 했다. 밥풀떼기가 던진 미끼를 물지 말자고 했다. 주체식이 거들었다.

"야! 정말 그 희한한 놈이다. 우리도 잔머리 한 번 굴리자?"

"어떻게?"

겁에 질린 여궁식은 최용국을 응시했다. 최용국은 가타부타 말이 없다. 까딱 잘못했다가는 네 사람이 한꺼번에 간다. 넷의 의견은 각각 달랐다. 여궁식도 기회를 봐서 튀자고 했다. 풀어 놓는 척하다가 결국은 모두 모아 한꺼번에 처형시키고 말 것이라고 우겼다. 주체식은 한 목숨 용국에게 맡겨보자고 했다. 용국은 일단 집으로 돌아가서 부모님과 상의부터 하자고 했다. 숙고 끝에 네 사람은 결국 각자 도생하기로 했다. 용국은 이틀을 위용 대위와 같이 행동했다. 위용 대위는 용국으로부터 지형지물에 대한 최대한의 도움을 받았다. 눈에 보이지 않는 전과였다. 위 대위와 2일간의 동행은 용국으로 하여금 남한 장교의 위치와 인간성 파악에 많은 도움이 되었다. 3일째가 되는 날 용국은 집으로 가기로 결심했다. 그러나 이들의 생각은 너무나 단견이었다. 이미 네 사람 모두에게 반동분자의 딱지가 붙고 말았다. 잡히면 무조건 자살하라는 명령을 어긴 것이다. 자살은커녕 이들은 자살을 생각해 보지도 안했다. 이들은 생포가 되는 과정에서 조금도 저항하지 않았다. 국군이 쳐들어오기를 기다렸다는 듯이 두 손 들고 그냥 투항했다. 속절없이 반동분자일 수밖에 없는 여의주와 용국, 이제 네 사람이 살아갈 땅은 대한민국뿐이었다.

용국은 일단 성진시로 나갔다. 성진역에는 사람들이 들끓었다. 이 역은 물적 유통의 센터였다. 제국주의 시절 일제는 중국으로 군수물자 수송을 위해서 이 지역 출신 엘리트를 기관사로 고용하고, 최대한의 예우를 해줬다. 철밥통에 안전빵으로 살던 기관사들은 목숨을 바쳐 직무를 수행했다. 원산에서 나진에 이르는 함경선과 길주를 기점으로 백암과 무산에 이르는 백무선, 그리고 백암을 경유하여 혜산진이 종착역인 혜산선은 일제의 북로 개척에 중요 역할을 했다. 그 중심에 성진역이 있었다. 이 성진역과 이웃인 쌍용역의 역장이 바로 최용국의 아버지 최보고였다. 최보고는 마침 집에 있었다.

"너 잘 왔다!"

최보고는 음성이 떨렸다. 마음이 착잡했다. 애써 담담한 표정을 유지했다.

"내가 숨어 있을 곳을 알려 줄테니 당분간 거기 가서 있어라."

용국은 대답이 나오지 않았다. 용국의 귀에 아버지의 말씀이 꼭 교관의 정훈교육같이 들렸다. 최고보의 설득은 집요했다. 용국은 듣기 싫었다. 최보고는, '행복은 이상으로 보상되지 않는다'는 논리로 아들을 설득했다.

"너는 남조선 군인이 될 수 없다. 큰형은 지금 문화부 대공장교로 있다. 작은 형도 자원입대했다. 내 말 명심해야 한다."

큰형 말이 나오자 용국은 뜨끔했다. 최보고의 명령은 단호했다. 그 단호함 속에는 애절함이 구구절절 배어 있었다. 큰형에겐 아무것도 해준 게 없다는 말을 최보고는 수도 없이 했었다. 큰형은 집에서 늘 이방인이었다. 할아버지의 형제가 4형제였는데 제일 끝에 할아버지는 딸만 두고 아들이 없었다. 그 할아버지는 이름난 부자로 살고 있었다. 그 할아버지는 철도청 공무원인 용국의 아버지에게 관심이 많았고, 결국 그를 당신의 양자로 만들었다. 손주가 된 큰형 상국은 할아버지 보호 아래 히노데중학교를 나와 일본에 있는 (요까생)해군사관비행학교에 입학했다. 입학이 지극히 까다로운 학교에 들어간 것이다. 신원보증이 필요했다. 첫째 재산이 많아야 된다. 두 번째는 친일성향이 강해야 했다. 아버지에겐 보증할만한 재산이 없었다. 할아버지는 재산가인데, 일제가 그 재산을 인정해야 입학이 가능했다. 일제는 그것을 인정해 주지 않았다. 대신 국가에 얼마간의 재산을 헌납하라는 단서를 붙였다. 할아버지는 재산이 아까웠다. 그러나 당신 손주의 장래를 위해서 얼마간의 재산을 양보했다. 재산을 양보한다는 조건 속에는 애국심의 무게가 달린다. 그러니 적게 내어놓을 수가 없었다. 이 과정에서 할아버지는 심통이 붉어졌다. 입학 후에도 들어가는 돈이 많았다. 일본도(日本刀)를 사고, 옷에 붙일 계급장까지 자비로 구입해야 한다. 전연 예상 못했던 추가 비용이 자꾸만 늘어나니까 할아버지는 입학시킨 것이 후회가 되었다. 더 큰 문제는 기숙사 생활에 있었다. 기숙사 생활이란 것이 먹는 것부터가 부실했다. 그러니 큰형은 늘 배가 고팠고, 간식으로 미식가루가 필요했던 것이다. 미식가루 원료는 찹쌀이다. 용국의 어머니는 큰아들의 간식을 구걸하러 할아버지에게 가곤 했다. 꼭 흥부가 놀부의 집으로 저녁밥을 얻으러 가는 격이었다. 용국의 어머니는 찹쌀 대신 기름내가 푹푹 나는 묵은 배급 쌀을 몇 됫박 얻어 왔다. 대농가에 배급 쌀이라니, 어인 말인가? 이 배급 쌀은 용국의 집으로 배달이 되어야 할 쌀이었다. 그런데 용국의 할아버지는 손주를 해군사관비행학교에 보내 놓고, 저쪽 식구 이름을 몽땅 자기 집 주소로 옮겨 배급을 타갔다. 아버지는 얻어온 쌀에서 기름 냄새가 푹푹 나는지라 화가 머리끝까지 치솟고, 결국 죄없는 어머니에게 화풀이를 하는 것이다. 그러면 어머니는 울면서 그 쌀을 안고 되짚어 할아버지 집으로 가서 반납을 했다. 이 사실을 뒤늦게 안 큰형의 눈에 불꽃이 일었다. 결국 학업의 계속이 불가능했다. 이 와중에 8·15해방을 맞는다. 이렇듯 아버지의 소심함과 할아버지의 허황된 욕망이 결국 큰형을 저 넓은 황야로 내몰고 말았다.

"아버지 저도 큰형이 보낸 편지 받았습니다. 도대체 골바위에서 훈련받는 것을 어떻게 알아냈는지!"

용국은 아버지에게 사실대로 아뢰고 싶었으나 참았다.

밥풀때기 3개짜리 위용에게 개의 코가 꿰이듯 끌려다니기 4,5일 전엔가 용국은 느닷없이 큰형 상국이 보낸 편지 한 통을 받았다. 편지 내용을 본 용국은 전율했다.

"너 훈련받느라 고생이 많다. 어떻게 하던 목숨만 부지해라. 이제 통일이 얼마 남지 않았다. 내가 어제부터 광주로 내려가고 있다."

편지의 내용이 이랬다. 그것도 대한민국의 저 남쪽 천안(天安)에서 보내온 것이다. 큰형의 지위가 높긴 높구나 싶었다.

아버지는 작은형이 인민군에 입대하여 장총을 메고 전선으로 떠났다고 몇 번이나 강조했다. 작은 형은 마음이 여리고 겁이 많은 사람이다. 작은 형이 자꾸만 마음에 걸렸다. 아버지는 결국 용국을 설득하지 못했다. 밥풀때기 3개짜리가 보여준 2일간의 자유가 용국의 마음을 휘어잡았는지 모른다. 아니 평정이 될 때까지 살아서 남더라도 이미 이들에겐 반동의 낙인이 찍힌 몸이다. 용국은 집에서 3일간을 머물다가 짐을 쌌다.

자유를 찾아서! 자유는 그 자체가 삶이요 생명이다

과연 위용 대위의 전술은 100% 적중했다. 약속시간에 맞추어 속속 돌아오는 훈병들이 많았다. 여의주도 미리 와 있었다. 그들은 배웠고, 자유가 소중함을 느끼고 있었던 것이다. 반동분자란 죄명으로 처형되느니 자유를 위해서 총알받이가 되는 게 낫다고 생각을 굳혔다. 전장의 분위기는 수시로 바뀌었다. 밀고 밀리는 전투가 반복됐다. 용국을 포함한 훈병들은 날이 갈수록 국군장병들로부터 귀찮은 존재가 되고 있었다. 어느 날부터인가 밥풀때기 장교가 보이지 않았다. 훈병들은 낯선 부대로 넘겨졌다. '국군제1군단노획품집적소'의 대원으로 신분이 바뀌었다. 그러니까 뭐 빼앗은 군수물자라든가, 여러 가지 이런 걸 자꾸 모아서 이것만 취급하는 부대원이 된 것이다. '노획품집적소수색요원'으로다가 정식으로 임명을 받았다. 낯익은 친구들이 있어서 말동무가 그립진 않았다. 이들 모두는 용국을 믿고 따랐다.

벌써 달이 찼다. 내일이면 12월이다. 그런데 12월의 소식은 불결했다. 전군이 철수를 한다고 했다. 맥아더가 만주에 원자탄 폭격을 감행하기 위하여 잠시 동안 남쪽으로 피신을 했다가 다시 원위치 된다고 했다. 이른바 작전상 후퇴라는 것이다. 그런데 알고 봤더니 작전상 후퇴가 아니었다. 중국의 인민 대군이 냅다 밀고 내려온다는 비보였다. 서부전선에서 유엔군이 초산군(楚山郡) 성서면(城西面) 초산리(楚山里)까지 밀고 올라가고, 6사단 장병들이 수통에 압록강 물을 퍼 담아 마시고, 중부 전선의 국군 선발부대가 혜산군(惠山郡) 별동면(別東面) 혜산진(惠山鎭)까지 치밀고서는 물주머니로 압록강 물을 싸서 온다는 소식도 잠깐, 이제 치열하게 벌어질 전투를 맞이해야 했다.

밥풀때기 위용 대위가 한 약속은 뜬구름이 되고 말았다. 그런데 불행하게도 용국과 그 일당은 철수하는 부대의 점호(點呼) 대상이 될 수 없었다. 정식 군인이 아니기에 이동병 숫자로 잡을 수 없다고 했다. 그렇게 되면 이들은 민간인 신분으로 남아야 한다. 인민군이 들이닥치면 그대로 총살감이다. 눈앞이 캄캄했다. 그런데 구세주가 나타났다. 어께에 말똥 하나를 단 육군 소령이 구세군처럼 이들 앞에 나타난 것이다. 육군 3사단 인사부 소속이었다. 용국 일당에게 정식으로 입대하라고 했다. 입대한 사람을 보고 또 입대라니, 이게 무슨 말인가. 용국은 사실대로 이야기 했다. 그의 군번 천구백오십만 천이십육(19501026)번은 1950년 10월 26일을 뜻하고, 이날은 상평리 등뼈산에서 훈련 도중 대한민국 국군에게 포위가 된 날이다. 그러나 통하지 않았다.

"지금 인사부에서 모병을 하고 있다. 인원은 250명이다."

말똥의 입에서 나온 말이다.

여의주 세 사람은 용국의 의사에 따르기로 했다. 대한민국 육군이 되겠다고 모여든 사람의 수는 모병의 수보다 훨씬 많았다. 250명을 가려 뽑는 방법은 서류전형이었다. 학벌이 높은 용국 일당은 모두 합격이었다. 이렇게 모집한 250명을 주축으로 '사단특별공격대대'가 새로 창설되었다. 말하자면 특공대다. 급조된 부대였다. 용국 일당은 기분이 그저 그랬다. 언제 무슨 명령이 떨어질지 모른다. 특공대의 임무란 원래 그런 것이다. 그런데 급조된 특공대의 활동은 그리 신통치 못했다. 특공대의 존재가치는 시간이 흐를수록 약화되고, 사기는 땅에 덜어졌다. 날고뛰는 재주에 공산주의 이론을 거품 흘려가며 토로했던 여의주 일당은 불만이 커갔다. 이들은 서로 합심해서 토낄 기세였다. 놈들은 용국으로부터 한 발짝 한 발짝 멀어져 갔다. 그것을 용국이 눈치채고 있었다. 만에 하나 저 세 놈이 뭉쳐서 반기를 드는 날이면 용국의 가문은 하루아침에 쑥대밭이 된다.

보따리를 이고지고, 어린 아이를 앞세운 대열이 꾸역꾸역 성진역으로 모여들었다. 인파는 역이 가까워질수록 속도가 느려지고 밀도가 높아졌다. 눈발이 보였다. 많은 눈이 내릴 기세였다. 한 패의 군인들이 소나기처럼 땅을 밟고 지나간 뒤 포성이 더 가까이에서 들렸다. 어느 쪽에서 쏘아대는 포성인지 알 수 없었다. 이미 포성에 익숙해진 피난 대열은 겁먹어하는 기색을 보이지 않았다.

플랫폼을 서성이던 교통요원 옹병영은 뒷짐을 지고 하늘을 쳐다보았다. 흩날리던 눈발이 이제는 몸집을 불려 주먹 크기로 떨어진다. 포성에 놀라 하늘이 뚫렸나 보다. 인간을 싣고 드나들던 객차와 이를 움직일 기관원은 한 사람도 눈에 띄지 않았다. 그만큼 전선의 사정이 급박했다. 시꺼먼 탄가루를 뒤집어쓴 화물차만 을씨년스럽게 선로 위에 벌렁 누워 내리는 눈을 안아 담고 있었다. 옹병영은 긴 한숨을 쉬었다. 어떻게 하든 화통을 움직여 봐야겠는데, 혼자 힘으로는 불가능했다. 궁하면 통한다고 했던가. 마침 누군가 뒤에서 돕겠다는 사람이 있었다.

"우리 화통을 달구어봅시다. 싣고 가야지요. 저 많은 인파를 어떻게 하시렵니까?"

역에서 같이 근무를 하다가 나이 들어 퇴직을 한 동요 기관사였다. 화통을 달구어 남행을 시도해 보자는 것이다. '엎친 데 덮친다'는 격인가, 일단의 군부대가 또 몰려왔다. 용국과 여의주가 소속되어 있는 급조된 '사단특별공격대대'였다. 그들은 말똥의 지시를 받고 있었다.

화구에 탄을 쑤셔 박고 불을 지펴 화통이 움직이는 데는 시간이 걸린다.

역의 사정은 이러했다. 국군의 주력부대가 북진을 계속하자, 역무원들은 하나둘 만주 쪽으로 철수를 해버렸다. 그러니 역마다 기관원이 남아있을 수가 없었다. 옹병영은 퇴임 기관사 박씨와 역조무사 몇 명의 도움을 받으며 화통을 달구기 시작했다. 물론 이들의 마음이 편할 리가 없다. 북으로 쫓긴 인민군이 밀고 내려와 다시 평정이 되는 날에는 대한민국에 부역을 한 반역죄로 총살당한다. 주변을 지키며 관리하던 교통 요원도 눈에 보이지 않았다. 이북의 교통 요원은 이남과 달리 민간인의 신분이 아니다. 그래서 명령과 서열에 복종하는 정복을 입고 근무한다. 이들은 국가의 군징집 대상도 아니다. 철도 요원도 마찬가지다. 그 자체가 우리 군의 수송부대와 같았다. 그러니 국군 점령지에 남아있었다는 것은 명백한 반역행위가 된다.

과연 숯덩이 같던 화통에서 검은 연기가 뿜어 나왔다. 솔가지를 꺾어와 쌓아놓고, 생불을 태울 때나 볼 수 있는 그런 연기가 화구를 비집고 나와서 하늘로 솟아올랐다. 흡사 큰 고래가 '푸우-'하고 내뿜는 물기둥처럼 연기가 곧두 솟았다. 화구가 달궈지자 현역 군인들이 우선적으로 승차했다. 그리고 민간인을 태웠다. 군인은 무개차에 타고, 민간인은 유개차에 탔다. 민간인이 탄 유개차의 지붕 위에 자리를 잡고 앉은 피난민의 수가 객실에 앉아있는 수보다 훨씬 많았다.

화통에서 흰 연기가 나올 때쯤 용국 어머니가 역 홈에 다시 나타났다. 아들에게 줄 쌀밥을 지어서 들고나온 것이다. 김이 모락모락 나는 쌀밥을 보자기에 2중, 3중으로 감아 싼 이밥이다. 떡도 들어 있었다. 기차가 흰 연기를 토하자 어머니는 100m를 달리는 선수처럼 사력을 다하여 역으로 달려갔다. 어머니가 역 홈에 다다랐을 때 기차가 조금씩 움직이기 시작했다. 화통이 열을 받으면 흰 연기가 솟고, 흰 연기가 솟으면 기차가 떠난다는 것을 어머니는 잘 알고 있었다. 아들 용국은 기차가 꿈실꿈실 움직이자 차간(車間) 사이로 나와 어머니를 보고 손짓을 했다. 아들의 손과 어머니의 손이 가까워진다. 아들은 손을 내뻗었고, 어머니는 들고 있던 보자기를 아들의 손에 넘겼다. 이것이 어머니와의 마지막이었다.

보자기 속에는 쌀밥하고 엿이 들어 있었다. 마지막 떠나는 자식에게 밥 한 끼 따듯하게 먹여 보내지 못하는 어머니의 마음이 오죽했을까.

눈발은 점점 굵어졌다. 기차의 움직임이 약간 빨라졌다. 눈발이 기차를 따라 오더니 뒤쳐진다. 어머니는 그저 석비가 되어 움직이지 못했다. 그런데 어머니는 기치가 가는 반대쪽으로 내달았다. 그러더니 어머니는 시야에서 사라졌다. 용국은 눈발만 아니었어도 어머니의 모습을 더 오래 볼 수 있었다.

그게 1950년 12월 8일 오후 시간이었다. 다음 역이 쌍용역이다. 성진역과는 그리 멀지 않은 거리다. 쌍용역의 지킴이는 용국의 아버지다. 역장이다. 기차는 눈에 덮여 흔적도 없이 사라진 길을 용케 더듬으며 구렁이가 움직이듯 그렇게 남쪽으로 남쪽으로 기어서 내려갔다. 눈을 지고 활짱처럼 허리가 휘었던 나뭇가지들이 기차가 지나가자 아는 척을 하며 몸을 흔들어 준다. 그 바람에 후두둑! 눈꽃이 떨어진다. 기차는 외딴 마을을 지나가고 몇 차례 산굽이를 돌았다. 드디어 쌍용역이 저만치서 얼굴을 내민다.

용국은 어머니가 싸 온 보자기를 받아들고, 너무나 서러워서 울었다. 엉 - 엉 - 울었다. 얼마나 울었는지 모른다. 그러나 울음소리는 목구멍 속에서 머물렀다. 이제 우리 가족은 풍비박산 깡그리 망하는구나! 이런 생각이 자꾸 들었다. 내일이면 광주로 내려간다던 큰형의 생명도 담보될 수 없다. 수복이 되어 북조선 군대가 다시 들어오는 날이면 아버지의 목숨은 파리 목숨처럼 날아간다. 남조선을 위하는 복역을 했으니 이는 총살감이다. 형의 뒤가 있다고는 하지만 북조선에서는 통하지 않는다. 따지고 보면 형님도 불쌍한 사람이다.

지금 용국이 타고 있는 이 열차가 성진역의 마지막 열차였다. 사람들이 열차를 탄 것인지 아니면 열차가 사람 등을 타고 있는 것인지 분간이 가지 않았다. 용국은 사단특공대로 들어가 군복을 입고, 대한민국 국군이 되었건만 철수를 하던 그 때까지도 집에 알리지 못한 불효를 했다.

용국의 아버지는 심약하나 총명했다. 머리가 있어 소싯적부터 공직생활을 할 수 있었다. 철도 요원이라 대접받고 급여도 후했다. 특히 성진역은 중국 내륙을 침략하기 위한 전초기지였던 터라 역무원들에게 파격적으로 대우했다. 기관사 최보고는 쌍용역의 역장으로 가기 이전에는 주로 근무지가 성진역이었다. 그래서 같은 역무원 중에도 끗발이 있었다. 이북에서는 철도 요원을 신의 직장으로 불렀다. 사범학교 버금가는 인재들이 모인 곳으로 이해하면 된다. 당시 사범학교는 일제가 우리 한반도를 천연토록 지배하리라는 야심으로 우수교사의 양성에 정성을 쏟았던 것이다.

최보고는 청빈했다. 성격이 아주 고지식한 분이라서, 차장 생활을 팔구 년 했건만 집안 살림은 넉넉하지 못했다. 사실 당시엔 그 차장을 몇 년만 해도 갑부가 되는 자리다. 차장쯤의 위치에서 돈을 모으는 일은 누워서 죽 먹기보다 쉬웠다. 특히 성진역은 만주까지 철로가 개설되어있는 철도교통의 요지였다. 관동군 수송도 이 역에서 담당했다. 주변엔 마약 사범들이 우글댔다. 일본 형사들이 이들을 잡아들이느라 진땀을 뺐다. 그러니 이 형사들과 투합하면 돈은 쉽게 손에 넣을 수가 있는 것이다. 부정의 덩치가 가장 크게 이루어지는 곳은 그네들이 말하는 소위 '지점'이다. 지점에 이르면 기관차가 수초 간 정지하고 그 사이 마약이 거래된다. 이 짓을 2, 3년만 하면 떼돈을 벌 수 있었다. 이렇게 배를 불린 기관사는 아예 옷 벗고 나와서 자연인으로 넉넉하게 살았다.

6·25 발발 2개월 전이다. 두툼한 편지 한 통이 날아왔다. 명목상 할아버지 밑에서 보호를 받고 있는 맏형 상국이 보낸 것이다. 결혼을 했다며 보내온 기념사진이었다. 얼굴 한 번 보지 못한 형님의 결혼사진이다. 용국은 감회가 남달랐다. 골수 좌익사상을 가지고 당에 충성하고 지위도 아주 높다는 것을 소문으로 알았을 뿐 딱히 어디서 무엇을 하고 있는지 용국은 모르고 있는 것이다. 용국의 부모는 용국에게 큰형 얘기를 꺼내지 않았다. 기관장 최보고

는 무서운 사람이다. 상국이 친자이지만 손없는 삼촌의 장손으로 호적에 올라 있으니, 내 자식일 수 없다는 생각에 짐짓 무관심으로 일관했다. 그러니 용국은 큰형에 대하여 아는 것이 없었다. 그런 형이 결혼을 했다며 기념사진을 보내온 것이다.

상국은 이제 진정한 세상이 왔다며 환호했다. 한 사람이 배불리 먹고 그렇게 해서 다 이렇게 해놓고, 부농이고 해봤자, 손자가 학교에서 배가 고파 미숫가루 만들어 달래도 쌀 한 됫박 없다며 퇴짜를 놓는 그런 땅 부농이면 뭣 하느냐? 토지개혁 잘했다. 이렇듯 돈없고, 권력없고, 배우지 못한 사람들에게 공산주의에 대한 유혹은 어머니의 젖꼭지처럼 물고 싶었다. 그러나 그의 아버지 최보고는 생각이 달랐다. 일본 교육을 받았고, 그 또 일본 사람에게 충직하게 일하는 공무원 생활을 하면서 공산주의는 아니라는 사상이 굳어진 것이다. 아무리 못살아도 공산주의는 인간을 지배하는 올바른 정신사상이 되지 못한다고 믿고 있었다. 자연 부자지간의 의리는 끊어지고 골은 깊어질 수밖에 없었다. 상국은 입신을 위해서 할아버지 밑을 떠나 가출을 결심했다. 집에서는 그걸 잘 몰랐다. 어디로 가서 어떻게 사는 지도 모르고 지냈다. 상국은 이를 악물었다. 노동당 시당, 부당, 그리고 중앙당을 거치는 동안 모조리 최고 우등생으로 졸업을 했다. 그의 출세길은 탄탄대로였다.

남조선 땅에서 보낸 편지였다. 기가 찰 노릇이다. 동생은 지금 함경북도 오지에서 군사훈련을 받고 있는데, 형은 남조선 그것도 수도 서울에서 한참 남쪽에 위치한 천안에서 편지를 보내다니 경천지동할 일이 아닌가. 더욱 놀라운 것은 어제부터 광주 쪽으로 내려가고 있다는 것이다. 광주 쪽은 활동하는데 저항받지 않는 곳이라고 했다. 용국은 소풍 가는 생도의 설렘으로 온몸이 오싹했다. 조금 후면 기차가 쌍용역에 멈춰 선다. 무개차에 타고 있으니, 아들은 아버지를 쉽게 찾아낼 거란 생각이다.

용국이 탄 마지막 남행열차의 무거운 쇠바퀴가 쌍용역 홈 위로 굴러들었다. 대한민국 육군의 몸으로 변신한 아들이 이 열차에 타고 있다는 사실을 아버지 최 역장은 알고나 있는지. 최 역장은 통표를 왼쪽 어깨에 메고 남쪽 플랫폼의 끄트머리에 서 있었다. 열차의 속력이 최대한 늦추어진다. 기관사는 들고 있던 통표를 정조준하여 폐색기(통표링)에 던진다. 통표는 나사모형으로 꼬인 폐색기를 안고 빙그르르 한 바퀴하고 반을 회전하면서 걸린다. 기관사는 역장이 서있는 위치에 정확히 맞추어 열차를 정차시킨다. 그리고 역장으로부터 통표를 건너 받는다. 열차는 자지러지듯 놀라는 소리를 한 번 크게 지르고 쌍용역을 출발한다. 아버지와 아들은 이 타임을 틈타서 손도 잡아보고, 부자지간의 밀담을 나눌 것이다.

"꽤에-액-!" 드디어 열차가 소리를 내질렀다. 열차의 앞바퀴가 역장이 서 있는 위치에 정확하게 멈춰 선다. 아들이 아버지를 먼저 발견했다. 아들은 운동선수처럼 가볍게 몸을 날려 무개차로부터 뛰어내렸다. 그리고 빠른 걸음으로 역장 앞으로 다가갔다.

"아버지!" 용국은 아버지를 불렀다. 순간 아버지의 눈동자와 아들의 눈동자가 포개어졌다. 그러자 아버지는 두 손을 모아 배꼽 위에 올려놓고, 두 개의 집게손가락으로 X자를 만들었다. 입 열지 말라는 뜻이다. 용국은 아버지의 심중을 이내 알아차렸다. 너는 남조선에 가서 살더라도 북쪽하곤 연을 끊으라는 암호였다. 그리고 주먹을 쥐어 가슴에 붙이고, 오리 주둥이를 만들어 남쪽방향을 가리켰다. 나도 다음 차로 내려간다는 뜻이었다. 부자간의 상면은 이것으로 끝이었다. 아들과 아버지가 주고받은 수화를 눈 도둑 해간 사람은 아무도 없었다.

"어머니도 다 같이 따라 나오시겠지."

용국은 그렇게 생각했다. 용국은 아버지의 오리 주둥이 주먹을 머릿속에 꼭꼭 챙겨 담았다. 이것이 아버지와의 마지막 이별이다. 아버지가 생존해 계신다면 이해로 122세가 된다. 어머니는 아버지 보다 세 살 아래다.

1950년 6월 28일 시청 앞에 나타난 이북의 탱크

말똥이 인솔하는 400명의 병사들은 부둣가로 나갔다. 먼저 주둔하고 있던 상륙군이 안내를 했다. 구축함 LST가 저쪽에 정박해 있었다. 쓰리도크라고 하는 배다. 배의 양쪽 겨드랑에 침대가 주렁주렁 매달려 있었다. 특공대가 선발로 올랐다. 특공대는 지층으로 내려갔다. 그들은 저쪽 구석 자리로 들어 순서대로 바닥에 주저물러 앉았다. 특공대 아닌 군인들이 무리 지어 다른 한쪽에 목을 빼고 앉아있었다. 그들은 몹시 피곤해 보였다. 그들은 UN군 복장을 하고 있었다. 뒤이어 패잔병의 잔병임직한 초라한 미군 병사들이 들어왔다. UN군 복장을 한 한국 군인도 끼어 있었다. 모두들 장진호 전투(長津湖戰鬪)에 가담했던 부대원들이었다. 그들은 말없이 서로 멍청히 바라만 보고 있었다. 아는 얼굴이 끼어 있었다. 반가웠다.

"야! 저 새끼 살아서 돌아온다!"

"너 목숨 한 번 길다!"

그렇게 농담하며, 서로 부둥켜안았다. 자세히 보니 그들은 부대 마크가 같았다. 같은 부대에서 생사고락을 나눈 동지들이었다. 용국과 여의주의 눈에는 그것도 부러움의 대상이었다. 오른쪽 어깨에 삼각 마크를 단 일단의 부대 병력이 들어왔다. 여군도 끼어있었다. 간호장교인 듯했다. 이제 지층은 더 이상 빈자리가 없었다. 시간이 얼마나 흘렀을까. 군함 내부에 이상한 분위기가 형성되고 있었다. 주도권 싸움이 벌어지고 있는 것이다. 말똥이 인솔하는 400명의 특공대가 주도권을 잡아야 한다. 그러나 사실은 그게 아니었다. UN군 마크를 단 키가 큰 양코들이 LST운영권을 쥐고 있었다. 상황판단에 민감한 여의주와 용국은 이것부터가 맘에 들지 않았다. 귀에 딱지가 앉도록 들어온 저주의 UN군이었다. 아니 미군이었다. 오월동주라더니 하필이면 UN군과 동승을 하고 있는 것이다.

용국은 마음이 옴츠러들었다. 아니, 아찔했다. 여의주도 용국의 마음과 다를 바 없었다. 이들은 저주의 대상인 미군과 같은 배 안에 타고 있다는 사실 그 자체가 불쾌했다. 사실 이 배는 장진호 전투병 이송을 위해 마련된 것이다.

장진호 전투를 모르는 병사는 없었다. 중공군이 한국전에 개입해서 쳐들어 왔을 때 장진호에는 미2사단이 진을 치고 있었다. 요게 완전히 포위당했다. 그때 중공군은 15만 대군이 넘어온 것이다. 1개 사단의 미군으로는 감내하기 어려웠다. 일시에 포위당했다. 많은 병사가 희생당할 수밖에 없었다. 그런데 이 사람들이 그래도, 거기를 용케 뚫고 그 철수로를 확보해 가지고, 흥남까지 걸어 나왔다. 동상 걸려 쩔룩이는 병사, 사람의 형체를 잃어버린 병사, 수족을 잃고 반쪽만 남은 병사도 있었다.

훗날 사관은 미군의 전사에서 가장 치명적인 오명을 남긴 전투로 장진호 패전을 꼽았다. 알려진 대로 장진호 전투는 한국 전쟁 중인 1950년 겨울, 함경남도 개마고원의 장진호에서 '조선민주주의인민공화국'의 임시 수도인 '강계'를 점령하려다 장진호 근처의 산속에 숨어 있던 중공군 12만 명 규모의 7개 사단 병력에 포위되어 전멸 위기를 겪었던 미군 1해병사단의 전사이다. 1950년 11월 26일부터 20일 가까이 불붙었던 이 전투를 두고 '진주만 피습 이후 미군 역사상 최악의 패전'이라 혹평하기도 한다.

장진호 전투에 투입된 병력은 1해병사단 외에 미육군 7사단 병력 일부도 함께 하였다. 이 후퇴작전을 통해서, 미해병 1사단은 자신의 10배에 달하는 12만의 중공군 남하를 지연시켰으며, 중공군 12만 명의 포위를 뚫고 흥남에 도착, 흥남 철수를 통해 남쪽으로 탈출하는 데 성공했다. 흥남 철수는 193척의 군함으로 군인 10만 명, 민간인 10만 명을 남쪽으로 탈출시킨 전투를 말한다. '흥남철수작전'을 시작한 날이 바로 대한민국이 평양에서 철수한 날이기도 했다. 흥남철수작전은 결국 1·4 후퇴를 유발했다. 이 전투에서 중공군은 7개 사단이 괴멸되었다.

"이 배를 타고 귀관들은 부산에 간다. 부산으로 간다. 부산에 도착해가지고 원래 공부하던 놈들이니까 공부할 놈은 공부하고, 군대에 머무르면 장교가 되는 코스가 또 있으니까. 걸로 또 가고, 그건 너희들이 선택하기에 달렸다."

말똥이, 왼손으로 지휘봉을 거꾸로 들고, 지휘봉 머리로 오른손 손바닥을 톡톡 두들기며 조금은 나직한 톤으로 말했다. 용국과 여의주는 이미 밥풀떼기 3개짜리 위용에게 속았던 전력을 가지고 있는 터라 말똥의 말이 공갈로 들렸다. 상평리 등뼈산에서 이성을 잃고, 감정을 앞세운 선택이 자꾸만 후회스러웠다.

배가 움직이기 시작했다. 엄숙한 분위기가 한동안 이어졌다. 누구의 입에서도 말이 새어나오지 않았다. 심해 쪽으로 향하던 배가 기수를 남쪽으로 돌렸다. 적의 포사격권으로부터 벗어났다. 여의주와 용국은 어기적어기적 오리걸음으로 서로 간의 급간을 좁혀가며 어깨를 맞댔다. 역시 말을 걸어오는 사람은 아무도 없었다. 병사들은 저마다 눈썹에 졸음을 달고 있었다. 정신이 몽롱하게 흐려지고 있었다. 술 마신 뒤끝처럼 알딸딸했다. 살아 있음을 확인이라도 하듯 병사들은 서로의 얼굴을 쳐다보며 피죽은 웃음을 짓기도 했다. 묘한 기분을 털어 깔판 위에 내려놓고 새우잠을 청하는 병사가 많았다. 패잔병과 이동병력과 전투병력과 다수의 군속을 태운 LST는 동해의 푸른 바다에 흰 포말을 토해내며 남으로 남으로 미끄러져 내려갔다. 수많은 밤별이 서로 다투어 바다 깊이 투영되며 부서졌다. 그러나 어둠에 점령당한 밤바다는 군말없이 조용했다. 12월 15일의 밤은 그렇게 아주 조금씩 조금씩 깊어지고 있었다.

시간이 얼마나 흘렀을까, 갑자기 소란스럽다. 순간 우르르 특공대 쪽으로 시선이 끌린다. MP 완장을 두른 미군 헌병 2명과 카투사 1명이 얼굴을 붉히며 서 있다.

"갓-뎀"

MP가 입에 거품을 물고 욕설을 해댔다. 병사들이 화장실을 잘못 사용한 죄를 저지른 것이다. 처음 해 본 서양 변기 사용에 문제가 생겼다. 엉덩이를 까고, 링에 몸을 싣고, 눈을 지그시 감은 채 질펀히 앉아서 큰 것 작은 것을 차례대로 비워야 된다. 이 규칙을 병사들이 지키지 않은 것이다. 조상 대대로 답습해온 우리식대로 변기 위에 달랑 올라앉아서 그 일을 해대고 있었으니, 저들의 눈에 비친 모양새는 웃음거리를 넘어 화를 불러오기에 충분했다. 엉덩이 까붙이고 앉을 자리에 똥 묻은 흙발로 밟고 앉아 낑낑대고 있으니 이는 누가 봐도 고의적 행동으로 비칠 수밖에 없었다.

"병들은 재빨리 물청소를 하라!"

이번에는 새까만 계급장의 카투사가 소리 질렀다. 어디를 물로 씻어내란 말인가? 병기 안에 아무 것도 남아 있는 게 없는데. 이 한밤중에, 병사들도 심기가 좋을 리 없었다.

"개새끼! 인사기록 카드에 잉크도 마르지 않은 놈이!"

병들은 불쾌했다. 물청소는 변기에만 국한되지 않았다. 진흙 발로 밟아놓은 지층의 홀 전체로 확대되었다. 여의주는 불평없이 합심으로 물청소를 했다. 그런데 물청소까지는 좋았다. 다음이 문제였다. 물청소를 하고 나니 이상한 냄새가 몸에 배어서 역겨웠다. 그것 참기가 고역이었다.

배 안이 엄청 넓었다. 모든 용변기가 수세식이었다. 물이 24시간 계속 나왔다. 처음 대하는 좌변기, 창피를 당해가면서도 버릇을 고치지 못했다. 벌 청소를 해가면서도 연신 링 위에 올라가서 쪼그리고 앉아 변을 보는 병사가 보였다. 그러니 갓뎀이 연발로 나올 수밖에 없었다. 급기야 완장 찬 MP가 나타나 아군병사 몇 명을 포승줄에 묶어서 끌고 갔다. 용국과 여의주는 눈에 불꽃이 튀었다. 이북에서 받은 교육이 틀리지 않는 구나 싶었다.

"이 새끼들! 이 양키 놈들은 똥 누는 대도 자유를 안 줘!"

누구의 입에선가 불평하는 소리가 튀어나왔다. 엉덩이를 까붙이고 링에 걸터앉으면 나오던 변도 안으로 밀려들었다. 그런데 좀 잠잠해지면 양키들이 또 가만히 가서 확인을 해 보곤 했다. 여전히 또 그 짓 하고 있는 병사들이 있었다. 인솔 대장 이강우는 얼굴이 뜨거웠다. 이쪽 편도 저쪽 편도 거들 수가 없었다. 물걸레질로는 해결이 어려웠다. 양키들도 더 이상 참기가 어려웠다. 급기야 혀를 내밀라 해서 그 시커먼 걸레를 핥으라고 했다. 용국은 울분이 피부를 뚫고 나왔다. 저놈을 죽이고 영창을 가? 이런 생각이 들었다. 여의주도 마찬가지였다. 소위 자유천국이라고 하는 미제의 속살을 보는 것 같아 혀가 내둘렸다. 속았다고 생각하니 억장이 무너졌다. 노예의 세계에 몸을 던지고 있다는 느낌이 들었다.

용국과 여의주의 가슴엔 시간이 갈수록 후회가 쌓여갔다. 스스로가 어리석은 인간이라 치부했다. 기진맥진 풀이 죽어갔다. 항해라는 게 지옥행 같았다. 그 와중에 또 대장이 나타났다. 장교 2명과 키 큰 미군이 뒤따랐다. 그 뒤를 2명의 카투사가 수행했다.

"너 일어나! 너도. 너. 너. 너-."

장교가 모두 11명을 호명했다. 아닌 밤중에 홍두깨 맞은 격이었다. 호명된 특공대는 그저 의아할 뿐이었다. 이유는 알리지 않았다. 11명 속에는 용국과 주채식이 끼었다.

"모두 따라 와!"

대장이 앞장서고, 장교 2명과 키가 큰 미군이 뒤따르고, 그 뒤를 카투사 2명이 이어갔다. 그들은 들어올 때 순서와 나갈 때 순서가 같았다.

끌려나간 11명은 간이촬영소 암실 앞에 열로 섰다. 한 명씩 들어가서 신체검사를 받았다. 엉덩이를 까서 앞으로 엎어지고, 뒤로 벌렁눕고, 생식기를 잡아 흔들고, 항문이 제대로 역할을 하고 있는가 뭐 이런 신검이었다.

"11명 모두가 합격이다. 신체 양호. 제군들이 할 일은 식당 취사병이다."

아이구! 용국은 식당에서 근무한다는 소리를 듣고 칵! 하고 앞으로 고끄라질번했다. 그 양놈들의 등짝에서 나는 비릿한 냄새, 말로는 표현할 수 없는 음식 내음, 더구나 껌둥이 몸에서 풍기는 오소리 냄새는 잠깐만 맡아도 골이 깨지는 듯 아팠다.

식당 보이가 된 11명은 가운으로 갈아입었다. 그리고 허연 모자를 썼다. 용국에게 맡겨진 분업은 과일 담당이었다. 식기대를 들고 앞을 지나가면 과일 하나씩 놓아주는 업무였다. 주채식은 옆에서 칠면조 다리를 하나씩 나누어 주었다. 예행연습은 간단히 끝났다. 이제 본격적으로 식당 보이가 되는 것이다. 정확하게 말하면 국내로 파견된 미군과 함께 생활하는 한국육군으로, 한미 연합 관련 임무를 수행하는 카투사 병이 된 것이다.

용국의 주장대로 양놈의 음식 냄새 처음 맡아보면 구역질 난다. 그것쯤은 견딜 수가 있었다. 문제는 자존심이었다. 정식 의과대학 나온 예비 의사다. 그리고 이들의 머릿속에는 배미(排美) 정신이 늘 따라다녔다. 용국은 단호하게 취사병 노릇이 생리에 맞지 않는다고 했다. 그러나 발상을 조금만 돌려보면 굴러들어온 복을 차버리는 격이다. 이들 임무가 식당 보이 역할이 맞다. 대신 전투하고는 상관이 없다. 목숨을 담보하는 일은 생기지 않는다. 또 마음만 먹는다면 열심히 영어 회화를 배워 앞길을 바꿀 수도 있었다. 전쟁의 공식은 언제나 2분법이다. 죽기 아니면 살기다. 내가 살기 위해서는 상대를 죽여야 한다. 찬스의 속성은 물거품과 같다. 순간적으로 나타났다가 순식간에 사라진다. 장진호 전투를 머리에 떠올려 보라. 인간이 때로는 개미 목숨보다 못할 때가 있다.

"너희들에게는 최대한 특전이 베풀어진다."

출발할 때 본대 대장은 분명 그렇게 말했다. 용국은 그 말을 믿고 싶었다. 기다려 보는 수밖에 없었다.

군함 속의 항로는 지루했다. 어디에 몇 시 몇 분 도착한다. 너무

나도 상식적인 이런 이정표가 없었다. 있어서는 아니 된다. 그게 군대의 이동이다. 멀미로 두통을 호소하는 병사들이 늘고 있었다. 군과 민의 차이에 길들여지지 않은 이들이다. 전반기의 기초훈련과 후반기의 전문훈련을 받으며 군대 정신과 임무 수행 능력을 길러야 된다. 여의주 이들이 받은 훈련은 반미 정훈교육이 전부였다. 특공대와 패잔병과 일반인과 카투사가 뒤범벅으로 타고 있는 LST, 이건 어떤 경우로도 정상적인 군 작전함의 이동으로 볼 수 없었다. 그러나 적의 포신이 노려보고 있다는 사실을 애써 지워버리고 싶은 분위기를 외면할 수는 없었다. 군함은 계획대로 작전을 수행하고 있었다. 지루하기도 하고, 초조하기도 하고, 두렵기도 한 시간은 그렇게 흐르고 있었다.

"상륙이다!"

누구의 입에선가 기분 좋은 구호가 터져 나왔다. 순간 배 안이 술렁이었다.

"아! 부산!"

용국은 드디어 살았구나 싶었다. 안도했다. 중공군이 아무리 쎄다고 하지만 부산을 먹을 수야 없겠지 하는 생각이 들었다.

그런데 배 안의 분위기가 일순 뒤바뀌었다. 술렁이던 풍경이 아수라장으로 뒤바뀐 것이다. 상륙지점이 이상했다. 희망이 반납되는 순간이다. 무서웠다.

"상륙이라니! 우리들은 어제 승선했다. 출항 시간이 몇 시간 되지 않는다. 부산은 천 리 길이다."

용국의 가까이에 있던 병사가 그렇게 말했다. 과연 정박한 곳은 부산이 아니었다. 미항의 부산항은 인산인해로 바뀌어, 마치 4월의 올챙이가 가뭄 타는 논바닥의 괸 물에 모여 바글대듯, 들어찬 피난민으로 하여 발붙일 틈이 없었다. 인구밀도가 인간이 사는 데 필요한 지표의 범위를 7곱 배로 벗어난 이를테면 단테의 소설 『神曲』의 지옥편이었다. 그냥 어둡고 컴컴했다.

배가 정박한 곳은 묵호였다. 아니, 묵호에 배를 대다니? 배가 고장이거나 아니면 작전상 문제가 생긴 것이다. 묵호와 부산은 위도 상으로 많은 차이가 난다. 묵호는 38°선에 가깝고, 부산은 35°선에 위치한다.

도무지 말이 없던 여의주가 용국 앞으로 다가왔다. 그들은 얼굴이 잔뜩 부어 있었다. 누구든 걸리면 찌를 판이다. 용국의 속도 뒤틀리기는 마찬가지였다.

'지금 우리들은 패잔병 신세다.'

용국은 속으로 그렇게 마음을 다잡았다. 묵호항 하선이 사전의 작전이라면 이들의 운명은 달라진다. 후방 요원이 아닌 전방의 전투병으로다가 차출된다는 소리다. 실로 운명이 뒤바뀌는 순간을 딛고 서 있는 것이다.

용국은 밥풀때기 본관이 그리웠다. 그날, 밥풀때기는 분명 구름 속의 별을 향하여 탕! 탕! 탕! 권총의 방아쇠를 당겼다. 3발의 총알이 알싸한 내움을 풍기며 하늘로 솟았다. 이어, 밥풀때기는 카랑카랑한 목소리로 서언전포고(誓言戰布告)를 했다.

"본관은 대한민국 육군 대위 위용이다. 성은 위고 이름은 용맹할 용이다. 외자다. 지금부터 본관 용이 지휘한다. 귀관들은 포위됐다. 육신이 포위됐다는 소리다. 그러나 귀관들의 사상만은 포위하지 않는다. 육신에 대한 구속은 단 10분 지간이다. 10분 후면 상황이 달라 진다. 그리고 일주일간의 시간을 준다. 일주일 후 현재의 복장 차림으로 지정 장소에 집합한다. 집합하는 자는 대한민국 육군에 편입된다. 물론 군의관 신분이다. 육군병원에 근무하게 된다. 지금부터 본관과 같이 행동해도 좋다."

본관 용 대위는 분명 이렇게 말했다. 용국은 언제고 본관이 반드시 나타날 것으로 믿는다.

군함이 정식으로 정박하자, 선장의 명령이 하달되었다. 배를 청소해 놓고 하선을 하라는 명령이다. 이것이 정상적인 명령인지 용국과 여의주는 얼떨떨했다. 목줄로 피가 역류하는 듯 역겨웠다. 함정은 정지를 했는데 출구의 문은 열리지 않았다. 특공대는 별도로 지시를 받아 이동을 하도록 되어 있었다. 그러나 11명의 신분은 아직까지 식당 종사원 신분에서 해지되지 않은 상태였다. 이를테면 카투사 병이 되어 군속으로 배 안에 살면서 미군이 운영하고 있는 식당의 종사원 신분으로 지내야 한다. 용국은 누구보다 이 사실이 용서되지 않았다. 자존심 문제만은 아니었다. 북조선 군대에 입대하였다면 어엿한 의무관이다. 국가와 민족을 위해서 한 몸 바쳐 싸우다가 영광의 상처를 입은 병사들을 치료해 주는 육군의 무관이다.

"특검을 받은 11명은 이 배에서 내릴 수 없다. 오늘부터 이 배 안에서 근무한다."

큰 키에 코가 유달리 앞으로 튀어나온 미군 장교가 그렇게 말했다. 카투사 두 명이 손에 수첩을 들고 옆에 서 있었다. 용국은 귀를 의심했다. 귀를 의심한 것은 용국만이 아니었다. 여의주도 마찬가지였다. 카투사 아닌 특공대원으로 당당히 근무를 하겠노라고, 용국은 분명 대장에게 의사표시를 했었다.

"야! 우리 식당에서 양키놈 시중들어 주려고 이곳까지 왔냐? 양놈의 배에서 우리 이제 우리들이 식당 보이나 할라고 여기를 왔느냐! 아- 안 된다. 이게 무슨 소리냐! 사람이 아무리 뭐하지만 그래 여기서 이 생활이나 하라구 안돼"

서로 불평을 토로하면서도 내심 11명의 생각이 같을 수는 없었다. 반반으로 갈라졌다. 6명은 배에 남겠다고 했다. 그들은 전쟁터에 나가서 총알받이가 되기보다는 카투사 신분으로 뱃사람이 되고 싶었다. 용국은 주채식을 설득했다. 주채식은 용국의 주장에 동의하지 않았다. 주채식만 동의한다면 여궁식과 이마주를 설득해서 미군 장교에게 부탁하여 몇 사람만 더 채용해 달라고 간청해 볼 참이었다. 여궁식과 이마주가 애초부터 11명의 특채자 명단에 끼인 것은 아니었다. 죽든 살든 행동을 같이 해보자고 애원하였건만 주채식은 막무가내 뜻을 굽히지 않았다. 괜히 높은 사람 알면 자기들만 찍힌다. 항복하고 쫓기는 패잔병의 주제에 반동의 행동이 드러나면 대우는 달라질 수밖에 없는 터이다.

그런데 아유! 구세주 대장이 나타났다.

"너희들은 여기 있어도 아무 상관이 없다. 우리는 하선하여 부대편성이 다시 된다. 인제 다시 되니까 상관없다. 그건 너희들의 선택이다. 너희들은 딴 생각할 것 없이 그건 너희들의 선택이니까 너희들이 알아서 선택하라."

여의주는 서로 얼굴을 쳐다봤다. 누구의 명령을 따를지 정답을 찾아야 했다. 용국은 순간 이성을 잃는 듯했다. 여의주는 '노-'라는 표정을 지었다. 사실 카투사의 신분으로 미군이 운영하는 군함에서 취사병 되기가 싫었던 이유는 미군에 대한 적개심 때문이었다. 미국은 '원쑤'라고 귀가 아프도록 북조선에서 교육을 받으며 살아온 그들이었다.

"병들은 이 배 안에서 근무하게 되면 세계 여러 나라 구경도 할 수 있다. 도쿄, 요코하마, 홍콩, 샌프란시스코, 나폴리, 아테네, 몰타, 모나코 등 어디에 가지 않는 곳이 없다. 이렇게 세계를 유람한다. 또 미국 가서 너네들이 노력해 가지고 교육받게 되면 교육시켜 주고…."

미군 장교가 영어로 연설하면 그 옆에 서 있던 카투사가 통역을 했다. 그러나 이들에겐 그저 개나발 같은 소리로 들렸다. 교육이라고 해봤자 이는 분명 노예 교육밖에 되지 않는다. 사안에 대하여 매우 분석적인 성격의 용국은, 유화적인 여궁식과 직설적인 이마주, 그리고 언제나 강직하여 부러질 듯이 행동하는 주채식의 눈치를 살피며 입을 열었다.

"나는 더이상 할 말 없다. 각자가 알아서 하는 수밖에……."

사안이 발생하면 언제나 극한대립으로 핏대를 세우지만 결론은 만장일치로 투합을 보는 지성인다운 행동을 하던 이들이었다. 그런데 오늘의 일만은 합일점을 찾지 못했다. 혼돈 속의 전시 행동에는 눈치로 살아야 한다. 미군은 미군 대로 아군은 아군 대로 병사들의 소유권을 가지려 했다.

"너희들은 여기서 하선한다. 작전 소대에 재배치된다. 낙오자가 없기를 바란다."

인솔 대장의 최후 명령이 내려졌다. 11명의 운명은 결국 갈라졌다. 용국과 더불어 네 사람의 의견도 동·서·남·북 4방으로 흩어졌다. 어쨌거나 함정에서 내렸다. 용국은 특공대원과 행동을 같이 했다. 동네에서 나왔다는 주민들이 환영 인사를 한다며 모닥불을 피워놓고 기다리고 있었다. 잠시 동안이지만 몸을 녹였다. 묵호가 맞았다. 성진보다 훨씬 못한 곳이었다. 포구에서 풍기는 특유의 냄새가 났다. 코에 익은 내움이다. 성진포구의 갯내움과 닮았다. 그런데 예감이 좋지 않았다. 이제 우리의 앞길이 신통치 않구나! 자꾸만 이런 생각이 들었다. 무슨 초등학교라 하는 곳에서 행장을 풀었다.

"오늘 밤을 이 자리에서 쉰다. 출발은 내일 새벽이다."

명령하는 인솔 대장도 에너지가 소진되었다. 맥이 빠졌다. 대장은 가급적 군말을 삼갔다. 저녁은 주먹밥으로 때웠다. 한 덩이 주먹밥으로 위장을 채운 대원들은 저마다 익숙해진 폼으로 자리를 잡고 누웠다. 밤이 깊어지자 서로가 서로의 발을 섞어 보온을 유지했다. 전우애는 이렇게 살을 부비며 움이 튼다.

태양을 부여잡고, 설한풍과 싸우던 오후의 겨울 낮은 한 뼘으로 짧았다. 죄없는 병사들의 한을 품고, 12월의 밤은 그렇게 조용히 흘렀다.

기상명령이 떨어졌다. 아직 어둑새벽이었다. 어둠도 잠을 덜 깬

시간이다. 어둑어둑했다. 최대한 빠른 시간 내에 목적지에 닿으라는 명령이다. 목적지는 강릉이었다. 강릉까진 100리 길이다. 등산길과 달라 그곳까지 가려면 어려움이 많다. 병사들은 목적지가 어딘지 정확히는 모른다. 그저 강릉지역으로 통하는 목적지였다. 100리라고만 알고, 선발대의 뒤를 따랐다. 작전상 목적지를 정확히 알려 줄 수가 없었다. 포로병이 되어 적군의 손아귀에 들면 목적지를 불어야 한다. 하기야 딱히 목적지를 알고 걷는 것보다 무작정 걷는 게 편할 때가 있다. 발자국 닿는 곳이 목적지란 기대감이 있기 때문이다. 바다 냄새와 철석이는 파도 소리를 오른쪽 코와 귀로 인식하며 북상하라고 했다. 대장이 그렇게만 말했다. 찝질한 바다 냄새와 철석이는 파도 소리가 들리지 않는 곳으로 빠지는 날엔 생명을 부지할 수 없다고 주석까지 달았다. 병졸들은 그곳을 강릉으로 직감했다. 대열의 꼬리가 야산의 오솔길처럼 이어졌다가 끊어지고, 끊어졌다가 이어지곤 했다. 선발대와 후발대의 겁간이 수 킬로에 달했다. 꾸역꾸역 선발대가 닿은 곳은 남대천을 끼고 있는 오늘의 동명초등학교였다. 이제 대관령을 넘어야 한다.

자! 그런데 대다수의 병사들이 허기로 해서 쓰러지기 직전의 상황에 이르렀다. 5분간 휴식명령이 떨어졌다. 뚝방 아래에 민가 마을 몇 집이 용국의 눈에 들어왔다. 용국은 빨리듯 어느 민가로 들어갔다. 이것저것 생각할 여력이 없었다. 살기 위해서 물이라도 마셔야 했다.

"먹을 것 좀 주십시오."

용국은 두고 온 고향 성진의 어머니에게 보채듯 그렇게 말했다.

주인이 문을 빼쭘 열고 얼굴을 내밀었다. 낯선 군인이 서 있었다. 이미 저녁을 먹고 상을 치운 상태였다. 얼굴을 내밀었던 주인은 이내 얼굴을 감추었다. 그리고 조금 후 곶감을 들고 나왔다.

"아이구! 지금 저녁이 다 끝나가지고 먹을 게 없는데 이건 어떻소?"

곶감 두 꼬치였다. 용국은 너무나 고마웠다. 저거면 된다. 몇 시간은 더 견딜 수 있다.

"좋습니다."

용국은 곶감 두 꼬치를 받아들고 뚝방으로 올라섰다. 용국은 그것을 대원들과 하나씩 나누어 먹었다. 곶감을 곶감 맛으로 먹는 것이 아니라, 살기 위해서 생명의 약으로 먹었다.

전 대원이 사력을 다해 강릉에 도착했을 때 작전계획은 이미 변경되어 있었다. 최종 집결지가 원주 외각지대였다. 이 밤중으로 대관령을 넘으라는 명령이다. 이제 시간 개념 같은 것은 없었다. 밤을 낮으로 생각하고, 낮을 밤으로 생각하며 기력을 다하여 걸었다. 그렇게 도착한 곳이 안흥이었다. 오늘이 12월하고도 25일이다. 안흥교회에서 소 한 마리를 잡았다. 오래간만에 소고기 국물에 밥을 말아서 먹었다. 기운이 좀 나는 듯했다. 안흥 시내에서 앞쪽으로 조금 떨어진 곳에 조그마한 재가 있다. 병사들은 걸어서 이 재를 넘었다. 재를 넘으면 횡성 시내가 나온다. 병사들은 횡성 국민학교를 거점으로 주둔을 했다. 간단한 전술 교육이 여기에서 이루어졌다. 제식훈련과 무기수입 교육도 했다. 용국은 제대로 된 남한식 군사훈련을 여기서 처음 받았다. 기본 훈련이 거의 끝날 무렵이다. 출동명령이 떨어졌다. 중공군이 계속 남쪽으로 진격하고 있다는 말도 들렸다.

쫓고 쫓기는 전투는 계속되었다. 서로 간에 소득없는 전투였다. 춘천, 화천, 양구, 인제, 현리, 평창, 대화, 철원, 영월이 죽고 죽이는 곳이었다. 영월 시내에서 불꽃 튀는 싸움이 벌어졌다. 전리품은 양쪽에서 남긴 수많은 시신이었다. 병사들은 싸우면서 이런 생각들을 했다. 목숨이 딱 2개만 있으면 좋겠다고. 하나는 고지에 두고, 하나는 고향으로 안고 가서 바람꽃 같이 살겠노라고.

운명의 순간을 맞다

12월이 깊어지고 있었다. 중공군 3차 공세가 시작되었다. 그들은 해가 바뀌기 전에 전세를 뒤엎을 계획을 하고 있었다.

사단공격특별대대 병력 400명은 인제군 기린면 현리(縣里) 계곡에 다다라 있었다. 이 특공대는 3일 후 '현리전투'에 투입된다. 승패의 관건은 어느 쪽이 지형지물을 더 꿰뚫어 보느냐에 있었다. 현리는 면소재지로 2백호의 민가가 있는 마을이다. 마을을 감싸듯, 방대천(方大川)의 맑은 물이 휘감아 흐른다. 이 방대천의 임무는 장마로 양이 불어 위세 찬 물줄기를 귀둔천(龜屯川)으로 밀어내는 일이다. 귀둔천은 방대천의 수압을 조절하며 밀리다가 내린천(內麟川)과 합수한다. 세를 불린 내린천은 스스로 압을 다스려 소양호(昭陽湖)에 안기어 숨을 멈춘다. 물길만 떼어내도 장장 수 십리에 이른다. 가까이에 있는 큰 산으로는 한석산, 점봉산이 북쪽으로 있고, 방태산이 남쪽으로 있다. 전투 효용 면으로만 보면 실로 자연이 준 요새다. 이 현리를 둘러싸고 3개 사단이 진을 쳤다. 전투에 임함에 방대천의 순리를 따라 지형지물을 이용하는 쪽에 승산이 있다. 강의 물줄기를 인간의 힘으로 바꾸기가 쉽지 않듯 전장에서 전투도 흐르는 물처럼 길이 있다. 흐름을 좇아야 사상자를 줄인다. 이 3개 사단은 우선 중공군의 인해전술에서 벗어나야 한다. 총알이 비켜서 지나가고, 포탄이 불발되기를 하늘에 빌어보는 전투였다. 디딜방아의 확 속에서 흰 콩알이 부서지지 않고 성한 놈으로 남아 있듯, 용국은 그렇게 무사하기를 하늘에 빌었다. 아마도 중공군은 시조(始祖)가 박쥐인 모양이다. 그들의 전투는 언제이고 밤에 시작된다. 어느 쪽이던 전멸 아니면 전승의 전투태세로 맞섰다. 그러나 이것은 희망사항일 뿐 전력의 객관적인 평가는 중공군이 절대 우위였다. 그렇다고 절망할 필요는 없다. 전투는 소수가 다수를 이기는 경우가 많았다. 그간 북진을 거듭하면서 전술의 맛을 본 젊은 장교들은 나름대로 작선을 짜고 있었다. 병사를 잃지 않고 승리할 수 있는 묘수를 찾는 것이 전술이다. 산중의 해는 노루꼬리였다. 해도 서러워 종일을 울었는가? 힘이 없어 보였다. 고지의 병사처럼 홀로 버티던 해가 산영을 남겨두고 죄인처럼 점봉산 구릉으로 숨는다. 방태산 남쪽 비루봉을 보라! 기울던 하현달이 봉우리 위에 동그마니 솟아 있었다. 달은 처량하게만 보였다. 그러나 친정 온 큰누나처럼 살갑고 애잔한 모습이 담겨 있었다. 그제가 보름인 듯했는데, 달덩이는 고슴도치가 파먹은 수박처럼 한 쪽이 이울었다. 대원들은 저 달덩이가 구렁으로 빠지다가 나뭇가지에 걸려 내일 아침 새해가 솟을 때까지 버티어 주기를 바란다. 달이 능선 아래로 빨려들면 중공군의 총공세가 시작될 터이다. 한 줄기 골바람이 칼끝 우는 소리를 내지르며 살의 빠름으로 얼굴을 할퀴고 지나간다. 볼이 찢기는 듯 아프고 공포가 사방으로 음습한다.

400명의 사단공격특별대대가 배속되어 있는 3사단을 중앙에 두고, 좌측에 7사단 우측에 5사단이 진을 쳤다. 북쪽은 이미 전위부대로 재편성한 중공군이 물샐 틈없는 전선을 형성하고 있었다.

내리 미는 압력을 견디지 못하고 결국 제방이 터지 듯, 7사단 어느 쪽엔가 후달짝 방어선이 터지고 말았다. 아군의 전술에 금이 가고 만 것이다. 7사단 9연대가 허물어졌다. 북괴 38군 수색대가 이 틈을 비집고 내리밀었다. 38군수색대는 인민군과 중공군이 합동으로 구성한 수색 정예부대다. 노련한 군견(軍犬)은 마약이 든 비닐봉지를 찾아내는 법이다. 헛점을 용하게 짚어낸 38군수색대는 순식간에 백 이삼십 리 후방을 치고 내려가 퇴로를 차단했다. 일본 말로 하면 소위 하사미 우세인데 가히 목조르기 작전이었다. 양쪽에서 협공하고, 밑에서 올려 치받고, 위에서 내리밀자, 3개 사단은 속수무책으로 포위당하고 말았다. 방대천의 임무는 장마로 불어난 성난 물줄기를 귀둔천으로 밀어내고, 현리를 지켜주는 일이라고 균이 묘사했다. 자연의 이치를 모르고서야 전투에서 승리할 수 없는 지형지물을 안고 있는 곳이 현리였다. 아군은 그 방대천의 역할을 모르고 있었다.

사단 사령부, 각 연대본부, 후방 GP, 전방 무슨 OP 할 것 없이 모조리 포위가 된 것이다. 9연대 방어망을 뚫고 후방으로 치고 내려간 주력부대는 팔로군이었다. 중공군의 팔로부대는 무서운 부대다. 이북의 인민군 중에는 12팔로군에 소속된 병사가 있었다. 이 팔로군은 사병일지라도 타 부대로 가면 장교로 임관될 정도로 전투에 능했다. 그만큼 용맹스러웠다. 그러나 날고 기는 이 팔로군도 동부전선의 아군 22연대의 작전에는 맥을 못 추었다.

좌측에 진을 친 7사단이 우측의 5사단보다 유리했다. 좌측은 적을 격멸하기에 더 없이 좋은 지역이었다. 반대로 적으로부터는 난공불락지대였다. 그런 7사단이 허물어졌다. 아주 많은 사상자가 생길 수밖에 없는 처치에 놓인 것이다.

달이 능선 너머로 숨어버리자 결국 천지가 암흑으로 변했다. 하늘의 은하수가 꼬리를 동쪽으로 틀어놓고 있었다. 드디어 암흑을 뚫고 총성이 울었다. 105mm 포탄과 수천 발의 소총 알갱이가 면소재지 현리 마을로 별동별처럼 떨어졌다. 어디서인가 소총의 개머리판이 바위에 부딪는 소리가 났다. 용국은 귀를 의심했다. 아군 진영에서 나는 소리인지 적군의 진영에서 나는 소리인지 알 수 없었다. 그러나 고참병은 이 소리를 분간할 수 있었다. 장총의 개머리판이 바윗돌에 부딪는 소리였다. 여의주는 눈에 불꽃이 튀었다. 이들이 갖고 있는 개인전술은 '안흥'에서 받은 군사훈련이 전부였다. 용국은 이 세 놈이 오히려 짐이 되었다. 여차하면 손들고 넘어갈 놈들이다. 내 몸 하나도 간수하기가 어려웠다.

개머리판이 바위에 부딪는 소리가 두 번째 들렸다. 어느 신참병의 실수인지 아니면 암호인지 이번에는 고참병도 알 수 없었다.

일순 병사들의 촉각은 칼끝이 되었다. 마치 풀을 뜯던 노루가 고개를 쳐든 채 발바닥만한 두 귀를 곤두세우고, 거리를 좁혀오는 표범을 경계하듯 서로의 얼굴을 훔쳐본다. 물체의 윤곽으로 아군인지 적군인지 인식하기다. 눈알을 발화점으로 하는 광체가 그대로 레이저빔이다. 병사는 서로 주먹을 들어 보이며 우리 죽지 말자고 당찬 다짐을 했다. 작전명령이 잠시 잠을 자러갔는지 계곡의 정적은 그대로 계속되었다. 그야말로 이름 없는 전선의 야간전투가 카운트다운 되고 있는 것이다.

운 좋게도 이날의 총성은 되살아나지 않았다. 군관민 할 것 없이 전투에 참가하고 있는 모든 인원은 전투복으로 갈아입으라는 지휘부의 명령이 하달되었다. 현리의 주민과 이동 중에 자진 합류한 민간인을 포함하여 행군 요원 전체를 소급하여 소총부대로 편성하고 전투병의 자격을 부여했다. 제반 문서를 소각해 버리라는 명령이 떨어졌다. 이 모두는 불과 8시간 전에 하달된 최전방의 군사작전이었다. 밤사이 전투는 없었다. 터지기 직전의 고무풍선처럼 탱탱한 진장 속에서 총성없이 하룻밤을 넘긴 것이다.

부모의 가슴을 쏘다

간헐적으로 울려오던 총성이 오후가 되자 줄어들었다. 전투는 좀 식어가는 기미가 보였다. 그러나 용국은 마음이 무거웠다. 용국에게는 아군 부상자 2명과 적군 생포자 1명이 딸려 있었다. 생포자는 여군(女軍)이었다. 여군은 훤칠하니 키가 컸다. 서글서글한 눈매, 여기에 더하여 입 언저리가 뛰어나게 예뻤다. 이를테면 볼륨이 있는 여인이었다. 의술을 익힌 군의관이었으니, 당연 부상자 2명은 최용국이 책임져야 할 짐이지만 여군은 애물단자였다. 생포자 여군이 용국에게 맡겨진 것은 용국과 더불어 북조선 인민이라는 동질성 때문이기도 했다. 용국과 여군은 자연 서로 가까이 있는 시간이 많았다. 한데도 여군은 속마음을 손톱만큼도 내보이지 않았다. 여군의 성은 선우(鮮于)였다. 용국이 포로병 여군으로부터 직접 얻어들은 것은 성이 선우라는 것 이것이 전부였다. 용국은 말투로 보아 여군의 고향이 함경북도 나진쯤이 아닌가 여겨졌다. 하여튼 상황이 급박하다고 그냥 버릴 수 있는 처지가 아니었다. 생사를 같이해야 할 책임이 주어진 것이다.

알싸한 화약 냄새가 코끝에 묻어났다. 적막을 깨는 고요가 수 시간 이어졌다. 전장에서의 고요는 피를 깎는 일이다. 적이 언제 기습해 올지 모르고, 부대 배치가 언제 어떻게 변할지 모른다. 과연 전 부대가 작전상 후퇴를 하고 있었다. 그러나 특공대는 이 사실을 한 발 늦게 알았다. 아군 포탄이 용국이 머물고 있는 진지에 떨어지기 시작했다. 미처 빠져나가지 못한 부대의 위치를 포병부대가 잘못 계산하고 있었다. 이미 주력부대는 십 오리 후퇴한 지점에 닿아 있었다. 빨리 이곳을 벗어나야 한다. 빠져나가지 못하면 전멸당한다.

대대장이 눈을 크게 치뜨고 목 끊어지는 소리를 했다.

"적군이다!"

일순 전 대원은 전투태세를 취하며 앞을 응시했다. 용국은 스스로 군인이 되어가고 있음을 느꼈다. 용국은 북쪽을 겨누어 방아쇠를 당길 때마다 어머니와 아버지의 가슴에 총질을 하는 기분이었다. M1 소총 유효사거리 안에 성진역과 쌍용역이 들어있었다. 그러니 고향마당으로 총구를 겨눌 수 없었다.

멀지 않은 전방에 적군이 나타났다. 이미 아군의 퇴로를 적이 장악하고 있는 상황이었다. 저쪽 큰길 모퉁이를 돌아 기마병들이 접근해 왔다. 사격 명령이 떨어지자 일제히 방아쇠를 당겼다. 그러나 기마병은 계속 밀려들었다. 병사들은 당황하기 시작했다.

대장이 사격 중지 명령을 내렸다. 저렇듯 물불을 가리지 않고 남하하는 것을 보며, 대장은 아군으로 생각을 했다. 오판이었다. 아군은 기마병을 갖고 있지 않았다.

소총 사격에 이어 포가 일제히 불을 뿜었다. 괴성이 골짜기로 퍼지고, 섬광이 번갯불처럼 일었다. 씽- 씽- 포탄 날아가는 소리가 선명하게 들렸다. 날아가던 포탄이 용국의 지근에 떨어졌다. 수 명의 전우가 비명소리를 유언처럼 남기고, 흙먼지 속으로 사라져갔다. 용국도 흙을 뒤집어썼다. 용국의 꽁무니를 들쥐 새끼처럼 붙어 다니던 여군이 보이지 않는다. 비명소리는 사방에서 났다. 포탄은 계속 떨어졌다. 용국은 죽음을 각오하고 있었다. 또 한 개의 포탄이 옆에서 터졌다. 아군 부상자가 부지기수로 생겼다. 이제 포 소리는 생과 사를 구별짓는 재판정의 선고 같았다. 거부할 수 없는 죽음이라면 차라리 빨리 죽는 게 속 편했다. 포구가 삐뚤어졌는가, 아군의 진지에만 떨어졌다. 용케도 아군만 찾아내어 열기를 토해냈다. 아군의 피해는 눈덩이처럼 불어났다. 이럴 수가 없다. 작전이 이렇게 허술할 수는 없었다. 이제 전의는 완전히 상실한 상태가 되었다. 적이 코앞까지 다가왔다. 포사격이 뜸해졌다. 그러는 사이 적의 수는 배로 늘었다. 그들은 벌떼처럼 덤벼들었다. 일대 총격전이 벌어졌다. 쌍방은 서로 화력이 강해 보이는 쪽으로 총구를 옮겨가며 방아쇠를 당겼다. 경기관총 사수가 수도 없이 부상을 입거나 생명을 잃어갔다. 부사수가 즉각 받아 쏘아 보지만 총알은 하늘을 향했다. 전투는 다음날까지 계속되었다. 3사단 손실이 가장 컸다. 거의 전멸상태였다.

정오 무렵에 후퇴 명령이 떨어졌다. 비행기 두 대가 파란 하늘에 높이 떠서 지나갔다. 비행기가 지나간 뒷자리에 흰 줄이 길게 이어졌다. 후방 부대에서 쏘아 올리는 아군의 포탄이 강의 중간지점에 떨어졌다. 포탄의 연기 때문에 앞뒤 분간이 어려울 지경이었다. 아군 비행기의 오폭을 피하려면 적과의 거리를 최소한 2km 이상 벌려 놓아야 한다. 여기를 지나서 저기로 돌면 강이 흐르고, 강을 건너 뚝방을 내려서면 농로가 있다. 농로를 이용하면 손쉽게 적의 시야에서 벗어날 수가 있을까. 적이 호를 파고 있는지, 무슨 소리가 들렸다. 안개가 잔뜩 끼어 있어 옆의 사람도 보이지 않는다. 용국이 골짝으로 내려서자 위장을 하고 있던 두 명의 적병이 먼저 보고 몸을 날려 후미진 곳으로 피했다. 직선거리 20m 내외의 간격이다. 몸을 날린 두 명의 적병이 용국의 눈에는 분명 한 명으로 보였다. 용국은 대검으로 놈을 해치울까 생각했다. 그러나 그냥 뒀다. 생포도 가능하지만 그렇게 하다가는 이쪽이 다칠 수가 있다. 적병도 용국을 해치지 않았다. 지금의 전황은 양쪽이 서로 한두 사람 없애봐야 의미가 없다. 수백 수천 명의 생명이 걸린 도박을 해야 한다.

빨리 이곳을 벗어나자! 용국은 대충 위장을 하고 두더지 자세를 유지하며 아래로 아래로 내려갔다. 부상 당한 몸으로 동행을 하던 병사 2명이 보이지 않았다. 귀를 곤두세우고 사방을 응시해 본다. 어디서부터 떨어지게 되었는지 확인할 수가 없었다. 중얼대는 소리가 가까이에서 들렸다. 적군 같았다. 못[沼]의 둑 옆으로 봇물이 흘렀다. 그 둑 밑으로 좋은 은신처가 보였다. 용국은 기어서 후미진 곳에 몸을 숨겼다. 웅크리고 앉아서 거총 자세를 취했다.

"철커덕-!"

좀 둔탁한 쇠소리가 아주 가까이에서 났다.

무전기 안테나 만지는 소리 같았다. 그런데 용국의 짐작은 엇나갔다. 소련군 장총을 멘 적군 3명이 못 둑 밑으로 다가오고 있었다. 용국은 숨을 죽이고 놈이 더 가까이 오기를 기다렸다. '침착하자. 침착해야 산다.' 훈병 시절 그렇게 배웠다. 용국은 마음속으로 '침착'을 되뇌였다. 적병이 바로 코밑까지 다가왔다.

"정지!"

용국은 그렇게 외치며 방아쇠를 당겼다. 연발로 발사했다. 그러나 격발이 되지 않았다. 용국은 당황했다. 탄띠에 매달린 수류탄을 찾았다. 없다. 이제 죽음의 순서가 용국 편으로 넘어왔다. 화통에 석탄을 퍼담고, 불을 지피면 기차가 뜨거워서 내닫는다고 어른들은 그렇게 말했다. 화통에 불을 지피자 정말 뜨거워서 기차가 몸부림을 쳤다. 아들 주겠다고 밥을 지어 보자기에 싸서 들고 역 홈에 나와 눈물을 찍어내던 성진역의 어머니 생각도 아니오, 쌍용역에서 주먹으로 오리 주둥이를 만들어 앞가슴에 대고 다음 차로 따라 내려가겠다던 아버지 생각도 아니오, 전쟁이 터지자 장총 메고 선발대로 나선 작은형 생각도 아니오, 오직 문화부 대공장교로 위세 등등 살아 있을 큰형이 보고 싶을 뿐이었다.

"형 살려주세요!"

그렇게 외치고 싶었다.

그런데 상황은 이상하게 변해갔다. 분명 용국이 '정지!'라고 소리쳤고, 인민군 가슴에 M1소총을 들이대고 '드르륵!' 갈겼는데, 장총을 맨 세 명의 인민군은 조금 전의 그 자세로 접근해 왔다. 환상! 환상이었다. 용국은 둑 밑 구덩이에 박쥐가 되어 찰싹 달라붙은 자세를 유지하며 숨을 죽였다. 장총을 맨 세 명의 인민군은 둑 위를 조심스럽게 지나갔다. 용국은 허리춤을 더듬거렸다. 수류탄이 잡혔다. 안흥에서 제식훈련과 무기수입 배울 때 수류탄 투척법을 익혔으니 그대로 하면 된다. 놈들이 적당한 거리로 벗어나면 핀을 뽑아 뒷통수를 향하여 던질 요량이다. 총소리가 더 가까이에서 났다. 용국은 자기를 조준해서 쏘는 총성은 아니라고 믿었다. 결국 용국은 수류탄 투척에 실패했다. 아니 수류탄을 투척할 기술이 없었다. 용기도 없었다.

밤이 깊었다. 총소리가 뜸해졌다. 한데, 두런대는 사람 소리가 들렸다. 용국은 숨을 죽이고 귀를 곤두세웠다. 이제 죽고 사는 것에 대하여 약간 익숙해졌다. 하늘을 쳐다보았다. 별이 총총했다.

비몽사몽 또 하룻밤을 넘겼다.

날이 밝아오자 사방은 언제 그러했느냐는 듯 조용하기만 했다. 적군도 아군도 보이지 않았다. 그런데 아주 갑작스레 전투기 1대가 하늘을 두 쪽으로 가르며 산등성이를 타고 넘어왔다. 누군가는 또 목숨을 바쳐야 한다. 폭격 소리는 들려오지 않았다. 비행기는 그냥 빙빙 돌다가 오던 길로 되돌아갔다. 이상하다. 구릉지를 사이에 두고 저쪽 너머에 수많은 적병이 진을 치고 있는데 어찌하여 겁만 주고 그냥 되돌아간단 말인가? 겁만 주고 돌아갈 이유가 있었다. 적의 척후병이 아군의 대공판(전투기의 공격목표 암호)을 탐지하고, 짝통 대공판을 만들어 저네 작전본부에 설치해 놓았다. 전투기는 적군이 설치해 놓은 대공판을 아군의 것으로 착각하고, 포탄을 그대로 안고 되돌아갔다.

전투 중에는 작전상 후퇴할 때가 있다. 그럴 때면 부상병은 더더욱 짐이 된다. 부상병은 무기를 소지하지 않는다. 대신 수류탄 한 알을 지급받아 앞가슴에 걸고 다닌다. 호신용이다. 여군에겐 일체의 무기가 지급되지 않았다. 전장에서 위급 상황이 벌어졌을 때 중상자가 생에 애착을 느끼는 경우가 있다. 물론 반대의 경우도 없지 않다. 실탄과 수류탄이 떨어질 때까지 적과 싸우다가 죽는다며, 전우들이 후퇴할 시간을 벌어 주는 경우다. 전우애다. 생사고락을 함께한 전우가 아니면 생각할 수 없는 우정이다. 신도 기절할 잔인한 전투에서 멀쩡하게 살아남는다는 것이 어쩌면 친구에게 배신행위가 될지 모른다는 생각을 가질 때가 있다. 용국은 이것을 전우애라 정의했다.

긴 장마에 스르르 허물어지는 산사태처럼 한 뭉텅이가 저쪽 구릉지로 빠지고 있었다. 수물수물 굼벵이처럼 움직이는 저 패잔병, 차라리 군인이 아닌 인간군상이었다.

오후가 되자 푸실푸실 눈발이 날렸다. 색쌔기 2대가 눈발을 가르며 날아와서 중공군의 머리 위를 저공으로 비행했다. 폭격점을 찾고 있었다. 아군과 섞기여 있는 터라 어디를 내리칠 지 분간이 어려웠다. 색쌔기는 도리없이 그냥 사라졌다. 그러자 이번에는 미군 수송기가 날아왔다. 수송기는 저네들 계획대로 군수물자를 쏟아놓았다. 정보가 너무 허술했다. 갖고 있는 탄환도 버리고 가야 할 판국에 비를 뿌리듯 부려놓고 돌아갔다. 횡재의 몫은 적군이 차지했다.

계곡 사이로 장사진을 이루며 후퇴를 하는 3개 사단은 흡사, 아프리카 탄자니아의 세계 최대 수렵지역 세렝게티국립공원에 서식하는 얼룩말과 누 떼가 6월이면 무리를 지어 공원의 남동부에서 북서부로 이동하는 장관을 연출하는 그 모습이었다. 이 무리를 두고 서로 먹겠다고 양쪽에서 협공해 오는 사자들과 입이 큰 악어들이 선지피 냄새를 맡으며 코를 실룩거리는 본능적 모습과 너무나 닮았다. 어느 지점에 이르자 3개 사단에 더하여 후방요원까지 뒤엉켰다. 아비지옥이 따로 없었다. 후퇴만 하는 것이라면 무엇이 문제이겠는가? 사자는 사자대로 악어는 악어대로 공격 루트를 찾고 있었다. 정말로 눈 뜨고는 볼 수 없는 참상이 벌어지고 있는 것이다. 패잔병에게 백 리 길은 천 리 길 못지않았다. 일단 120리 길을 뚫고 나가야 살길이 생긴다. 외통길 120리의 퇴로에는 수백 대의 지프차가 얼어붙은 돌멩이처럼 움직이지 못하고 처박혀 있었다. 새로운 퇴로를 개척한다며 많은 병사들이 좌우 산자락으로 흩어졌다. 용국도 헷갈렸다. 집결지는 화진포다. 강릉 쪽으로 빠져도 살길은 열린다. 지형지물 인식에 혼돈이 오면 이는 도깨비에게 홀린 꼴이 되기 십상이다. 과연 엉뚱한 곳으로 향하는 대원들이 있었다. 인민군 진지를 향하여 거리를 좁혀가는 부대원도 많았다. 손쉽게 닿을 수 있는 곳은 양양이었다. 차라리 주문진 쪽으로 빠지는 것도 한 방법이었다. 하나 언제 어떤 지령이 하달될지 모른다. 집결지를 화진포라고 흘리는 이면에는 인민군을 속이기 위한 전술도 담겨 있었다. 분명한 것은 화진포보다는 주문진을 목표로 삼아야 한다. 거진, 고성, 화진포는 적전지다. 주문진보다 거리도 멀고 지세가 험악하다. 아무래도 작전이 잘못 짜여지는 것 같았다.

사기에 살고 사기에 죽는 것이 군인이다. 군인은 사기만 먹고도 백일을 간다고 했다. 1당 100은 사기에서 나온다. 그만큼 군인에게는 사기 그 자체가 생명이다. 전의를 상실한 군인은 허수아비다. 1명의 적을 백 명이 못 당한다.

독도(讀道)를 가지고 있는 사병을 선두로 많은 부대원들이 그 뒤를 따랐다. 사단 보병이라 안심이 갔다. 용국도 이쪽을 택했다. 그런데 이 독도사(師)가 실수를 했다. 엉뚱하게 인민군이 숨어 있는 진지로 접근을 한 것이다.

“정지! 암호?”

결국 일이 터졌다. 쭈빗! 머리털이 하늘로 치뻗었다. 여의주 일당이 옆에 없어서 다행이다. 네 사람은 각각 다른 길을 가기로 사전에 약속이 되어 있었다. 몰살을 피하기 위해서였다. 누구든 살아서 남아야 한다. 함흥의대 출신 닥터가 이남 땅, 이름없는 전선, 명분없는 전장에서 몰살당해선 절대 안 된다.

"암호? 쏜다!"

다급한 소리다. 용국은 육신에 더하여 영혼이 흔들렸다. 설한풍에 쫓기듯 까마귀 한 마리가 머리 위로 지나간다.

암호 받은 지가 벌써 며칠이 지났다. 일단의 목숨이 한 마디 응답에 담보되었다. 최대한 시간을 벌어야 된다. 총성이 울기 전 어떤 몸놀림이나 동작을 취해야 된다. 암호를 받은 쪽이 용국이다.

"암호?"

용국이 되물었다.

옆에 누가 있어 암호병의 숨통을 끊으라는 시간 벌기다. 암호를 물어놓곤 스스로 암호를 대는 경우도 생긴다. 용국의 영감이 맞아떨어졌다. 암호를 물은 놈이 암호를 되받았다. 그러나 위장술이었다.

"신발짝!"

'신발짝' 소리와 더불어 총성이 울었고, 아군 두 사람이 쓰러졌다. 수류탄을 까서 응수했다. 그리고 조용했다. 암호를 대라던 놈이 아군인지 적군인지 알 수 없었다.

있는 길은 있는 대로, 없는 길은 만들며 갔다. 용국은 암호를 외친 자가 인민군 병사임을 알 수 있었다. '정지! 암호?'·'암호? 쏜다!' 다급한 그 명령 속에 함흥의 사투리가 묻어 있었던 것이다.

동이 텄다. 날이 저물었다. 또 동이 텄다가 또 저물었다. 3일이

지났다. 3일간을 내리 굶었다. 배가 고팠다. 병사들의 이 배고픔은 허드레 정치인이 본인의 존재감을 들어내기 위하여 영양수 마셔가며 하는 단식투쟁하곤 근본적으로 달랐다. 병사의 하루 굶음은 저네들의 일주일 굶음과 같았다. 그러니 병사가 3일을 굶었다면 저들 의원의 21일 단식과 맞먹는다.

두 갈래 길이 서로 만나 하나로 꼬이는 목에 이르자, 대열은 그만 정지상태가 되고 말았다. 이제 허깨비가 보이는 병사가 늘었다. 배고픔은 죽는 일 보다 견디기가 더 어려웠다. 아사하는 병사가 생기면 군기 잡기가 어려워진다. 용국의 머릿속은 복잡했다. 용국은 아사하는 북한 동포의 처참한 모습을 많이 보았다. 점심을 먹는다는 것은 사치이고, 하루 두 끼 멀건 시래기국으로 연명을 하며 지내왔던 터라 이 정도의 배고픔은 넘길 수가 있었다. 비 맞은 모래성처럼 병사들은 허물허물 맥없이 주저앉고 있었다. 안돼! 주저앉으면 그대로 죽는다. 아사하는 순간의 기분은 몽롱하니 술 취한 기분이라고 했다. 노근노근 하다가 잠이 오고, 해롱해롱 하다가 비몽사몽에 이르고, 그리고 그대로 간다는 것이다.

행군의 속도가 정지상태에 이르고 주저앉는 병사들의 수가 늘어나자 민가를 찾아나선 병사들이 많았다. 운 좋은 병사들은 주머니에 먹을 것을 담아 왔다. 병사들과 한 덩어리가 되어 서로 꼬인 채 대열에 서서 움직이던 연대장이 뒤에서 어깨를 툭툭 치며 앞선 사병에게 손을 내밀었다. 먹을 것 얻어왔으면 나눠 먹자는 뜻이었다. 사병은 화가 났다. 목숨 걸고 구해온 먹거리였다.

"야! 이 쌔끼야 내 먹을 것도 없다!"

사병은, 뒤에서 누군가가 어깨를 툭툭 치자 화가 동했던 터라 뒤돌아보고 자시고 할 필요가 없었다. 기가 막히는 일이었다. 사병이 연대장을 새끼로 몰아붙이며 소리를 냅다 지른 것이다. 소리친 병사는 일등병이었다. 그럴 수밖에 없는 것이 7사단, 5사단 그리고 400명의 사단특별공격대대가 현리에서 포위를 당하자, 모두 위장을 하느라 계급장을 없애버렸으니, 신분을 알려면 모자를 벗고 머리털 길이를 확인해 봐야 한다. 아비규환이 따로 없었다. 그야말로 고난의 행군이 이어지고 있었다.

"오라버니!"

뒤에서 오라버니를 찾는 사람이 있었다. 오라버니라니 용국은 귀를 의심했다. 아무도 없었다. 오른쪽 어깨에 바짝 붙어선 여군 선우뿐이었다. 분명 포로병 선우는 용국을 오라버니라 불렀다. 무언가 다급해진 구석이 있는 모양이었다. 전쟁마당에서 군복을 걸친 군인 사이의 전용어에 오라버니란 용어는 없다. 허벅지 총상으로 피를 많이 흘린 포로병 선우는 용국이 마음먹기에 따라서 담박에 버려질 수도 있는 운명이었다. 그러나 용국은 선우를 포기하지 않았다. 정말 거추장스럽고 힘들 때는 그냥 그 자리에 남겨두고 싶었으나 자원입대하여 장총을 메고 전선으로 떠나간 작은형이 눈에 아른거렸다.

전쟁포로의 생명은 나의 생명과 같은 것이다. 둘의 몸이지만 하나의 몸통으로 생각하자. 용국은 그렇게 다지며 선우 여군을 끌고 다녔다. 그런데 여군이 느닷없이 용국을 오라버니라 불러 세우는 것이다. 용국은 덜컹 겁부터 났다. '오라버니라니? 군대 서열에

오라버니도 있었던가?'

"이제 저를 놓아주세요. 잘못하면 두 사람 다 갑니다. 오라버니와 저는 다릅니다. 저는 포로병이고, 상처가 깊습니다. 전쟁이 끝나거든 '평안북도 신의주 출신 여군 선우숙 현리전투에서 사망하다.' 막대기에 적어서 꽂아주세요!"

선우숙의 왼쪽 바짓가랑이에서 끈끈한 선지피가 삐죽 삐죽 내비치고 있었다. 선우숙의 상처부위는 넓적다리 깊은 곳이었다. 수류탄 파편이 아직 그곳에 박혀 있다. 파편의 날선 부분이 움직일 때마다 살 깊은 곳으로 파고들었다. 용국은 미안했다. 가랑이를 강제로라도 벌려서 파편을 후벼 파내고 붕대로 묶어 지혈을 시켰더라면 이 지경에까지 이르지는 않았을 것이다. 문제는 여군 쪽에도 있었다. 죽어도 그곳 살을 허용하지 않고 버티었으니 용국도 속수무책이었다. 이제는 너무 늦었다. 피를 너무 많이 쏟았다. 지금껏 가타부타 한마디 말이 없던 선우숙은 주룩주룩 눈물을 쏟아낸다. 선우숙은 눈물을 닦지 않고 그냥 흐르게 두었다. 용국도 눈물이 났다. 용국은 단청군 이중면 태생이라는 것을 선우숙에게 말하지 않았다. 용국은 불현듯 큰형 생각이 났다. 이 전쟁이 어떻게 전개되고 언제쯤 끝나는지 형은 알고 있을 것만 같았다.

종이 짝처럼 하얗게 변색되어 있던 선우숙의 얼굴은 금시 검은색을 내비치기 시작했다. 선우숙은 이름없는 전선에서 부상병이 되는 것보다 치열하게 싸우다가 죽는 것이 백 번 낳다고 생각했다. 선우숙은 다음 날 새벽 2시경 이름 없는 전선의 산야에서 숨을 잃고, 들것에 실려 돌무덤 속에 잠들었다. 사인은 과다출혈이었다. 선우숙(鮮于淑), 그의 나이는 19세. 직업은 학생이었다. 용국은 입술로 선우숙의 이마에 도장을 찍어주었다. 비릿한 갯벌 내움이 입술에 묻어났다. 그리고 두 눈을 아래로 밀어서 감겨주었다.

대한민국 국민의 가슴을 녹이듯 이 노래는 국민의 애창곡 아닌 애창곡이 되었다.

▲ 그날의 비목이 만들어낸 한강 고수부지

훗날 강원도 화천 일대 혈투를 '6·25전사(戰史)'는 이렇게 썼다. 중공군의 최후 공세로 불렸던 '금성전투'와 '4·25고지전투', 15일간의 전투에서 아군 1만 4,373명, 중공군 6만 6,000여 명이 피해를 봤다. 아군의 전사자는 2,689명이고, 중공군 전사자는 3만 8,700여 명에 이른다.

용국의 눈에서 눈물이 물방울처럼 뚝뚝 떨어졌다. 명분없는 전투를 하다가 이름없는 고지에서 고혼이 된 선우숙 한없이 불쌍했다. 최용국, 그의 운명도 언제 어떻게 바뀔지 모른다. 용국에겐 아직까지 계급장이 없었다.

저쪽에서 삽질하는 소리가 났다. 서넛 병사들이 산역을 했다. 그리고 상주없는 선우숙 시신을 그렇게 산 뿌리에 묻었다. 돌무덤이었다. 선우숙의 마지막을 지켜본 사람은 최용국과 병사 셋이었다. '평안북도 신의주 출신 선우숙 현리전투에서 사망하다.' 이 사망신고서는 선우숙이 숨을 거두며 자진 최용국에게 넘겨준 것이 아니라, 임종을 지켜본 병사들의 귀에 환청으로 전달된 비화였다. 사실 선우숙은 백 번이고 자기의 처지를 용국에게 고백하고 싶었으나 그는 태어난 곳이 신의주란 말만 했다.

일단의 병사들이 무덤을 둘러쌌다. 최용국은 떨리는 음성으로 고축을 했다. 고축이 끝나자 병사들은 구령에 맞추어 이별의 경례를 했다.

"선우숙 병사여 고이 잠드소서. 전쟁이 끝나면 당신의 소원대로 평안북도 신의주 출신 선우숙 이곳에 묻히다."

超然(초연)이 쓸고간 깊은 溪谷(계곡) 깊은 계곡 陽地(양지)녁에
비바람 긴세월로 이름모를 이름모를 비목이여
먼 故鄕(고향) 樵童親舊(초동친구) 두고 온 하늘가
그리워 마디마디 이끼되어 맺혔네
궁노루 산울림 달빛타고 달빛타고 흐르는 밤
홀로선 寂寞(적막)感(감)에 울어지친 울어지친 비목이여
그옛날 天眞(천진)스런 追憶(추억)은 애달퍼
서러움 알알이 돌이 되어 쌓였네

▲ 선우숙! 그의 넋은 훗날 한 송이 들꽃으로 피어나 대한민국 자유 수호의 상징이 되었다.

그렇게 비목 하나 세워주겠다고 약속했다. 용국은 울컥 터져 나오는 설움을 꾹꾹 누질렀다. 그 몸 가지고 많이 살아주어 고마웠다. 그 이후 6·25참전 전사자 발굴단이 선우숙의 유해를 수습해 갔는지, 확인이 되지 않았다. 불꽃 튀는 전장에서 어느 포로병은 운 좋게도 그렇게 땅에 묻힐 수 있는 평화의 시간을 허락받았다. 이건 천운이었다.

계곡물이 흐르다가 급하게 꺾여지는 어구의 산자락에 적병이 웅성대고 있었다. 하늘을 가르며 쌕쌔기 한 대가 나타났다. 따발총 소리가 저쪽 산기슭에서 났다. 산등성을 반원으로 돌던 쌕쌔기가 기관총을 쏘아대더니 포탄을 투하하기 시작했다. 얼마나 지났을까. 거북이가 쑥 쑥 알을 낳듯 포탄을 토해내던 두 대의 쌕쌔기가 날아온 길을 따라 사라졌다. 그리고 조금 잔잔해지는가 싶더니 메아리로 변한 콩 볶는 소리가 능선을 따라 오르내렸다. 이어 여기 여기서 수류탄 터지는 소리가 났다. 바로 그 때였다. 수류탄 파편 한 쪽이 용국의 등허리를 때렸다.

"팍!"

둔탁한 소리가 났다. 분명 용국의 귀에 그렇게 들렸다. 등뼈가 갈라지는 소리였다. 순간 용국은 정신을 잃고 쓰러졌다.

핏줄을 잃고, 핏줄을 찾다

개울가 언덕을 기어오르고 있었다. 수류탄이 돌덩이처럼 굴러 내렸다. 손 가까이에 닿는 놈은 그대로 집어서 멀리 던져 버렸다. 엉뚱한 곳에 떨어지기도 했다. 용국의 손을 거친 수류탄에 아군이 다치기도 했다. 1개 군단이 포위당한 상태에서 벌어진 전투였다.

▲ 이들에게 총부리를 겨눈 자는 분명 우리들의 주적이다.
이 사실을 오도하지 말라!

현내면에서부터 그 일대를 1개 군단이 진을 치고 있었다. 죽지 않고 살아남은 것은 천운이었다.

용국은 운 좋게도 신속하게 후송되었다. 묵호에 있는 59육군병원에서 응급처치를 받았다. 물론 임시로 가설된 야전병원이다. 중동부전선에서 부상당한 병사들은 일단 이 59육군병원을 거치게 되어 있었다. 국민학교를 징발해서 가설한 병원인데, 병상이 모자라서 운동장 옆 공터에 천막으로 병실을 만들어 환자를 받기도 했다. 누구의 장난인가. 벽에 이런 구호가 씌어있었다. "전쟁은 외과학을 발달시킨다." 맞는 소리다. 군의관들의 외과 기술은 은유했다. 용국의 경우 그는 특히 잘 다루어야 할 중환자 군에 속했다. 척추라 하는 중추신경은 손상되면 재생 불가능이다.

3사단 특별공격대대가 겪은 전투장면은 서사(敍事)하기가 어려운 상태였다. 전투가 아니라 하루하루가 화투놀이었다. 400명 점호는 육안으로 했다. 남은 병사들은 사력을 다하여 화진포에 닿았다. 먼저 온 병사들이 팻말을 들고 있었다. 표시 팻말이었다. 정확히 54명이 살아 있었다. 죽어간 시신이 동사한 문어처럼 널브러지고, 헌병대의 수많은 헬멧이 바닷가의 몽돌처럼 포개어진 월안천계곡을 빠져나온 병사들이다. 용국도 그날 척추를 다치고 병원으로 후송되지 않았으면 선우숙과 더불어 이름없는 골짜기의 고혼이 되었을 것이다.

속초, 양양을 지나 귀암리라고 하는 곳이 있는데, 그 앞에 쪼끄만 섬이 있다. 거기 인민군 패잔병이 머물러 있다는 첩보가 들어왔다. 소탕은 특공부대의 몫이었다. 사력을 다해 덮쳤다. 그러나 눈치 빠른 인민군은 한 사람도 없었다. 공격은 허탕이었다.

중환자인 용국은 다른 많은 부상병과 더불어 부산의 경남여고 교정에 마련된 야전병원으로 이송되었다. 신참 군의관은 부상병이 무더기로 실려 올 때면 안면 있는 사람이 없나하고 찾았다. 고참 군의관은 절골된 환자가 오지 않기를 기대했다. 단순 골절이던 복합 골절이던 깁스 처치가 고작이었다. 그러니 환자 상태가 말이 아니었다. 통증을 호소하면 가차없이 절단이란 극약처방을 내렸다. 용국은 정형외과전문의사다. 가슴이 아팠다. 멀쩡한 환자의 팔다리를 나뭇가지 잘라내듯 저렇게 마구잡이로 끊어버리다니…….

얼마나 지났을까 전문의가 왕진을 왔다. 의사가 용국을 보고 놀랐다. 시간을 다투는 척추신경손상 환자를 짐짝 굴리듯 하다니, 안타까웠다. 용국은 눈인사를 했다.

"아유! 이거 본원에 가야지. 여기서 처치할 환자가 아닌 중상자야!"

의사는 대뜸 용국을 중환자로 분류했다. 용국은 그저 덤덤했다. 이미 늦은 처방이다. 아니 처방이 빨라 보았던들 의미가 없었다. 용국은 수류탄 파편이 날아와서 척추를 갈겼을 때 이미 자기 몸의 부상 상태를 짐작했다. '아하! 갔구나!' 용국은 그렇게 짐작하며 단념했다. 살아 있었다는 사실이 기적 같았다. 그러나 이 살아 있음이 요행이라는 생각은 오래 가지 못했다. 죽어 넘어진 전우의 몸에 불이 붙고, 코로 숨을 쉴 수도 없는 포화 속에서 천운으로 살아남았다고 한들 못 쓰는 하체 가지고 어떻게 살아가느냐 하는 절

박감이 숨통을 눌렀다. 훗날 남북이 통일되고, 이북에 있는 가족을 대하는 경사가 생기는 날이 온다면 부모가 점지해준 멀쩡한 육신을 그대로 지키지 못하고 앉은뱅이 신세로 맞이해야 된다.

전문의로부터 중환자란 확인을 받고서도 용국은 한 달이 넘게 야전병원에서 머물러 있었다. 목숨이 위태로운 중환자가 하루에도 수십 명씩 들어오고 나가는 판국에 용국의 부상 정도는 큰 관심의 대상이 되지 못했다. 결국 한 달을 넘기고서야 용국은 본원인 제5육군병원으로 수송되어 본격적인 진료를 받을 수 있게 되었다. 제5육군병원은 부산시청청사 옆에 있었다.

네모난 하얀 방

제5육군병원 제4병동에는 24개의 백색 침대가 놓여 있었다. 그 중의 하나가 용국에게 배정된 침대다. 침대 번호 12번. 용국에겐 너무 편한 우주 공간이었다. 그런데 너무 편안함이 불면증이란 무서운 이름으로 용국의 건강을 갉기 시작했다. 현리 계곡에서 숨져간 이름없는 병사와, 수류탄 파편이 씨잉-하고 날아와 등골에 내리꽂히던 현내면 옥천사 전투장면이 스크린의 화면처럼 밤이 되면 되살아났다. 여기에 더하여, 일엽편주 천애의 고아가 병신의 몸으로 사회에 나간들 무엇에 쓸고! 이런 자괴감이 겹치어 뜬 눈으로 밤을 지새우는 날이 많아졌다. 키 크고 눈알이 유난히 검었던 선우숙, 그는 백지장 같은 하얀 얼굴을 흑백 영화의 클로즈

업된 한 신(scene)처럼 남겨놓고 갔다. 그의 유언은 참으로 소박했다. '평안북도 신의주 출신 선우숙 현리전투에서 사망하다.' 이 팻말 하나 꽂아주세요. 소원하고 죽어간 여군 포로병의 모습이 생생하게 떠올랐다. 능선을 비질하 듯 편서풍이 낮게 불어오는 날이면 생고기를 굽는 듯 역겨운 비린내가 53고지를 덮었다. 그런데 이제는 그 냄새가 백색 침대 위에 놓인 베갯잇에 묻어났다.

이참에, 정문을 드나드는 앰뷸런스 횟수가 더 많아졌다. 어느 고지에선가 또 격렬한 전투가 벌어진 모양이다.

"하아- 죄없는 목숨!"

용국은 크게 한숨을 내쉬었다. 용국은 낮잠을 청하여 보지만 잠들지 못했다. 피비린내가 코를 찔러댔다. 정문의 차단기가 쉴새없이 디딜방아를 찌었다. 오늘따라 앰뷸런스가 더 격한 목맨 소리로 울며 다녔다. 어느 고지가 작살이 났나보다. 제발 일요일만이라도 좀 조용했으면 좋겠다. 붉은 ✚자가 그려진 환자복을 양쪽 허리에 두르고 지붕도 덮은 앰뷸런스가 볼멘소리로 울 때마다 용국은 간이 반으로 쪼그라들었다. 총알을 피한다며 깎아지른 절벽을 다이빙하듯 굴러 떨어지던 병사들의 비명 소리가 자꾸만 귀청을 때렸다. 육군병원의 정문 차단기는 어린이 놀이터의 시소와 흡사했다. 전투가 치열해지면 올라가고, 느슨해지면 내려갔다.

토요일과 일요일의 제4병동은 언제나 묵은 창고처럼 텅텅 빈다. 환자들은 침대를 비워놓고 인천의 앞바다 썰물처럼 우-우- 병원을 빠져나간다. 그러니 조용하다 못해 삭막했다. 꼭 어느 시골의 폐교 같은 기분이 들기도 했다. 너무 조용한지라 침대들도 심심했다. 중대장을 잘 만나면 중대원의 끗발이 높아지듯, 침대도 부상병을 잘 만나야 쉴 날이 자주 있다. 12번 침대는 1년 12달 쉬어볼 날이 한 번도 없었다.

'우리 주인은 1년 12달 면회 오는 사람이 없으니 얼마나 쓸쓸할까?'

12번 침대의 하소연이었다. 그러나 용국은 개의치 않았다. 행여 누가 올가 겁을 내는 용국이었다. 제5육군병원에 입원해 있다는 소리가 밖으로 새어나가지 않기만을 바랬다.

7월의 햇볕이 따가웠다. 용국은 침대를 비워두고 밖으로 나왔다. 일광욕이 필요했던 것이다. 24시간 침상에 등을 붙이고 누워 있으니 햇볕도 그리울 때가 있었다. 높은 산에 오르면 개성 땅이 보이고, 저 멀리 청진역도 보일 듯, 하늘은 찢어지게 맑았다. 제4병동엔 1년 12달 면회 오는 사람이 없는 환자가 둘이다. 대퇴부 총상을 입고 누워서 지내는 중환자 강씨와 그리고 용국이었다. 강씨는 연고자가 없어서 없었고, 용국은 연고자가 있어도 없었다. 용국은 인민군 간부급인 문화부 대공장교로 있는 큰형 상국의 근황이 궁금했다. 작은형 영국이라도 살아 있었으면 얼마나 좋을까. 작은형 영국은 용국보다 먼저 입대했다. 용감한 선발대로 서울진입 1차 선봉에서 싸웠다. 그러나 그는 미아리고개를 넘지 못하고 그 중턱에서 시체가 되었다. 여의주 이 친구들도 보고 싶었다. 지금껏 살아 있다면 어떻게든 소식이 있을 터인데 아무래도 모두들 고혼이 된 듯했다.

밤이 어둑해지자 숨어 있던 별들이 하나둘 나타났다. 굵은 별부터 나타났다. 외출 나갔던 환자들이 강남 갔던 제비처럼 속속 귀환을 했다. 더러는 술기운이 물신 풍기는 환자도 있었다. 막사를 지키고 있는 동료환자에게 줄 선물을 사들고 오는 환자도 있었다. 선물은 용국의 몫이 언제나 많았다. 선물을 많이 받는다는 것은 그만큼 왕따가 되어 가고 있다는 징조다. 사실 용국은 이 병원 왕왕따였다. 주변에서는 용국을 두고 영화배우를 권하는 이가 많았다. 용국은 그만큼 출중했다. 빨리 제대를 하고 배우가 되어 돈을 많이 벌어 잘살아 보라고 했다. 그러나 받아들이는 용국에겐 그게 거북한 이야기였다. 만에 하나 용국이 남한에서 생존하고 있다는 소문이 북으로 넘어가는 날이면 이북에 남아있는 최씨 일가는 반동분자로 찍혀 그날로 쥐도 새도 모르게 사라진다. 큰형 상국의 백이 있다고는 하나 이북에서는 그게 통하지 않는다. 반동분자가 되면 부자지간에도 인연이 끊어지는 것이 북조선 사회다. 물론 용국의 목숨도 보장받을 수 없다. 간첩의 칼날에 언제 꽂힐지 모른다. 지금 남한 땅에는 간첩이 수도 없이 많이 있다. 암호를 보내면 "나 여기 있소"하고 100m 안에서만 두 사람이 나올 정도로 깔려 있다. 용국은 병원에 입원한 이래 단체 사진이나 기념사진 한 장 찍지 않았다. 그러느라 많은 오해도 받았다. 한동안은 이런저런 핑계를 달아서 촬영을 비켜갔지만 그것도 한두 번이 아니고 보면 만판 오해를 살 수 있는 구실이 된다. 고향의 가족을 염려하여 음지 생활을 하느라 기념사진 한 장 찍지 못한다는 것을 동료들이 모를 이가 없었다.

그럭저럭 병원 생활 2년 차가 되었다. 더 있어봤자 상처가 호전

될 가능성이 없었다. '일병 최용국 의가사 제대요.' 언제 이런 딱지가 날라 들지 모른다.

용국의 눈에 남조선 사회의 모습이 서서히 드러나기 시작했다. 반대급부로 세상이 점점 무서워졌다. 외톨박이로 살아가려니 기가 찼다. 용국에게 병원은 2중 구조와 같은 얼개였다. 머물자니 퇴보요, 나가봤자 고아다. 부상병이다. 2년의 세월 동안 외출 외박을 단 한 번도 하지 못한 용국이었다. 그러니 용국은 주말이면 이중고를 치러야 했다. 진료 장교와 뒷바라지하는 사병에게 미안하고, 얻어먹는 부담만 늘어갔다. 전쟁통이라지만 부산의 주말은 그런대로 숨을 쉴 수 있는 곳이었다. 용국은 말로만 듣던 영도다리가 보고 싶었다. 도대체 어떤 모습을 하고 있기에 끊어진 다리가 다시 이어진다는 말인가? 손상된 척추 신경도 영도다리처럼 다시 이어졌으면 좋겠다는 생각을 해본다. 끊어진 38선도 영도다리처럼 그렇게 이어졌으면 좋겠다.

용국은 부산의 제5육군병원에 입원 후 제1번으로 배운 노래가 있다. '굳세어라 금순아'다. 용국은 이 노래를 이불 속에서 도둑질하 듯 몰래 부르며 눈물을 많이 흘렸다. 그리고 이 노래는 용국에게 애창곡이 되었다. 그는 이 노래를 부를 때면 노랫말 두어 군데를 바꾸어 불렀다.

눈보라가 휘날리는 바람찬 <u>성진부두에</u>
목을 놓아 불러 봤다 찾아를 봤다
금순아 어디로 가고 길을 잃고 헤매었던가

피눈물을 흘리면서 일사 이후 나 홀로 왔다
일가친척 없는 몸이 지금은 무엇을 하나
이내몸은 육군병원 중환자 신세
금순아 보고 싶구나 고향 꿈도 그리워 진다
영도다리 난간 위에 초승달만 외로이 떴다

용국은 가수 현인의 음성으로 가창해 보기도 했다. 그는 흥남부두를 성진부두로 꼭 바꾸어 불렀다. 노래를 부르고 있노라면 많은 부두꾼의 일하는 모습이 아른거려 가슴이 저미어 오기도 했다. 용국이 이 노래를 부르며 가슴 찡해지는 대목은 '국제시장 장사치기'를 '육군병원 중환자'로 바꾸는 노랫말이다.

제4병동의 구성원은 좀 특이했다. 장교병실이 모자라서 한동안 장교 몇 분이 이 병실에서 월세로 살았다. 계급이 아주 높은 장교도 있었다. 언제나 과묵한 용국은 이들에게 관심의 대상이었다. 외출이나 외박한 일이 전무하다는 사실을 안 장교들은 용국을 많이 동정했다.

어느 날 부산이 고향이라는 한 장교가 용국에게 이렇게 말했다.

"귀관은 외출을 싫어하는 모양인데, 적당한 운동이 척추의 보양식임을 모르는가?"

그는 최씨로 용국과 성이 같았다. 용국은 예상하지 못한 질문을 받고 놀랐다.

"이 몸 가지고 볼썽사납게 외출은 당치도 않습니다."

용국은 그렇게 답했다. 종씨 장교는 용국에게 적극적으로 대시

했다. 본인의 옷을 벗어서 용국에게 강제로 입혔다. 외출비도 호주머니에 찔러 넣었다. 다른 장교들도 거들었다. 이렇게 하여 용국은 800일 만에 외출을 나갔다. 목발에 몸을 의지하며 뒤뚱뒤뚱 병원 문을 나섰다. 제4병동의 잔류병들은 대한민국 상이용사들의 고통과 분노와 허무를 한 몸에 걸머지고, 뒤뚱이며 정문 쪽으로 몸을 옮기는 용국의 뒷모습을 바라보며 멋쩍게 웃었다. '새로 태어난 인생 값지게 살아보자' 용국은 이를 악물었다. 그러나 장교 옷을 빌려 입고, 800일 만에 외출을 한다는 화려한 나들이가 소낙비를 만난 듯 제물에 후질러졌다. 용국은 애써, 엘베강을 가로지른 톰바르트 다리 위를 독도(獨徒)한다는 기분으로 자꾸만 머리를 세척했다. 그러나 화려한 무늬는 이내 덧칠이 되고, 비구상의 캔버스처럼 일그러졌다. 이 낯설고 무서운 땅에 정작 제대를 하고 나간들 어디에서 무엇이 되어 살 것인가. 그런저런 생각으로 가슴이 조여 왔다. 무엇보다 신경 쓰이는 것은 얼굴이 팔리는 일이다. 북조선 동무들과 마주치는 일만은 없어야 한다.

용국은 광복동 네거리로 나갔다. 부산의 광복동은 서울로 치면 명동이다. 제5육군병원은 왜정 때 백화점 하던 자리다. 밀려드는 환자를 위해 정부에서 징발하여 사용하는 임시병원이다. 용국은 성치 못한 몸을 뒤뚱이며 용두산공원 쪽으로 방향을 잡았다. 용두산공원은 규모가 아주 큰 공원이다. 살고 있는 시민들의 참 모습이 보고 싶었다. 자-벌레가 그러하듯 용국의 움직임은 언제나 직진의 궤적을 남긴다. 그냥 그렇게 앞만 보고 걸었다. 공원에 가본들 반기는 사람이 있을 수 없는 터이다. 3차선을 달리는 트럭을 4

차선의 승용차가 앞지르듯, 뒤뚱이는 용국을 뒤처지게 하는 행인이 많았다. 6·25의 상흔을 온몸으로 걸머지고 자-벌레가 움직이듯 힘이 드는 용국의 뒷모습은 보는 이로 하여금 비애를 자아냈다. 얼마나 걸었을까. 키가 훤칠하니 크고, 3,4십대나 되어 보이는 행인 한 사람이 잰걸음으로 용국 앞길을 성큼 막아선다.

행인은 아주 점잖은 어투로 수작을 걸었다.

"혹시 사이카이류우 동생 아니시오?"

순간, 용국은 둔기로 뒷통수를 얻어맞는 기분이 들었다. 맞다. 사이카이류우는 최해룡으로 최용국의 큰형 최상국의 아명(兒名)이다. '앗! 이거! 내가 빨갱이 형제라는 신분이 탄로나는구나! 이건 안 돼!' 용국은 가슴이 쿵- 하고 내려앉았다. 용국은 넘어지지 않으려고 지팡이에 몸을 의지했다. 저 친구 북조선 동포가 맞다. 어투부터가 그랬다. 그런데 형의 친구라면 용국과 안면이 있어야 한다. 그렇게 보이지는 않았다.

"사이카이류우 동생 맞지?"

이번에는 아예 협박조로 나왔다. 용국은 그저 머뭇거렸다. 살아야 한다는 생각뿐이었다. 순간 그런 생각이 들었다. 쓸데없이 뻗대다간 소리소문없이 가는 수가 있다. 만약 저자가 큰형이 보낸 스파이라면 생각을 깊이 해야 된다. 북조선 동포에게 사상의 자유는 존재하지 않는다. 수령이 있고서야 내 목숨이 부지할 수 있다. 저자가 분명 큰형의 친구라면 내가 제5육군병원에 입원해 있는 것을 알고, 입원하던 그날부터 병원의 정문을 지켜보고 있었을 터이다. 용국은 더 이상 시간을 끌 수가 없었다.

"예 - 사이요오고쿠입니다."

용국은 상관에게 관등성명을 대 듯 그렇게 또렷이 자기의 이름을 고하고 말았다. 어릴 때 우리 집에 와서 장작도 패고 하던 형님 친구 맞다. 음성이 귀에 익었다. 유하성이라는 사람이다.

"아유! 형님! 형님이 어떻게?"

용국은 반색을 하며, 친절하게 그렇게 형이라고 불렀다. 순간적으로 그렇게 나와 버렸다. 아니, 이게 용국의 본심이었다. 그렇게 하는 것이 좋을 것 같아서다. 그러나 뒷일을 더치게 할까봐 우려가 되었다. 아니라고 딱 잡아 뗄 걸 하는 생각도 있었다.

"사이에이고쿠 동생이 맞지?"

유하성은 이중으로 확인을 했다. 이번에는 발음이 더 또렷했다. 사이에이고쿠는 작은형 영국이다. 그러고도 미심쩍었는가. 사이요오고쿠의 얼굴을 한참동안 뚫어지게 바라보았다. 유하성도 그때서야 안심이 되나보다.

"야! 니가 여길 어떻게 들어왔나? 형님도 군대에 들어가서 이렇게 나오고…. 너 형 소식은 언제 들었느냐?"

'형 소식이라니요?' 이렇게 딱 잘라 끊으려다가,

"2년이 넘었습니다."

그렇게 대답했다. 용국은 큰형 사이소우고쿠로부터 받은 편지 이야기를 하려다가 입을 닫았다. 성진시에서 그리 멀지 않은 상평리 등뼈산 골바위에서 훈련받을 때 느닷없이 큰형의 편지를 받고 전율했던 용국이었다.

유하성의 기분은 봄비를 맞는 새싹이었다. 남조선에 와서 처음 맞아보는 봄비였다. 이왕이면 흠뻑 젖고 싶었다.

"샤아! 자네 형 같은 사람 여기 있으면 얼마나 좋았을까! 그 아까운 사람…."

유하성은 말이 길었다. 그는 형님의 근황을 소상히 알고 있는 것 같았다. 시간이 지체되자 용국은 조바심이 일었다. 아니! 공포의 도가니 속으로 빠져들었다. 아차! 이 자가 소위 말하는 이중첩자다. 용국은 재빨리 이 자리를 모면하고 싶었다.

"형님이야 지휘관으로 있어가지고 우리는 그 근방에 가지도 못해! 새로 부임한 지휘관이 아무개다 하니까. 다들 알아"

유하성은 밑도 끝도 없는 말을 혼자 중얼거렸다.

아하-, 용국은 기가 찼다. 800일만의 외출이 이렇게 인생을 바꾸어 놓는구나! 큰형 최상국이 북조선으로 넘어갔다는 소리인지, 아니면 남조선에 남아 있다는 소리인지 종잡을 수가 없었다.

"저 이제 들어가 봐야합니다. 귀대 시간을 어기면 탈영병 됩니다."

용국의 외출은 이것으로 끝났다. 처음이자 마지막이 될지도 모른다. 이제 유하성은 정문의 지킴이가 되어 밤낮 기다리고 있다가 접근해올 것이다. 아니지! 병원으로 면회를 올 수도 있었다. 교활한 유하성이 형하고 같은 위치에 머무르면서 첩자 노릇을 하고 있는지 모른다. 그렇다면 내 인생은 이제 끝난다. 김일성의 교시에 두 개의 사상은 불용이라고 돼 있다. 불사이군 정신이 북조선의 사상교육이었다. 모진 외로움을 겪으면서도 오매불망 조국이 통일되는 날 부모형제와 얼싸안고 춤추는 꿈을 꾸며 이 생명 이어왔거늘 이제 모두 허사가 되었다. 첩자! 그 짓 아무나 못한다. 저나 나나 '조국과 인민을 위해서 나라의 질서와 사회적 안정을 지켜주는 인민군이었다.' 그런데 이제 서로가 적이 되어 반목을 하고 있다니. 아! 원수의 38선이여!

"자네 입원한 병원이 어디야?"

그렇게 물으면서도 유하성은 용국의 허리춤을 쏴보고 있었다. 용국은 흠칫 놀라며 허리를 펴보았다. 꺾어진 허리가 제대로 펴지지 않았다. 용국은 고개를 뒤로 젖히고 하늘로 시선을 던졌다. 먼 산 위에 떠 있는 뭉게구름이 백두산 모양을 만들고 있었다. 두 눈에 피잉-글 눈물이 솟았다. 유하성이 용국에게, '입원한 병원이 어디냐?'고 물었을 때 용국은 대답 대신 그저 그렇게 우물쭈물 딴청을 부렸다. 유하성이 '입원한 병원이 무슨 병원이냐?' 재차 묻지 않은 것이 고마웠다.

제2차 세계대전의 최대 피해국은 대한민국이다. 일제(日帝)는 38선이란 목줄을 걸어 놓고 패망했다. 우리는 이 목줄에 묶이어 살다가 6·25남침전쟁이란 동족상잔의 비극을 맞았다. 그 사이 일제는 대한민국에 손을 내밀어 부자나라가 되었다. 38선이란 이 괴물은 결국 대한민국을 좀먹는 암덩이로 자랐다. 단언한다. 일제의 진주만(眞珠灣) 공습이 없었던들 대한민국은 두 쪽 나지 않았다. 용국은 그 생각만 하면 울화통이 터졌다. 용국은 부드득 이를 갈았다. 일제가 증오스러웠다. 일제보다 유하성이 더 미웠다. 유하성보다 큰형 상국은 더 더 미웠다. 유하성과 헤어져 병원으로 돌아온 용국의 머릿속은 온통 저주와 원망과 질투로 가득 차 있었다.

사실 용국은 고지에서 싸우는 일이 무척 괴로웠다. 부모 형제의 가슴에 총뿌리를 겨눈다는 현실 앞에 몸이 후들거렸다. 불효막심한 아주 몹쓸 인간이 되었다는 자신이 증오스러웠다. 이름없는 고지에 매복하여 적병을 죽이겠다며 방아쇠에 손가락을 찔러 넣고 호흡을 죽이던 그의 총구는 언제나 떨었다. 용국은 용감한 군인정신이란 말을 쓰지 못했다. 아버지가 쌍용역에서 마지막 석별을 고할 때 '너는 남한 땅에 가더라도 고향과 연을 끊고 살라'는 유언을 한시도 잊은 적이 없었다. 용국에게 유하성의 정체는 미스터리가 아닐 수 없다. 아무리 형님의 친구라 할지라도 믿어서는 아니 될 인물이다. 지금 여기는 남한 땅이다. 유하성은 이쪽의 첩자일 수도 있고, 저쪽의 첩자일 수도 있다.

"하! 형님은 전투가 벌어져도 안 죽는 위치이네 걱정을 말게."

유하성이 내뱉은 말 중 용국의 심지를 가장 틀어잡는 내용이 있었다. 그게 무슨 말인고 하면, 북조선의 경우는 같은 계급이라 하더라도, 같은 위치라 하더라도, 전투만 하는 전투지휘관이 있고, 그리고 정치지휘관이 따로 있다. 큰형은 문화부 소속 장교로 대공의 임무를 띠고 있는 정치지휘관이다.

최용국의 행동은 더더욱 위축이 되었다. 두 사람만 모여 있어도 끼고 싶지 않았다. 대인 기피증까지 생겼다. 최용국이 주장하는 고통은 지엽적인 고통이 아니었다.

민족의 비극이라고 하는 것은, 서로의 가슴에 총부리를 겨누고, 3대 독자를 전쟁터에 내보내고, 피난길에서 가족을 잃어버리고, 불구의 몸으로 살아가는 힘겨움도 있지만 뼈에 사무치도록 괴로운 것은 철책 너머의 가족에 대한 그리움이 진정 고통이라는 것이다.

용국의 마음은 갈기갈기 찢겼다.

"형님은 그 정치장교로 출세한 거다. 사실상 출세한 건데. 참! 동생은 이런 처지고, 형은 그렇고, 용국은 북에 계시는 부모님의 마음을 생각하게 본다. 작은아들 두둔하자니 북조선에 대한 반역이 되고, 큰아들을 생각하자니 작은아들한테 면목이 없고, 이 철도 요원들이 6·25가 나자 전부 철수할 때 같이 철수했어야 되는데, 남아가지고 부역을 했으니, 아! 우리가 다 철수한 다음에 다시 인민군이 나와서 그거부터 조사할 것이다. 부역한 사람, 이건 즉결처분 대상이다. 이렇게 됐을 때 형의 처지는 어떻게 될 것인가? 형이 빽을 댈 거 아니냐! 빽은 이남에서나 가능하지 이북에선 통하지 않는다. 당에서 숙청되는 그날로 최씨 가문은 문을 닫는다."

용국은 혼잣말로 궁싯거렸다. 북조선의 이런 실정을 남한 땅에 사는 국민 중에는 짐짓 믿으려고 하지 않는 층이 있다. 그래서 용국의 눈에 남한이라는 나라가 이상하게 보일 때가 많았다. 시간이 흐를수록 용국은 남조선에 대하여 불신의 도가 심화되고 있었다. 장래성이 없는 국민이고, 비전이 없는 국가라고 여겨졌다.

최상국의 힘은 막강했다. 해방지구 공작대 대장이다. 인민군이 어디를 딱 점령하게 되면 거기다가 인민위원회를 설치한다. 소위 말하는 인민위원회를 창설하는 공작요원의 우두머리 역할을 하는 위치다. 인민위원회라고 하는 것이 남조선에 비교한다면 법원 같은 사법기관이다. 죄인이 있으면 벌주고, 점령지에서 필요한 법은 그때그때 인민위원회에서 만들어서 시행하면 된다. 일단 광주에 가서 정착하기만 하면 이는 안전빵이다. 광주에서의 선무활동은 이북의 그것과 별 차이가 없는 곳이다. 이북 동포들은 광주를 해방구로 믿고 자기 나라와 동급으로 여긴다. 사실상 그들은 광주사태를 유발시켜 소기의 목적을 달성한 바 있다. 저 유명한 5·18 민주화 난동이 그것이다. 그들은 600여 명의 특수군을 침투시켜 무고한 양민을 제물로 무법천지를 만들고, 군부를 개입시키는 데 성공했다. 이 내란은 사실상 대한민국을 1국 2체제 형태로 만들고 말았다. 호남인 중에는 스스로 전라민국으로 인정받고 싶은 사람이 있다고 하니, 용국은 이 부분이 이해가 되지 않았다.

5·18역사의 변천사를 보자. 1990년대 이후의 5·18 뒤에는 전두환이 서 있었고, 1980년대의 5·18 뒤에는 김대중이 서 있었다. 애국 운동가 지만원의 주장에 공감한다. 1980년 5월 18일부터 5월 27일까지 광주에서 무장폭동이 발생하여 166명의 민간인, 23명의 군인, 그리고 4명의 경찰관이 사망하였음에 이걸 대법원은, 1981년 4월 1일, '김대중 일당과 불순분자들이 일으킨 내란 목적의 폭동이었다'며 5·18을 법적으로 판결하고 결론을 내렸다.

용국의 주장대로 광주라는 곳은 인민군이 가장 소유하기 쉬운 지역이다. 피 한 방울 흘리지 않고 점령할 수 있다고 점찍어 놓은 곳이었다. 시민들의 사상은 상대적으로 북조선에 대하여 우호적이라는 것이다.

용국이 소속한 3사단의 특별공격대대가 결국 해체되었다. 그리고 '대전차공격대대'로 이름이 바뀌었다. 그 일부는 기존 연대에 배치됐는데, 용국은 23연대 2대대 7중대 화기중대로 배속되었다. 23연대는 강원도 화지부리 쪽에서 인민군부대 10사단에 허망하게 포위를 당했다. 포위라 해봤자 별 것인가. 이 포위라 하는 것이 아무리 포위를 한다고 해도 한쪽으로 구멍을 뚫어 놓기 마련이다. 후퇴할 퇴로를 만들어 준다는 뜻이다. 퇴로없이 막아 놓고 공격을 하다가 보면 내편 네편이 엉기어 사상자가 양쪽에서 생긴다. 용국은 운 좋게도 인민군 복장으로 위장을 할 수 있었다.

마침 인민군 한 명이 고개를 숙인 채 이쪽으로 걸어오고 있었다. 옆에 있던 병사가 정지하라고 수화를 보냈다. 그런데 반응이 없었다.

"정지야! 정지 안하면 쏜다!"

역시 아무 대꾸가 없었다. 아! 저 친구, 아무래도 수상하다. 그때다. 케이블선을 깔고 있던 통신병이 칼빈으로 갈겨버렸다. 인민군은 소리 없이 팍 꼬그라졌다. 가까이 가서 발로 밀쳤다. 꿈틀 움직였다. 살아 있었다. 초가집으로 끌고 들어갔다. 반듯하게 눕혀놓고 얼굴을 확인했다. 몸을 수색했다. 소좌였다. 아군으로 치면 소령이다. 금딱지에 별이 하나 붙은 계급이다. 큰 수확이다. 배를 딱 관통했는데, 별로 크게 다친 것 같지는 않았다. 소좌는 묻는 말에 일절 함구했다. 호주머니부터 뒤지고 몸수색을 했다. 겨드랑이에서 권총이 나왔다. 오버코트 호주머니에 실탄이 들어 있었다. 신분증에 '황해도 시당(市黨) 선전과'라고 적혀 있었다. 이름은 황태산. 이 자가 바로 용국의 큰형 상국과 지위가 같은 정치장교였다. 당 요원으로 있다가 군복으로 갈아입고 전쟁터로 나온 것이다. 일순 용국은 머리가 돌덩이에 부딪힌 듯 그저 멍했다. 마치 자기 손으로 형을 총질한 기분이다. 가슴이 방망이질 쳤다. 엊그제까지만 해도 이 자들은 정말 '조국과 민족을 위해서, 나라의 질서와 인민의 행복과 안위를 지켜주는 인민군'이었는데, 용국은 자책감에 사로 잡혔다. 괴로웠다. 형님을 겨냥하고, 부모의 가슴에 총을 겨눈 것이다. 솔직한 표현을 빌면 용국은 전장에서 용감하게 싸웠다고 할 수 없는 처지였다.

제2부 음지(陰地)

8·15해방과 민족의 운명

해방을 맞아 일제의 지배에서 벗어난 북한은 나름대로 발 빠르게 통치제도를 바꾸어 갔다. '북조선임시인민위원회'가 구성되고, 토지개혁을 꾀하고, '북조선노동당'이 결성되고, '조선인민군'이 창설되며, '최고인민위원회'의 대의원 선거를 실시하여, '조선민주주의인민공화국'을 성립시켰다. 이렇게 하여 사회주의니, 공산주의니, 혹은 무정부주의를 지향하는 급진민족주의자들이 민족해방 투쟁에서 민족개량주의자나 비타협 문화민족주의자들을 압도하며, 민족 독립운동 주체라는 정통성을 확보했고, 이러한 정통성을 기반으로 해방 후 여운영이 이끈 '조선인민공화국'이 조선민중의 정통성을 획득하면서 국가 기구로서 급부상하기에 이르렀다.

소련군 치하의 북한은 토지개혁을 전격 단행하여 지주제를 철폐시켰다. 당해 연도에 출범한 사실상의 북한 정권은 지주 소유지(所有地)를 무상으로 몰수하여 농민에게 무상으로 분배했다. 지주는 살던 마을에서 쫓겨났다. 북한 정권은 공자 맹자도 해결 못하는 토지 문제를 김일성 장군이 해결하였다며 대대적으로 선전했다. 그리고 당시 중요 산업의 90% 이상이, 또 농지의 18% 정도가 조선인 소유가 아니라 일본인 소유였기 때문에 해방이 되자마자 이북사회 전체의 중요 생산 수단은 사적 소유가 될 수 없었고, 국가나 사회 전체가 소유할 수밖에 없는 처지였다. 이는 사회주의 이행에 적합한 물적 조건을 갖추었다는 이론이다. 그러니 김일성 집단은 그저 누워서 공산정권을 견고하게 다질 수 있었던 것이다.

공산정권은 1946년 3월 5일 자로 토지계획을 입법화했다. 국회법령제1호다. 말하자면 지주들의 땅을 몽땅 몰수해 그 지주 밑에서 일하던 소작인들한테 전부 다 나누어 주었다는 소리다. 그러니까 어제까지만 해도 지주였던 자들은 소작인으로 바뀌어 손을 벌리지 않으면 끼니를 잇지 못하는 그런 상황이 되어버린 것이다.

결국 최보고와 장자 최상국은 철저하게 대립각을 세우며 애증관계의 가족사를 만들고 말았다.

용국의 작은형 영국은 6·25가 터지자 바로 징집되고, 선발대로 서울 탈환에 앞장섰다가 의정부 전투에서 전사했다. 용국의 아버지는 심약하나 총명했다. 머리가 있어 소싯적부터 공직생활을 할 수 있었다. 철도 요원이라 대접받고 급여도 후했다. 특히 성진역은 중국 내륙을 침략하기 위한 전초기지였던 터라 역무원들에게 파격적으로 대우했다. 기관사 최보고는 쌍용역의 역장으로 가기 이전에는 근무지가 주로 성진역이었다. 그래서 같은 역무원 중에도 끗발이 있었다. 이북에서는 철도 요원을 신의 직장으로 불렀다. 사범학교 버금가는 인재들이 모인 곳으로 이해하면 된다. 당시 사범학교는 일제가 우리 한반도를 영구히 지배하리라는 야심으로 우수교사의 양성에 정성을 쏟았던 터였다.

최보고는 청빈했다. 아주 고지식한 정격에 원리원칙이 몸에 밴 공무원이었다. 차장 생활을 팔구 년 했건만 집안 살림은 늘 궁색했다. 사실 당시엔 그 차장을 몇 년 만해도 갑부가 되는 자리다. 직위를 이용하여 부정과 타협하는 경우를 두고 하는 말이다. 차장쯤의 위치에서 돈을 모으는 일은 누워서 죽 먹기보다 쉬웠다. 특히 성진역은 만주 쪽까지 철로가 개설되어 있는 철도교통의 요지였다. 관동군 수송도 이 역에서 담당했다. 주변엔 마약 사범들이 우글댔다. 일본 형사들이 이들을 잡아들이느라 혈안이 되어 있는 곳이다. 그러니 이 형사들과 투합하면 돈은 쉽게 손에 넣을 수가 있는 것이다. 부정의 덩치가 가장 크게 이루어지는 곳은 그네들이 말하는 소위 '지점'이다. 지점(地點)에 이르면 기관차가 수초 간 정지하고 그 사이 마약이 거래된다. 이 짓을 2, 3년만 하게 되면 떼돈을 번다. 이렇게 배를 불린 기관사는 아예 옷 벗고 나와서 자연인으로 넉넉하게 살았다. 고상한 철도원은 이 틈에 끼일 수 없었다. 재테크에 재간이 없는 사람은 감히 엄두도 낼 수 없는 수완을 저들은 가지고 있었다.

무릇 인간이란 원한이 맺히면 마음이 변하는 것이고, 마음이 변하면 무슨 짓이라도 할 수 있다. 그것이 종교인이거나 사상자의 경우는 아주 무서운 방향으로 튕겨나간다. 형제지간은 말할 것도 없고, 부모 자식 사이에도 서로 비밀을 지켜야 살아남을 수 있는 곳이 '조선민주주의인민공화국'이라는 집단이다.

용국은 상국의 얼굴이 기억나지 않는다. 그런데 형에게서 편지가 왔다. 그 편지를 상평리 등뼈산에서 군의관 훈련기간 중에 받았다. 기가 막힐 노릇이었다. 남조선의 천안에서 보낸 것이다. 동생은 지금 함경북도 오지에서 군사훈련을 받고 있는데, 형은 남조선 그것도 수도 서울에서 한참 남쪽에 위치한 천안에서 편지를 보내다니 경천지동할 일이 아닌가? 더욱 놀라운 것은 어제부터 광주 쪽으로 내려가고 있다는 것이다. 광주 쪽은 활동하는데 전연 저항받지 않는 곳이라고 했다.

귀향

잘 익은 옥수수 알처럼 촘촘히 박혀 틈을 보이지 않던 제4병동의 백색 침대가 한 달 사이에 여러 개 뽑혀나갔다. 비유를 하자면 꼭 할머니의 빠진 아랫니 같았다. 4개의 침대에는 새 식구가 이내 들어왔다. 한 자리가 남더니 아침나절 용국에게 퇴원 명령이 내려졌다. '의가사제대 특명'이었다. 총알이 빗발치는 현리지구 전투에서 수류탄 파편이 등뼈를 때릴 때 가슴이 쿵하고 내려앉았는데, 이번에는 가슴이 콱 막혔다. 어느 날은 기다렸던 명령이오, 어느 날은 기피하였던 명령이었다. 막상 특명장을 받아들자 눈앞이 캄캄했다. 오라는 사람도 갈 곳도 없는 용국은 한없이 서러웠다. 눈물은 나지 않았다. 눈물 마른 서러움이었다.

▲ 단봇짐을 든 여인과 어린 아이의 시신이 보인다(左). 이것이 북한 정권의 모습이다. 죄없는 총알받이, 이들에겐 무기가 없었다(友).

보온을 위해 바깥 노인들이 겨울이면 양 팔뚝에 끼우던 토시같이 생긴 긴 자루에 의복 몇 가지를 담아서 매고 3년의 세월을 뒤로 한 채, 제5육군병원과 하직을 했다. 동행하는 사람이 아무도 없었다. 천애의 고아 신세가 된 용국은 병원문을 나서며 하늘을 쳐다봤다. 언제나 변함없이 맞아주던 하늘이 오늘따라 쇳덩이에 눌린 듯 무겁게 내려앉아 있었다. 용국은 죄인처럼 풀죽은 몸을 이끌고 정문을 나선다. 하루에도 수십 번 시소 놀이를 하던 차단기를 만져본다. 제발 차단기가 절구질을 하지 말고 조용히 있어 주기를 빌었다. 입에서 뜨거운 입김이 '후우-'하고 터져 나왔다. 나오는 눈물을 참았다. 그러느라 짚고 있던 지팡이가 땅바닥에 떨어지며 타닥! 소리를 냈다.

이것이 북한 정권의 실상이다. 그들은 아프간 정부를 무력으로 뒤엎은 탈레반과 정책적 동맹군이다. 좌파 정권 편에 선 위정자에겐 더없이 좋은 소식일 터이다.

하필이면 정문에서 지팡이를 떨어뜨리다니! 얼른 주워들기는 하였으나 기분이 별로 좋지 않았다. 서너 발짝이나 걸었을까, 용국은 뒤돌아서서 꾸벅 정문에 대고 절을 했다. 그리고 패잔병처럼 뒤뚝뒤뚝 앞만 보며 걸었다. 병원의 정문길이 끝나는 가 싶더니 저만치 좌우로 통하는 행로가 폴리스 라인처럼 팔을 벌리고 막아선다. 흡사 T자 모양으로 생긴 길이라고 해두자. 그 꼭지점에 이른 용국은 반사적으로 뒤를 돌아보았다. 뒤돌아보기를 세 번째, 제4병동의 모퉁이가 보였다. 용국은 뚫어져라 제4병동의 모퉁이를 응시했다. 발걸음이 점점 무거워 왔다. 네 번째 돌아봤을 때는 다른 건물에 가려 제4병동이 보이지 않았다. 수인(囚人)은 출소할 때 나온 문을 뒤돌아보지 않는다. 재범자가 되지 않기 위해서다.

"잘 가 이 친구야. 악착같이 살아. 성공해! 자네는 행운아야…."

그래도 용국의 퇴원을 축하해 주는 사람이 있었다. 용국은 그저

▲ 6·25남침전쟁 당시 육군병원 분원으로 쓰이었던 양산 통도사. 국군 상이병 3천여 명이 입사(入寺)했었다.

웃음이 나왔다.

"성공할 놈이 따로 있지!"

용국은 속말로 그렇게 응답했다. 아무리 생각해 봐도 천애의 고아다. 그러니 용국은 죽도록 슬펐다. 용국은 날아온 파편이 허리를 때릴 때, 퍽! 하는 소리를 귀로 들었다고 했다.

"아하 갔구나!"

용국은 그런 생각이 얼핏 들더라고 했다. 그러나 실기하지 않고 고급치료를 받았더라면 몸의 상태가 이 지경은 되지 않았으리라. 용국은 그렇게 생각했다. 용국의 상해 판정은 1급 3호였다. 중증 상이자다. '1급 3호' 판정 가지고는 정상인의 생활을 할 수 없다. 이제 병원 건물은 시야에서 완전히 사라졌다. 너무 서러웠다. 울분을 가두어 두지 말고 그냥 맘놓고 쏟아내고 싶었으나 보아 줄 사람이 없었다. 병원 건물이 시야에서 사라졌는데도 눈물은 솟지 않았다.

통증을 참을 수 없어 빨리 죽여 달라고 애원하던 병사의 모습도 눈에 걸린다. 핏기없이 죽어가던 이북동포 여군 선우숙의 모습도 떠올랐다. 많은 환자들의 비명소리, 그리고 눈 내리는 성진역에서 아들이 타고 있는 열차를 차마 보지 못하고 돌아서서 눈물을 닦아내던 어머니, 금의환향을 손꼽아 기다리고 있을 쌍용역의 아버지. 철저하게 공산주의 신봉자가 되어버린 큰형! 장총을 품어 안은 채 서울의 미아리고개에서 원혼이 된 작은형, 그리고 허공을 떠돌고 있을 이름 모를 병사들의 원혼, 이 모두가 켜켜이 쌓이고 쌓여 앞길을 막는다. 묵호의 제59야전병원, 부산 경남여고의 교정에 임시 마련된 천막 속에서 죽어간 불쌍한 병사들, 아-! 이 모두는 부모님의 가슴에 총알을 묻어놓고 떠난 불효자다. 용국은 전장의 참상으로 채워진 머리를 빨리 비워내고 싶었다. 그러나 비우면 비울수록 더 참혹한 모습이 그 자리를 메우곤 했다. 여의주! 그놈들은 어디로 갔을까? 살아만 있어다오. 언제든 만날 수 있다. 통일이 되는 날 우리 서로 어깨동무해서 고향 찾아가자.

이젠 속절없는 상이용사다. 그렇다. 빨리 상이용사가 되자. 입에 풀칠이라도 하려면 상이용사가 되어야 한다.

용국은 철저하게 공산주의자가 되어버린 큰형이 자꾸만 생각났다. 애증이 겹치는 핏줄, 갈라진 남북의 원한도 가슴에 넘치거늘, 한 핏줄인 큰형은 장막에 쌓여 있다. 모두가 김일성이 만들어 놓은 이방인이다.

“종씨! 악착같이 살아봅시다. 먼 훗날 운이 트면 또 만날지 누가 압니까?”

외출이라고는 꿈도 꾸지 못하는 자신에게 장교 옷을 입혀서 주머니에 외출비도 두둑이 찔러 넣어주며 강제로 바깥 구경을 시켜준 장교 종씨, 그 종씨의 말대로 악착같이 살아보자고 용국은 다짐하고 또 다짐해 본다.

용국은 기차역으로 나갔다. 대합실에는 손님이 많았다. 저 군상들, 누구를 만나러 어디로 가는 걸까? 몇 시 기차를 기다리고 있는 것인가? 대합실에서 차를 기다리는 군상 중에는 상이자가 제일 많았다. 저쪽 구석에서 손님과 실랑이를 벌이던 젊은 상이자가 겨드랑이에 끼운 목발에 몸의 무게를 실은 채 참으로 보기 흉한 몸짓을 하며 용국 앞으로 다가왔다. 그는 머리를 숙여 절을 했다. 퍽이나 익숙한 폼이었다. 그는 노란 포장지에 싸인 미제 껌 한 통을 용국의 코앞으로 내밀었다. 용국은 어리벙벙한 표정을 지었다.

"저자의 눈에는 내가 상이자로 보이지 않는 모양이지…."

용국은 속마음이 아팠다. 용국은 가타부타 말없이 껌을 받아들고는 봉투 속에서 지폐를 꺼내어 셈을 했다. 상이자와 상이자 사이에 이뤄진 첫 번째 상품거래였다. 용국은 대구행 표를 끊었다. 예비 제대병의 집합장소인 대구의 제27육군병원으로 가기 위해서였다.

기차가 특유의 목소리로 울부짖으며 역내로 들어왔다. 내리고 타는 사람이 많았다. 용국은 대열에 끼인 채 어설픈 몸짓을 하며 객실 안으로 들어갔다. 비릿한 사람 냄새가 코를 찔렀다. 언제나 냉랭한 기운으로 감싸인 백색 침대에서 찌든 알코올 냄새를 맡아오던 코가 사람 냄새에 아직 길들지 못한 때문이었다.

기차가 검은 연기를 토해내며 육중한 몸을 움직이기 시작했다. 성진역 기차보다 힘이 있어 보였다. 창쪽으로 자리를 잡은 용국은 목을 뒤로 저치고 눈을 감는다. 피곤이 밀물처럼 엄습해 왔다. 순간 굵은 못 같기도 한, 부지깽이 같기도 한, 망치 같기도 한, 하여튼 기분 달갑지 않은 무엇이 가슴을 짓눌렀다. 용국은 조금은 언짢은 표정을 지으며 눈을 번쩍 떴다. 기차는 아직 3살짜리 유아의 걸음마 정도의 느린 움직임을 유지하고 있었다. 그런데 용국의 눈앞에 쇠붙이가 번쩍 빛을 내며 이번에는 코앞으로 가까이 다가왔다. 팔이 잘려나간 용사가 의족으로 만들어 차고 다니는 쇠갈퀴였다. 용국은 기가 찼다. 도대체 성한 사람보다 그렇지 못한 사람이 눈에 더 많이 띄었다.

“야- 남조선이 이 지경이면 북조선은 말이 아닐 테지!”

용국은 혼자 중얼거렸다. 쇠갈퀴 손에 잡혀 있는 물건은 역전에서와 똑같은 포장지에 쌓인 미제 껌이었다. 비참했다. 용국은 ‘입에 풀칠을 하려면 자신도 저네들과 똑같이 껌팔이가 되어야 한다’는 생각이 들자 측은하고, 서러운 생각에 명치끝이 아팠다.

정양원을 아시나요?

용국은 대구의 제27육군병원에서 군복과 병장 계급장을 반납하고 제대했다. 운명도 기구했다. 마지막 군복을 벗었다는 인연으로 이곳 대구에서 가정을 꾸렸다. 그리고 딸없이 아들 둘을 내리 얻었다. 활동무대를 넓혀갔다. 조나단의 『갈매기의 꿈』처럼 높이 날아야 멀리 보이는 법이라고 믿었다. 그는 가족을 대구에 남겨둔 채 홀로 활동의 터전을 인천으로 옮겼다. 남쪽에서 살더라도 북녘땅 가까이에 살고 싶었다. 내륙의 냉랭한 공기보다 갯벌 내움이 물씬 풍기는 바닷가가 좋았다. 만석동이었다. 어머니와 아버지의 이야기가 전설처럼 파도를 타고 오갈 수 있다는 착각에 빠질 때가 여러 번 있었다. 만석동 앞바다엔 해가 지고 해가 뜬다. 석양의 붉은 바다를 노 저어 염색된 포말을 헤집고 떠내려오는 종이배처럼 어머니의 모습이 밀려올 때면 용국은 철없는 아이가 되어 풀어헤

친 젖무덤에 포근히 안기곤 했다.

달이 가고 해가 갈수록 인천과 서울의 거리에는 상이군인이 눈에 띄게 불어났다. 불구의 몸이 되어 고향을 찾았다가 호구 대책이 막히자, 다시 고향을 버리고 계획없이 모여드는 거리의 방랑자, 이들은 처자를 두고 온 가장들이다. 돈밖에 보이지 않는다. 말이 좋아 서울이지 서울이라고 어디 아무나 먹여 살릴 땅이던가? 목숨 걸고 전장에서 싸우는 공포감보다 하루하루 지탱하기가 어려워지자 정부에 대한 불신감이 퇴적층처럼 쌓여갔다. 도둑질 빼고는 다해본 이들을 보듬어 줄 힘이 정부에 없었다. 저마다 호구 대책을 세워야 했다.

정양원(靜養院)이라고 하는 단체도 그중의 하나였다. 정양원이란 일종의 요양원(療養院)이다. 덜 가난한 용사가 더 가난한 용사를 돕고. 덜 상이자가 더 상이자를 돕는다는 취지로 만들어진 단체다. 서울에 본부, 각도에는 지부가 있었다. 물론 사단체였다. 서울이 지부를 관장하고, 지부가 서울의 세력에 지원을 받는 시스템의 구조로 조직되었다.

용국은 인천의 '기정정양원' 소속의 자격을 얻었다. 사무실은 수원에 있었다. '경기정양원'을 달리 기정정양원이라 부른다. 경기정양원은 지금의 보훈처 자리에 있었다. '서울정양원'은 금호동에 있었다. 금호동에 있는 서울정양원은 번듯한 전용 사무실까지 갖추었다. 식구가 점점 불어났다. 식구가 불어나자 압력단체로 변신해 갔다. 부정이기는 하나 정부에 손을 내밀어 약간의 지원을 받는다. 합창하는 소리는 독창하는 소리보다 크고 멀리 들리는 법이다. 정부가 보조를 해주자 서울정양원에 들어가고 싶어 하는 상이자가 늘었다. 갱생을 돕는 차원에서 각종 이권도 주었다. 그러나 키워준 뭐한테 물린다는 격으로 정부가 이들 단체로부터 많은 저항을 받기도 한다. 그리하여 정부와 정양원의 관계는 아름답지 못한 관계로 변질되어 갔다.

지방에 큰 사건, 사고가 터지면 직각 서울 본부로 보고가 들어온다. 본부로 들어오는 보고 내용은 하나같이 '비협조 물주가 있으니 손 좀 봐 달라'는 청탁성 내용이었다. 물주가 인심을 쓰지 않으니 버르장머리를 고쳐달라는 소리다. 말하자면 지방의 유지나 사업장 가지고 있는 분들에게, 당신네들 돈 뜯어가는 잔챙이들을 지켜 줄 테니 얼마간의 새전을 중앙에 바치라는 것인데, 이를 거절하는 자가 있으니 내려와서 손 한 번 봐 달라는 내용이었다.

보고가 들어오면 사안은 간단히 처리가 된다.

"소일거리가 생겼습니다."

"뭐야? 한 번 까! 부셔!"

지방으로부터의 보고와 서울 본부로부터의 명령은 이렇듯 간단명료했다. 처리는 언제나 군대식이었다. 앞장은 늘 해병대 출신이다. 스스로 개병대라 부르는 용사들이다. '깐다'는 말과 '부순다'는 말은 대단히 무서운 의미를 담고 있다. 까라는 명령은 신체에 상해를 입히라는 뜻이고, 부시라는 명령은 물건 따위를 못 쓰게 바수라는 지시다. 그러니 상대를 두들겨 까무라치게 하던지, 아니면 소유하고 있는 물건을 다 못 쓰게 바수든지 하라는 명령이다. 이들 판장에 한 번 걸려들면 흠씬 두들겨 맞고 곤죽이 되던지, 손

털고 거지꼴로 나앉던지 둘 중의 하나가 된다. 사건이 한 번씩 터질 때마다 서울정량원에 대한 원성이 전국적으로 번져 나갔다. 가히 파국적인 광고 효과를 유발되곤 했다. 그 때나 지금이나 입소문은 발이 있어 사방으로 잘 퍼졌다. 급기야 정양원 하면 국민들이 벌벌 떨었다.

호남선 완행열차의 객실 내에서 도난 사고가 일어났다. 객실 화장실에 쌓아놓은 껌이랑 빵, 과자 등속의 정양원 장사밑천이 감쪽같이 없어졌다. 어느 한 주정뱅이 탑승객이 마려운 쉬를 참느라 거시기를 움켜쥐고 어깨를 밀쳐가며 두더지가 땅굴을 파고 나가듯 죽는 힘 다해 화장실을 찾았다. 한데 화장실 들어가는 통로가 장애물에 막혀 있었다.

"이! 잡것들이 이제 오줌통 입구까지 막아!"

성질 급한 탑승객은 약이 올랐다. 거시기를 움켜 쥔 손 말고, 다른 손으로 물건을 집어던졌다. 그러는 사이 거시기에 잔뜩 고여 있던 오줌이 와르르 쏟아졌다. 오줌은 바지가랭이를 타고 바닥으로 주룩주룩 떨어졌다. 화가 머리끝까지 치민 탑승객은 더이상 참을 수가 없었다. 워낙 약이 오른 터라 제어가 불능이었다. 가판대까지 창밖으로 던져버렸다. 뒤늦게 도난 사고를 접한 정양원 고씨[高斗植]는 머리에 뿔이 돋았다. 머리카락이 하늘로 뻗쳤다. 이럴 수가 없다. 다 같이 먹고 살자는 일인데! 고씨는 부두둑 이가 갈렸다.

"이 쌔에-끼들!"

고씨는 대뜸 갱생원(更生員)을 지목했다. 안 그래도 그들과는 평소 이권 다툼이 잦았다. 갱생원은 홍익회(弘益會) 전신으로 지금은 스토리 웨이라 부른다. 이 코레일 용역업체는 철도를 기반으로 하는 편의점으로 단순 수익보다는 철도이용객들에 대한 공공 서비스 제공을 우선으로 하고 있다. 여행 또는 출퇴근을 목적으로 철도를 이용하는 고객들의 특성에 맞추어 마케팅을 한다. 이 용역회사엔 2천 명이 넘는 식구들이 열차 주변에 득실거린다. 철도 여객을 상대로 생계를 꾸리고 사는 서민의 집단인 것이다.

"도시락이 왔습니다. 따끈따끈한 도시락이 있습니다"

갱생원 직원이 갱생원 특유의 가락으로 판매 송을 부르며 고씨 가까이로 다가왔다. 그는 도시락을 7층으로 포개어 안고 있었다.

고씨의 이마에 뿔 하나가 더 돋았다. 고씨는 사정없이 걷어찰까 하다가 참았다. 갱생원 조직을 정양원에서 잘 알고 있었다. 이들과 다투어 득 볼 것이라곤 없다는 것도 알고 있는 터였다. 그러나 그건 그렇고, 고씨는 더 이상 참을 수 없었다.

"야! 이 세끼야, 여기에 둔 물건 다 어디에 치웠어?"

결국 붙었다.

갱생원은 어이가 없었다. 자다가 치받힌 홍두깨였다. 뿔은 갱생원에게도 달려 있었다.

"뭐! 이 세끼?"

갱생원이 되받았다. 그러나 그가 내지른 반박 고성은 높지 못했다. 도시락을 7층으로 포개어 안았고, 그 높이가 목 밑까지 닿아 있었다.

순간, 고씨의 주먹이 갱생원의 왼쪽 볼을 덮쳤다. 갱생원의 품에 안겼던 도시락이 우르르 바닥으로 떨어졌다. 승객들의 시선이 두 사람에게로 쏠렸다. 승객들의 눈총은 곱지 않았다. 이날의 격투는 결국 정양원의 완패로 끝이 났다.

이렇듯 정양원의 힘은 자꾸 부정적인 쪽으로 기울었다. '한 번 까!', '부셔!' 이 수를 너무 자주 써먹었다. 그러니까 이제 상이군인 정양원 하게 되면 자꾸 골치 아픈 집단으로 인식이 되었다. 그러나 상이군경회에서도 정양원만은 손을 댈 수가 없었다. 손을 못 대니까 이 정양원은 기세가 등등했다. 그러니 상이군경회하고는 서로 앙숙지간이 되고 말았다. 정양원을 정식으로 인정해 달라. 독립해 달라 이게 그네들의 주장이었다. 어디 가서 한 대 맞았다 하면, '부셔!'를 외치며 차에 우- 타고 가서 그냥 막 작살을 내곤 했다. 군경회 쓰려버려! 군경회 어디 어디 지회, 그 지회 오늘 싹 없애버려! 이러니 정부에서도 골치가 아팠다. 물론 정부에서 보상 대책을 세워주고 싶었으나 예산이 닿지 못했다. 지금이나 그때나 정치인은 정쟁으로 세금을 뜯어먹고 사는 게 우선순위였다.

어떻든 떼쟁이 정양원은 골칫거리였다. 솔직히 정양원은 주무부서인 보건사회부의 악성 혹이었다. 정양원 중에서도 제일 거세고, 아주 골치 아픈 곳이 서울정양원이었다. 서울정양원 출신들이 한 번 가게 되면 그야말로 '암행어사 납시오!' 격이었다. 깡패 오야붕으로 4·19 나가지고 사형선고 받은 이정재! 이걸 동원하는 바람에 정양원 입지가 좁아져 곤욕을 치르기도 했다. 정양원 사람들은 주로 쇠갈구리를 가지고 다니며 행세했다. 그러다가 5·16이 나고, 상이자를 위한 보상법이 만들어지고, 국가에서 이들을 돌보기 시작했다. 이들에게 박정희 대통령은 은인이었다. 1961년 5월

16일 군사 정변이 나던 그해 보훈처가 신설되고, 6월부터 국방부 안에서 군인들의 보상체계가 만들어졌다.

용국은 성격상 정양원 깜이 못 되었다. 소위 말하는 깡패 기질이 있어야 되는데, 천성이 그렇지 못했다. 자란 배경이 그렇고, 배운 학식도 그쪽 세계와는 거리가 멀었다. 그러니 용국의 일상은 언제나 이상과 현실의 충돌로 괴로웠다. 신경은 마모되고, 심장에 염증이 깊어갔다.

정양원 특감대

용국은 정양원 특감대란 중책을 내리받았다. 난제를 처리하는 특별권한이 용국에게 주어진 것이다. 그의 근무지는 인천에서 수원으로 바뀌었다. 수원정양원에서 이틀에 한 번꼴로 금호동에 있는 서울정양원을 들렀다. 사건이 그만큼 많이 터졌다. 지팡이를 짚고 움직이는 몸이라 힘이 곱으로 들었다. 무임승차가 가능해서 그나마 다행이었다. 서울지역으로 옮겨오는 상이군인이 급속히 늘었다. 시골 출신 상이군인이 서울로 서울로 모여들었다. 입에 풀칠을 하기가 아무래도 서울이 쉬웠다. 이들이 살아가는 수단은 결국 서로 뜯어 먹기다. 그래서 죽기 살기로 지역 다툼을 한다. 이들의 다툼을 해결하는 해결사는 상이군인뿐이다. 세렝게티 국립공원에서 벌어지는 포유류의 처절한 몸싸움과 하나도 다를 게 없었다. 공원 세렝게티에는 300만 마리의 대형 포유류가 서식한

단다. 그중에 톰슨가젤 식구가 15만 마리로 제일 많은데, 이놈들은 생활의 방식과 번식의 수단이 그만큼 뛰어나다는 것이다. 2천여 마리뿐인 백수의 왕 사자는 상대적으로 가장 낮은 수치에 머문다. 왜 그럴까요. 자기의 힘만 믿고 생산에는 별로 신경……. 저마다 살아가는 존재의 방식인 것이다. 정양원 대원들은 밀리면 죽는다는 철학을 갖고 있다. 모두가 중증 상이자들이다. 그래서 포식동물처럼 목숨을 걸고 격투를 한다.

정양원이 특별감찰대란 거창한 조직을 만든 것은 상이군경회에 대한 맞불 작전이었다. 상이군경회는 감찰대를 두어 스스로의 조직을 감찰하는 정화역할을 한다. 그래서 정양원엔 외형상으로 상이군경회보다 뭔가 좀 더 위엄 있는 기구가 필요했다. '감찰대'와 '특별감찰대' 둘을 놓고 본다면 아무래도 특별감찰대가 권이 있어 보였다. 이들은 '특별감찰대'를 줄여서 '특감대'라 부른다.

'특감대'는 각 구에 1명씩 배당되었다. 남이 볼 땐 특감대, 저게 뭐 하는 놈들인가 싶었다. 하는 일은 단순했다. 분수없이 행패부리는 상이군인이 있으면 쥐도 새도 모르게 잡아다가 족쳤다.

용국은 금호동 본부에 들러 보고사항이 끝나면 곧바로 원효로 단골근무지로 간다. 그곳은 전차 종점 부근이다. '한국도량형기주식회사'라고 하는 제법 기초가 다져진 공장이 있다. 각종 저울을 만드는 곳이다. 앉은뱅이저울부터 전국에서 사용하는 각종 저울은 전부 이 공장에서 생산했다. 지방엔 화물차로 실어 나르고, 가까운 지역에서는 직접 와서 사가기도 했다. 물량이 많을 때는 사장이 직접 경비실(공장정문출구)을 지키며 물건출납전표(物件出納錢

票)를 점근했다. 이 도량형기주식회사는 그냥 난전에 기계를 차려 놓고, 손으로 두들겨 만들기부터 시작한 공장이었다. 이곳이 용국의 주 활동무대였다. 다른 지역에 비해 용국의 활동영역은 아주 넓었다. 그러나 말하자면 빈촌이어서 손 벌릴 곳이 적었다. 그나마 이 주식회사가 용국의 품위유지를 지켜주는 곳이었다. 용국은 이 회사의 정문을 지켜주고 몸값으로 다소의 일당을 받는다. 이미 유명 특감대원으로 소문이 나 있는 용국의 영역인 원효로 일대에는 뜯으러 오는 상이군인이 적었다. 점심은 경비실에서 때울 때가 많았다. 점심쯤은 해결이 가능한데, 문제는 본부에 바칠 세전이었다. 본부에 잘 보여야 수지맞는 곳으로 배정을 받는다.

계산 빠르고, 외모 갖추었고, 처신에 의리가 있고, 사상이 건전한 용국에게 도량형기 이성진 사장은 호감을 갖고 있었다. 경비실이라는 데는 눈 한 번 딱 감아주면 주머니를 불릴 수 있는 도깨비 요술단자 같은 곳이었다. 실제 용국이 경비실에 나앉고부터 회사 매출이 올랐다고 사장은 생각하고 있었다. 왜정 때는 남북을 통틀어 원효로의 이 도량형기주식회사가 제일 컸다. 물론 용국이 이 회사 직원은 아니었다. 다방에 인물 마담이 나앉아 있듯이, 용국은 그저 그렇게 경비실에 앉아서 얼굴만 판다. 용국이 경비실에 나앉고부터는 잡상인이 범접을 못했다. 회사가 잘 나간다는 냄새를 맡고 숱하게 찾아와서 손을 내밀던 상이군인은 더구나 얼씬도 못했다. 말하자면 이게 보조 문지기지만 용국의 위력이 나타나는지라 사장은 용국에 대하여 지대한 관심을 갖게 되었다. 이 도량형기주식회사가 용국에겐 부엉이 집이었다.

용국은 여기에서 매달 고정으로 나오는 돈과 다른 시전(市廛)에서 나오는 돈을 모아 꼬박꼬박 금호동에 있는 본부에 바친다. 돈 나오는 구멍의 명단을 총괄하는 본부에 세금 잘못 바쳤다가는 하루아침에 한직으로 좌천된다. 이렇게 조직적으로 뜯어먹고 사는 곳이 정양원이다. 용국은 원초적으로 이 조직이 마음에 들지 않았다.

용국은 퇴근 시간이 따로 없었다. 해 떨어지는 시간이 퇴근 시간이다. 일수쟁이가 치부책을 들고 수금을 하듯 한 바퀴를 돌아보지만 기대에 늘 못 미쳤다. 이런 날은 기운이 더 빠졌다. 온통 가시밭을 밟고 다니는 기분이었다. 그러니 성진역의 어머니와 쌍용역의 아버지 생각이 간절해질 수밖에 없었다. 어머니의 이별 방법

▲ 뜨는 태양과 달리 지는 해는 인간의 에너지를 고갈시킨다. 용국의 희망은 오직 고향 땅을 밟아보는 것이다. 더 늙지 말고, 더 아프지 말아야 한다. 오늘도 하루해가 저문다. 석양의 노을이 치욕스러웠다.

은 눈물이었고, 아버지의 이별 방법은 사람을 가까이 말라는 경고였다. 용국은 그 이별 법을 아직 익히지 못했다.

태양이 보이지 않는 밤의 세계는 용국을 죄인처럼 공허와 공포에 떨게 했다.

아내가 부엌으로 든 사이 두 아들은 아버지의 품에 새끼 비둘기처럼 안겼다. 용국은 두 아들을 껴안아 보지만 이들에게 관심을 보일만한 화두를 찾지 못했다. 고향을 이야기하고, 할아버지 할머니 이야기도 들려주어야 하고, 세상 밖의 이야기도 동화처럼 꾸며주는 재미있는 아버지가 되지 못했다. 본인이 자란 어린 시절의 이야기를 단 한 번도 두 아들에게 들려주지 않았다. 고향이 어디라는 말이 입 밖으로 나와서는 아니 된다. 용국은 번갈아 가며 두 아들의 정수리에 코를 비비며 냄새를 확인해 보았다. 아들 냄새가 났다. 용국은 이내 아들을 바닥에 내려놓는다. 다리에 심한 통증이 왔다. 장딴지 근육이 딱딱해 졌다. 아내가 밥상을 들고 방으로 들어오기 전에 주물러서 풀어내어야 한다. 그런 남편이 아내는 미안하고 고마웠다. 저 몸 가지고 3식구 먹여 살린다는 생각을 하면 뼈가 울도록 감사했다. 용국은 집에 들어오면 입을 닫는다. 아내는 남편의 바깥일에 대해서 짐짓 무관심 하려 했다. 용국은 하루라도 앞당겨 방을 구해서 식구들을 가까이서 건사하고 싶었다. 독수리가 먹잇감을 찾기 위하여 드높이 솟아야 하듯, 용국은 수입을 보충하기 위하여 활동반경을 넓혀갔다. 원효로 1, 2, 3, 4가에 더하여 청파 1, 2동, 남영동, 갈월동까지 돌기로 했다. 그러나 속된 말로 먹을 것이 별로 없었다. 용국은 뭐든지 먹을 것이 될 만한 곳이면 그냥 들어가서 '순찰대' 팻말을 붙여 놓았다.

거처를 인천에 둔 용국은 정양원을 으뜸 구식지계(口食之計)로 여겨 열심히 출퇴근을 했다. 참으로 충실하게 근무했다. 결근하는 일이 없었다. 소득 증대를 위해서 업체 발굴에도 심혈을 기울였다. 그런데 본부에서 먹는 몫이 너무 컸다. 5 : 5가 아니면 6 : 4쯤이라도 수고비로 제하면 좋겠는데. 7 : 3의 비율로 해서 7을 본부에서 먹었다. 참으로 모양만 점잖게 보일 뿐이지 날강도 질과 다를게 없었다. 아무리 각다귀판이라고 하지만 해도 너무 한다는 생각이 들곤 했다.

월말이 용국의 월급날이다. 용국은 금 3천원을 도량형기주식회사 봉투에 넣어서 아내에게 꼬박 꼬박 바쳤다. 물론 그 3천원 속에는 도량형기에서 나오는 돈이 포함되어 있었다. 아내에게 월급봉투를 내미는 용국의 손은 언제나 떨렸다. 내가 언제까지 이런 짓 해가지고 식구들을 먹여 살린다는 말인가, 용국은 자존심을 넘어 스스로에 대한 자괴감으로 얼굴에는 늘 검은 구름이 끼어있었다. 이렇듯 우울의 암세포에 전신을 잠식당한 용국의 건강은 시나브로 나빠졌다. 그는 가족을 달고 다닐 힘이 없어 식솔과 떨어져 기러기 가족으로 살고 있는 터였다. 이제 용국에게 마지막으로 남아 있던 의과대학 출신이라는 엘리트 의식은 멀리 떠나버렸다.

도량형기주식회사 이성진 사장은 서울시 그 상공회의소 소장까지 지낸 분이다. 부지런함이 몸에 밴 사람이다. 아침에 딱 출근을 하게 되면 작업복으로 갈아입고, 작업 장갑 딱 끼고 마당에 떨어져 있는 못 하나를 놓치지 않고 줍는다. '야! 훌륭하신 분이구나, 저래야 된다.' 용국은 여기에 반했다. 저런 회사를 나도 함께 아껴 줘야지. 용국은 이성진 사장에게 아주 빠져버렸다. 회사에 정식 직원이 된다면 열심히 일해 주겠다. 그렇게 다짐했다. 그동안 용국은 이력서를 써서 아주 여러 군데에 보내봤다. 그러나 얼굴 한 번 보자고 하는 회사가 없었다. 빽 줄로 통하던 세상인데, 천하에 용국은 빽 줄이 있어야지…. 하여튼 용국은 도량형기 사장이 관심을 갖는 것 만으로도 용기가 솟았다. 이른 아침 서울행 버스에 올라 이성진 사장이 운영하는 도량형기 공장으로 간다는 사실이 놀랍도록 고마웠다. 용국은 이 회사에 항상 1등으로 출근을 했다. 다른 직원이 보지 않는 시간을 얻기 위해서다. 불구의 몸이니 가급적 움직이는 모습을 숨기고 싶었던 것이다. 제대로 못 쓰는 다리를 가지고 테이블에 기어올라 창 유리를 닦았다. 그렇게 직원들이 출근하기 전 용국은 사무실을 얼음 알 같이 정리정돈 해 놓는다. 용국은 문지기가 되어 생활할 수 있는 터전이 마련되었다는 사실에 늘 감사했다. 용국은 언제나 사장실 변기부터 먼저 닦았다. 변기 닦는 데는 물을 뿌려야 하는데, 그게 중노동이었다. 바닥에 풀썩 주저앉아서 물을 뿌리고 변기 속을 닦았다.

좋은 일에는 마장(魔障)이 생긴다더니 4·19란 변란이 터졌다. 4·19는 대한민국을 데모의 장으로 바꾸어 놓는 신호탄이 되었다. 공중화장실에 물이 잘 안 나와도 데모한다. 사장이 큰 차 타고 다닌다고 데모하고, 월급 올려달라는 데모하고, 농막을 헐었다고 데모하고, 노점상 단속이 심하다고 데모하고, 이러니 대한민국 땅에는 1년 365일 내내 데모하지 않는 날이 없었다. 그 데모는 반세기를 넘어 지금도 이어지고 있다. 용국의 눈에 이런 대한민국이 이상하게 보였다. 무허가 판자촌도 대학생이 눈감아 주어야 철거할 수 있었다. 이렇듯 대한민국의 모든 권력은 대학생의 주먹 안에 들어있었다. 그들은 이것이 민주주의라고 정의한다.

용국은 그간 서울 올라와서 주 활동 무대가 용산구였다. 용산은 용국의 제2의 고향처럼 정이 내렸다. 용산구에는 용산고등학교가 있고, 상명여고가 있다. 상명여고는 정양원의 큰 자산이기도 했다. 상명여고를 중심으로, 상명여중 상명초등학교가 서로 등을 기대고 있었다. 배상명이 재단 이사장이다. 용국은 배 이사장으로부터 얼마간의 도움을 받았다. 학생데모를 막아주는 몸값이었다. 상명학원 위쪽으로 그 중앙에 철도 레일이 놓이고 기차가 지나다녔다. 많은 사학이 그러했듯 4·19가 일어나자 상명재단에도 학교분규가 표면으로 떠올랐다. 상명여고의 여학생 데모 솜씨는 남학생에게 뒤지지 않는다. 처음 재단을 성토하기 시작한 학생들은 이제 선생님 쪽으로 방향을 틀었다. 재단파와 비재단파로 갈라놓고, 재단파는 무조건 물러나라고 성토를 했다. 중학생도 그 한 쌈에 끼었다. 학생들은 공부를 하러 학교에 가는 것이 아니라 데모를 하러 교정으로 모였다.

용산구의 4·19혁명은 모두가 상명재단으로 모아지는 듯했다. 용국은 재단과 합심해서 우선 중학교와 고등학교 사이에 철책으로 통로를 차단했다. 삼각지 로터리로부터 오리온제과가 있는 그 철길 쪽 일대를 점령한 여학생들은 밤낮없이 구호를 외쳐댔다.

"재단은 각성하라! 족벌경영 반대한다! 반대한다!"

"신선한 학원이다! 상이군인 물러가라! 물러가라!"

'물러가라'와 '반대한다'는 구호는 마치 민요처럼 전국으로 번져나갔다. 그러니 나라 꼴이 말이 아니었다. 용국의 주 임무는 학생들이 교정 안으로 들어가지 못하게 하는 일이었다. 학생들의 행동은 날이 갈수록 과격해졌다. 용국은 특감대원을 더 보충받았다. 특감대원은 하나같이 씨름 선수처럼 덩치가 컸다. 이들과 대적하기 위하여 상명여고 학생회 간부들은 4·19단체에 가서 지원요청을 했다. 요청을 받은 4·19단체는 수십 명씩 떼거리로 몰려왔다. 그들은 사기가 중천 했다. 세상이 온통 4·19세상이니 무서울 게 없었다. 특감대를 내치기 위해서 동원된 원군이었다. 마치 전쟁판에서 사생결단 싸워야 하는 유엔군과 인민군 형국이었다. 양쪽 진영의 눈에서 핏기가 돌았다. 모래판의 황소처럼 사력을 다하는 백병전은 일주일이 멀다고 일어났다. 가히 생명을 담보하는 용호상박이었다.

이날의 싸움은 심상치가 않았다. 축구장의 결승전 같은 분위기가 감돌았다. 험악했다. 저쪽의 우두머리는 4·19 무슨 단체장이라고 했다. 대학 졸업반 학생인데 덩치가 컸다.

'상명재단 상명여자고등학교' 정문을 지키고 있는 최용국은 잔뜩 긴장했다.

"야! 너거들 여기가 어딘 줄 알고 원정 왔냐? 어린 학생들에게 데모 교육하는 애국자도 다 보겠네!"

용국의 말이 떨어지기가 바쁘게 덩치 큰 행동대원 박 조장이 윗옷을 훌렁 벗었다. 젖가슴을 중심으로 새겨놓은 용의 문신이 꿈틀

했다. 저쪽에도 호락호락 하지 않았다. 서너 놈이 머리를 맞대고 무어라, 무어라 중얼거린다. 그러더니 그중의 한 녀석이 역시 윗옷을 훌렁 벗는다. 연하여 두 주먹을 불끈불끈 쥐어짠다. 이두박근이 바다에 사는 왕복 아랫배처럼 불룩불룩 솟았다.

그는 주적주적 박 조장 앞으로 다가섰다.

박 조장이 벌떡 일어났다.

"야! 이 쎄끼들아- 여기가 너거들 학교 운동장이냐? 꺼져!"

박 조장은 소리를 버럭 질렀다. 순간 그의 얼굴색이 붉으락푸르락 카메온처럼 변장술을 했다. 그러더니 오른쪽 의안(醫眼)을 후벼 파내어 4·19단체장 앞으로 휙 던진다. 박 조장의 안면으로부터 이탈된 한쪽 눈알은 안전핀이 빠진 수류탄처럼 4·19 단체장 앞으로 굴러갔다. 땅에 떨어진 눈알맹이를 보자 4·19단체장은 그만 기가 팍 죽는다. 학생들은 기겁을 하며 악! 소리를 질렀다. 학생들은 두 손으로 얼굴을 가린 채 풍비박산 사방으로 흩어졌다. 박 조장은 병장 출신으로 용국과 같은 1급 상이자이다. 이후 상명여고 교정에 4·19단체는 나타나지 않았다. 학생데모는 돌림병처럼 전국으로 번지고, 국가의 기능은 마비되어 갔다. 용국의 머릿속은 만감이 교차했다. 남조선이라고 하는 곳이 이런 나라였구나! 자유주의가 좋긴 한데, 이건 자유가 아니라 방종이다 방종! 어느 나라가 군침을 흘리고 있었다면 따먹기 여반장이었다. 신세타령이 절로 나왔다. 산다는 게 참으로 우스꽝스러웠다. 의자에 앉아서 정문을 지키고 있던 용국은 피로감에 쌓인 채 잠깐 졸았다. 그 시간도 잠깐! 인기척이 났다. 눈을 떴다. 여고 학생회장이 찾아왔다.

"아저씨! 내일부터 정문 지키시지 마세요. 저희들 데모 안할꺼그던요."

용국은 웃음이 나왔다. '이제 기만전술까지 동원하는구나!' 용국도 생각이 있었다.

"좋다! 그럼 나에게도 조건이 있다. 간부학생 전원을 데려오라."

쉽지 않은 조건이었다. 학생회장은 이유를 묻지 않았다. 그리고 간부학생 30명을 데리고 왔다. 오후 시간이었다. 유인책이 필요했다. 용국은 자신의 신세타령부터 읊었다. 학생들은 용국의 진실된 하소연에 공감하기 시작했다. 용국은 제2막으로 국제 공용어라는 노래를 동원했다. 'I went to your weding', 'Changing Partners' 등 왕년의 팝송을 목 속 노래로 불렀다. 잔뜩 거부감을 가지고 있던 고3 학생부장의 얼굴에서 주름살 몇 개가 펴진다. 옳거니! 용국은 속으로 쾌재를 불렀다. 이어서 '눈물의 왈스'를 조금 크게 흥얼거렸다. 간부 아이들의 귀가 쫑끗 했다. 용국은 계속 경음악으로 이으며, 간부 아이들의 얼굴을 하나하나 꼼뜯어 봤다. 모두가 하나같이 미인 얼굴이었다.

"오-셋 무비, 쿵당- 쿵당- 쿵당- 쿵당-"

이 대목에 가서는 간부 모두가 들을 수 있도록 좀 크게 발음했다.

이어 'Danny Boy'를 원음으로 가창했다. '당신의 가슴을 장식하는 능금 꽃이 되고 싶다'는 의미의 목동의 노래는 19세기 중엽부터 아일랜드 항구도시 런던데리 주에서 불렸단다. 우리의 아리랑 이상으로 애절한 정감이 솟는 이 민요는 곡과 노랫말 그 자체로 여고생들의 서정적 감정을 유발시켰다.

사랑하는 아들을 전쟁터에 내보내는 병든 부모의 애끊는 마음이 담겨있는 내용이다. 전 세계적으로 250여 명의 가수가 취입을 할 정도로 널리 애창되는 노래다. 우리는 이 노래를 넓고 푸른 초원에서 한가로이 풀을 뜯고 있는 양들과 긴 지팡이 하나를 들고서 그 양들을 이끌고 있는 목동을 상상하면서 부르는 퍽 낭만적으로 노랫말이 오역되어 있다. 실상은 애수의 상징곡이다.

- 내 아들 다니엘아, (징집) 백파이프 소리가 부르고 있구나. 골짜기에서 골짜기로, 그리고 산기슭 아래로 여름은 가고, 꽃들도 죽어가고 있는데, 그 소리는 너에게는 가야한다고 하고 나에게는 기다리라고 하는구나. 그러나 너는 초원에 여름이 와야 돌아오겠지. 아니면 골짜기가 눈으로 덮이고 고요해지는 그때에나 돌아올까. 나는 밝은 날이든 흐린 날이든 여기에 있을 거야. 오 내 아들 다니엘아, 나는 너를 너무 사랑한단다. 그리고 네가 돌아올 때에는 모든 꽃들이 죽어가고 있겠지. 네가 돌아오게 된다면 내가 누워있는 곳을 찾으렴. 그리고 무릎 꿇고 나를 위해 성모님께 기도해다오. 그러면 나는 들을 수 있을 거야. 네가 내 무덤을 부드럽게 어루만지면 내 모든 꿈들은 더 따뜻하고 달콤해지겠지. 그리고 무릎을 꿇고 나에게 사랑한다고 말해다오. 그러면 네가 나에게 올 때가지 나는 평화롭게 잠들어 있을 거야-

노래를 부르는 용국의 눈에서 눈물이 하염없이 솟았다. 솟은 눈물은 강둑이 무너지듯 주루룩 눈꼬리를 타고 흘러내렸다. 북조선에서 부를 때는 그렇지 않았다.

용국을 대하는 아이들의 인식이 차츰 바뀌어 갔다. 용국은 토막상식이기는 하나, 영미문학 이론도 들추었다. 일본에서 제일 유명하다는 「이와나미문고」판, 우리로 치면 '삼성문고판' 형식이다. 그 책을 항상 호주머니에 넣고 다녔다. 그 중에도 특히 영미문학에 대한 자료에 호감이 갔다. 아는 것이 힘이란 말이 있다. 부산 제5육군병원, 3년간 환자 시절, 용국은 영미 문학과 팝송을 취미로 탐닉했다. 아는 것이 힘이 되었다.

이제 문지기 용국에게 정식으로 지워진 임무는 학생들을 구워삶아 어떻게 하던 데모하지 못하도록 하는 책임이 주어졌다. 상이군인이란 인식을 불식시키는 데 주력하던 용국의 작전이 어느 정도 먹혀들었다. 순수한 인간적인 면으로 학생들과 대화하면서 당시 거 유행하던 팝송을 무기로 삼았던 것이 효험을 본 것이다. 국제적 음성언어인 음악은 역시 효용예술이었다.

학생들의 머릿속에 아! 상이군인 중엔 이런 물건도 있구나! 인식의 확산은 날개를 단 듯 순식간에 교정을 덮었다. 동물원 속의 침팬지처럼 정문에 앉아 있는 용국의 모습이 차차 지식의 보고처럼 보였다.

"4·19학생운동 다 좋다. 하지만 너희들은 그 정치적인 색채를 띠어가지고, 여기 들어온 건 아니지 않느냐? 공부를 해, 저 사람들은 기왕 그렇게 해서 학생운동에 뛰어들어가지고, 저렇게 다치기도 하고, 그렇게 된 사람들이지마는 너희들이 그래 계속적으로 저런 식으로만 해선 안 돼! 안 돼! 열심히 공부해 두는 것이 저 사람들에 대한 보답도 되는 거야!"

용국의 언어구사는 언제나 합리적이고 순수했다. 속된 말로 먹혀들었다.

천군만마 용국에게 늘 힘이 되어주는 것은 총학생회 회장 윤양이었다. 윤양의 눈에 용국은 천하에 일색이고, 천하에 지식인으로 비쳤다. 어느 선생님 보다 훌륭하고 인자하게 느껴졌다. 총회장 윤양은 정문에 지켜 앉아 있는 용국을 자주 찾았다. 그러는 사이 용국에 대한 호감이 연정으로 바뀌고 있었다.

"저 아저씨 사시는 집 구경 가도 돼요?"

총회장은 당돌했다. 어느 날 불쑥 이런 제안을 했다. '저 녀석이!' 용국은 흠씬 놀랐다. 농담 아닌 진담으로 들렸기 때문이다. 용국은 뜻밖의 제의에 어리둥절 말문이 막혔다. 용국은 이런 경우도 있구나 싶었다. 사랑은 전쟁터에서도 싹이 튼다는 어느 소설이 머리에 떠올랐다. 총회장의 억양에는 단호함이 묻어있었다.

어느덧 해가 설핏 기울고 있었다. 용국은 보고차 금호동 본부에 들렀다. 본부에는 사람이 여럿 있었는데, 그중에는 처음 보는 사람도 있었다. 용국은 본부장에게 일과를 보고하면서 총회장 이야기를 농담으로 섞어 넣었다. 그런데 용국의 이야기에 반색하는 동료가 있었다. 그 잘 되었다는 것이다. 그 총회장 잘 구워삶아 우리 편 만들자고 했다. 그러면서 홀아비살림 한 번 뵈어 주자고 적극성을 띠는 것이었다.

쓸모없는 상이군인, 남 등쳐먹는 패잔병, 불필요한 존재. 특히 진보성향의 보호자를 둔 자식들은 상이군경을 얕봤다. 그런데 그게 아니었다. 이런 젠틀맨도 있었다. 학생들의 눈에 용국은 귀인으로 보였다. 군계일학 가히 독보적인 존재였다. 이렇게 해서 간부들은 물론, 입에서 입으로 전해진 용국에 대한 미화는 전체 학생들에게 전해졌다.

"야 이제 상이군인이 팝송으로 나오더라!"

"그 상이군인은 달라!"

용국에게 연정을 품고 있는 학생회 총회장은 언제나 용국의 편이 되었다. 아이들은 좀 얼떨떨했다. 그러나 분명 신기했다. 수업시간에도 이런 선생님은 만나보지 못했다. 용국의 인기는 삽시간에 퍼져나갔다. 마치 창경원의 동물 구경하듯, 학생들은 상이군인 용국을 보러 정문으로 모여들었다. 얼떨떨한 건 용국도 마찬가지였다.

"좋다! 자네들이 4·19운동하는 거 이해한다. 단 하나의 사실만은 알고 넘어가자. 자네들은 그 정치적인의 선동에 넘어가서는 안된다. 자네들은 정치적 색채를 띠고, 지금 여기서 데모하는 것은 아니지 않느냐? 학생에게 가장 소중한 것은 공부야. 저 학생들은 기왕 저렇게 운동에 뛰어들어가지고 죽기 살기로 싸우는데, 걔들은 사회에 나가도 데모 주동자가 될 사람들이야. 자네들에게는 데모할 시간이 얼마든지 있다. 저런 식으로 계속 고집하다가는 나라가 망해. 자네들이 데모를 멀리하고 열심히 공부하는 것이 저 사람들을 돕는 길이 될 수도 있어-."

용국은 일장 연설을 했다. 용국의 주장에 동조하는 간부들이 늘어났다. 회장은 어느 날 노골적으로 수원의 자취방에 같이 가보겠다며 용국을 따라나섰다. 용국은 난감했다. 그러나 회장쯤은 깊이 사귀어 놓을 필요가 있었다. 데모라는 군중심리에 젖어 있는 학생들을 연설로 설득하는 데는 한계가 있었다. 학생회 회장이 저렇게 적극적으로 나올지는 몰랐다. 용국은 신중을 기하는 수밖에 없었다. 적당한 시간 동행을 하겠다며 회유했다.

허구한 날 학교 정문에 죽치고 앉아 학생들과 실랑이질이나 하고 있는 상이군인이 불쌍했던지 희극배우 배삼용이 금일봉을 용국에게 주고 갔다. 그날 대 식구가 모여서 중국음식집에 들러 그 돈으로 푸짐하게 먹었다. 중국집 요리 이름은 모르니까, 하여튼 제일 좋은 거 시켜서 배가 터지도록 먹었다.

그런데 공교롭게도 이날의 회식이 마지막 사자의 밥이 되었다. 5·16군사혁명이 일어난 것이다. 정말이지 한치 앞이 보이지 않았다. 군사정권하에서 정양원 따위는 존재할 수 없었다. 정의구현하고, 질서유지하고, 뭐 해가지고 경찰서장도 다 군인이고, 학교도 군복 입은 사람들이 전부 재단에 들어와서 앉고, 매월 꼬박꼬박 집으로 보내던 3천원의 자금줄도 끊어졌다. 용국은 앞이 캄캄했다. 솟아날 구멍이 보이지 않았다. 자칫 네 식구가 굶어서 죽을 지도 모른다. 굶는다는 것, 이거 무서운 형벌이다. 훗날 북조선 사람들에게는 일상용어가 된 인간군상과 아사(餓死)! 이는 국제적 형벌이었다. 용국은 인간적으로 대한민국으로부터 참으로 혹독한 시련을 겪고 있는 터였다. 5·16정변이란 무기가 1급 상해자 용국의 가슴을 또 한 번 짓이겨 놓았다. 그는 5천년 역사의 방향이 바뀌는 국운 앞에서 민족의 운명을 한울님께 빌었다. 천 길 나락(奈落)에 내몰린 대한민국 동포는 그러나 현명했다. 부정을 물리치고 정의를 선택했다. 하지만 이 과정에서 형성된 국민의 사상은 좌와 우라는 불치의 암세포에 감염되고 말았다. 이 암세포에 감염된 7천만 동포는 둘이 하나 되기 위한 몸부림을 치고 있으나 하나의 형태로 이루어지기에는 이미 너무 사이가 벌어졌다. 사실, 또 한 번의 피를 보고야 말 처절한 게임이 카운트 다운되고 있는 것이다.

이 땅의 모든 양식(良識)은 좌와 우를 각각 신봉하는 실존에 매료되어 국운의 한 치 앞을 내다보지 못하는 우민이 되어갔다. 용국의 앞날은 더욱더 큰 절망이 기다릴 뿐이었다. 그게 서러웠다. 성진역의 어머니보다, 쌍용역의 아버지보다, 대구에 있는 마누라와 자식들의 얼굴이 가슴팍을 후볐다. 삼팔따라지 신세가 이렇게 서러웠다. 칵! 설움을 뱉어낼 수 있는 공간이라도 있으면 좋겠다. 아무리 생각해 봐도 살아갈 길이 뵈지 않았다.

하늘이 무너져도 솟아날 구멍은 있다고 했다. 어느 날 도량형기 주식회사 총무과장이 용국과의 면담을 요청했다. 총무과장은 우리 회사에서 정식으로 일을 해 보겠느냐고 물었다. 용국은 황공무지로 고마웠다. 이는 천운이었다.

"제가 어떻게 이 몸 가지고 정식으로 이렇게 일할 수 있겠습니까?"

용국은 몸이 후들거렸다. 후들거림은 고마움의 표시였다.

"아- 우물당치듯 들떼놓고 뒤로 물러나지 말고, 의향만-"

매가 공중에 떠서 빙빙 돌 듯 하지 말고, 꼭 집어 바로 말하라는 충무과장의 속마음을 용국이 모를이 없었다.

총무과장은 단호했다. 사장하고는 깊은 상의가 되어 있는 모양이었다.

"그렇게만 해주신다면 저가 하여튼 육신이 허락하는 범위 안에서의 일이라면 뭐든지 하겠습니다."

용국도 힘주어 대답했다. 그렇게 말하는 용국은 힘이 하늘로 솟았다. 남조선에 와서 이렇게 기분 좋기로는 처음이다. 기적은 이렇듯 용국에게 찾아왔다. 용국의 신분은 하루아침에 대 도량형기 주식회사의 정식 직원 신분으로 바뀌었다.

용국에게 좋은 일은 겹으로 일어났다. 상이군경회 시지부에서 직원이 용국을 찾아왔다. 시험을 한 번 쳐보라는 것이다. 군사원호청이라고 하는 정부 기구가 발족되는 데, 여기에 근무할 인재를 뽑는다는 것이다. 소위 공무원 공채였다. 상이군경회에서 추천하는 사람은 일단 그 시험에 응시할 수 있는 자격을 부여한다고 했다. 정양원소속 상이자 중 2명을 추천한다고 했다. 조천암과 최용국이 추천 대상으로 올랐다. 군사원호청 공무원이 된다는 것은 천지에 둘도 없는 행운이었다. 그러나 용국은 난감했다. 이미 도량형기주식회사에서 열심히 근무하겠다고 서약을 한 몸이다. 배신은 죽기보다 싫어하는 용국이다. 설령 더 좋은 자리를 마련해 준다 하더라도 용국은 그 자리로 옮겨 앉을 수가 없었다. 용국은 행복한 고민에 쌓였다. 행복한 고민도 고민은 고민이기에 고민스러웠다.

이 사실을 도량형기 이성진 사장은 먼저 알고 있었다.

"아무 걱정 말고 응시하세요. 아 땅짚고 헤엄쳐 보세요."

사장이 용국을 불러 이렇게 힘을 보탰다. 불합격이면 돌아오라는 뜻이다. 그런데 용국의 생각은 달랐다. '저렇게 줏대없는 놈은 우리 회사 정사원이 될 수 없지.' 사장이 이런 생각을 하고 있을지 모른다. 마음을 떠보고 있는 것이다. '사장님 거기 가서 합격하더라도 저는 도량형기를 선택할 것입니다.' 용국은 그렇게 마음을 다져 먹었다.

150명 모집에 추천 인원만 6백 명이 넘었다. 서울에 있는 남대문국민학교가 시험 장소였다. 시험문제는 100% 주관식이었다. 여러 개의 문제를 제시하고 그 중 1문제를 선택하여 서술하는 형식이다. 용국은 '대한민국 헌법정신'을 선택했다. 그래놓고, 아이러니 하게도 답안지엔 북조선 헌법에 대한 내용을 주로 썼다. 남조선의 헌법과 비교하면서 북조선의 헌법을 내리까는 논조를 폘쳤다.

필기시험에 합격했다. 이어 면접시험 통보를 받았다. 면접시험 장소의 분위기는 필기시험 때와 달랐다. 살벌했다. 7명이 한 조가 되어 순서대로 면접관 앞으로 가서 섰다. 용국은 지팡이를 소지하고 있었다. 용국은 지팡이로부터 떨어져서 홀로서기를 시도했다. 그러나 지팡이를 놓고는 직립이 불가능 했다. 몸이 한쪽으로 자꾸만 기울었다. 면접관 눈에 지팡이가 띄지 않도록 등 뒤로 숨겼다. 지팡이를 짚고 공무원이 된다는 건 이치에 맞지 않는다. 공무원은 국민의 심부름꾼이다. 불편한 몸으로는 심부름을 할 수 없다.

면접 책임관은 별 하나를 달고 있었다. 그는 약간 어두운 라이

방을 끼고 있었다. 대령도 그 옆에 앉아 있고, 위관급도 몇 명 있었다. 차례가 되어 용국조組 7명이 들어갔다. 별 하나짜리가 총책이었는데, 그의 인상은 좀 거만스레 보였다. 용국의 눈에만 그렇게 보인 것이 아니었다. 용국은 멈칫멈칫 시간을 끌며 제일 끝머리에 섰다. 지팡이를 숨기기 위해서였다. 용국은 딱 들어서자, 지팡이를 등 뒤로 숨겼다. 위장술은 일단 성공하는 듯했다.

질문의 순서는 면접관을 향하여 왼쪽이 먼저였다. 용국은 질문순서가 가까워지자 몸이 떨렸다. 질문의 주된 내용은 헌법과 행정계통인데, 속된 말로 용국은 쥐뿔도 아는 게 없었다. 아이구! 이제 다 틀렸구나! 행정법, 채권, 역사가 어떻고, 아! 그런데, '특별권력관계에 대해서 한 번 이야기 해보라.' 이런 질문도 나왔다. 용국의 생각에는 아주 깜깜한 어둠 속에서 환자의 환부에 침을 놓으라는 격이나 다름없었다. 저마다 그럴듯하게 답변을 하는지라 용국은 기가 죽었다. '행정관청에 대해서 한 번 설명해 보라.' 이런 것도 있고, 아! 저거는 한 번 '행정관청이란 행정적 일을 보는 관청이 아니냐.' 이렇게 답하면 되겠다 싶었다. 그런데 이게 제대로 된 답은 아닌 것 같았다. 만약 이 문제가 용국의 것이었다면 용국은 가차없이 팽이었다.

드디어 용국에게 차례가 왔다. 별 하나짜리 시험관은 처음부터 용국에게 관심이 많았다. 용국은 누가 보나 좋은 인상을 가지고 있었다. 신뢰성이 있고, 지적인 면도 풍겼다. 용국은 시험관과 눈이 마주치자 몸이 부르르 떨렸다. 용국은 스스로가 죄인 된 기분이 들었다. 용국은 1급상해자다. 그 몸 가지고 공무원이 되겠다고 응시를 했다는 자세부터가 옳지 못했다.

"귀관은 몸이 많이 불편한가?"

별짜리는 대뜸 용국의 건강부터 체크하는 것이었다. 시험관은 처음부터 용국의 건강을 알고 있었다는 눈치였다.

"아닙니다. 저에게 주어진 일이라면 무엇이든지 할 수 있습니다."

용국은 힘주어 대답했다. 태어난 고향이 어디냐고 묻지 않은 건 다행한 일이었다. 시험관은 하나같이 응시자를 귀관이라 불렀다. 용국의 차례가 왔다. 시험관은 용국의 얼굴을 정면으로 응시했다.

"귀관은 유엔 참전 16개국 이름을 대보라."

시험관의 음성은 나직했다. 그러나 어디엔가 권위가 담겨있었다. 용국은 살았구나 싶었다. 용국은 파병의 규모가 큰 나라부터 쭉 열거했다.

"미국, 영국, 카나다, 터키-"

"됐어! 됐어!"

별 하나짜리 선발책임관은 용국에게 호감을 보이는 듯했다. 합격의 서광이 용국의 눈에 비쳤다.

'군사원호청'은 1961년에 설립되었다. 이 기관은 1985년 1월 1일 자로 '국가보훈처'로 바뀌고, 서울·대전·대구·부산·광주지방보훈청으로 세분화 되었다.

최종 확정자 150명에게 7월 20일 자로 통보가 내려갔다. 발표가 있던 날 용국은 현장에 가지 않았다. 떨어지면 맥 빠지는 일이고, 합격된들 돌아와서 이성진 사장 대하기가 낯 뜨거울 터이다.

당일 오후쯤 되어서겠지, 같이 일하던 감찰대원 한 사람이 용국을 찾아왔다. 그는 꽃다발을 안고 왔다.

"합격입니다. 축하드립니다. 많은 기대를 가지고 있습니다. 도와주십시오."

감찰대원은 용국에게 축하한다며 연신 꿉벅꿉벅 절을 했다.

합격 소식을 접한 용국은 그저 덤덤했다. 용국은 감찰대원과 같이 이성진 사장에게로 갔다. 감찰대원은 당당히 자기 소개를 했다. 그는 장진호 전투에서 부상 당한 용사라고 말했다. 그게 자랑이었다. 자랑할 만한 전투에서 부상을 입은 것이다. 장진호 전투를 모르는 6·25용사는 없었다.

우리가 알고 있듯이, 장진호 전투는 동부전선의 미 제10군단 예하 미 제1해병사단이 서부전선 부대와 접촉을 유지하기 위해 장진호 북쪽으로 진출하던 중, 중공군 제9병단 예하 7개 사단 규모가 포위망을 형성한 장진호 계곡을 벗어나기 위해 1950년 11월 27일부터 12월 11일까지 2주간에 걸쳐 전개한 철수 작전이다. 애초의 계획은 극동사령부의 압착포위작전이었다. 평양 수복 후, 맥아더 사령부는 중공군이 개입할 가능성이 없다는 전제하에서 압록강을 향한 대대적인 포위 작전을 구상하고 있었다. 극동사령부는 한반도 북부의 험난한 자연과 기후, 그리고 중공군 개입에 대한 철저한 대비없이, 이 포위 작전의 북쪽 주공격을 미국 1해병사단에게 맡겼던 것이다. 개마고원 장진호 일대는 고도 1,000m의 산악지형으로서, 당시 낮 기온은 영하 20도, 밤 기온은 영하 32도였다. 장진호 전투는 미군의 전사에 '역사상 가장 고전했던 전투'

로 훗날 기록되었다.

이성진 사장은 용국과 장진호 전투병을 데리고 요정으로 가서 점심을 넉넉하게 대접했다. 용국과 장진호 전투병은 후덕한 이성진 사장의 대접을 받고 마음이 흡족했다. 용국은 이틀 후에 이성진 사장과 작별을 했다. 용국은 두툼한 봉급 봉투를 받아들고, 이성진 사장에게 공손히 인사를 했다. 봉투 속에는 한달치 월급이 들어있었다.

용국과 이성진 사장과의 인연은 이것으로 다였다. 이성진 사장은 용국에게 물품, 그 관리 책임을 맡기려고 했었다. 직원들이 서로 짜고 몰래 팔아먹는 경우가 여러 번 있었다. 그래서 그 재고 조사도 제대로 하고, 물품 출납하는 것도 용국에게 맡기면 틀림없을 것 같았다.

이를테면 용국은 아름다운 고민에 빠지는 격이 되었다. 용국은 7월 29일부터 교육을 받기로 되어 있었다. 그게 61년 군사 정변이 일어나던 해의 7월이다. 10일 동안 교육을 받고, 마지막 날에 임명장인 사령장이 나왔다. '군사부는 대전지청 창설업무를 명함', 사령장의 내용이었다. 직급은 5급이었다. 그때의 직급은 5급까지로 되어 있었다. 5급까지도 전부 갑·을로 서열이 구분되어 있었다. 용국의 직급은 5급 갑이었다. 그야말로 감개무량했다. 비렁뱅이처럼 생활을 하다가 이제 정식으로 공무원이 되었으니 더이상 바랄 게 없었다. 하느님께 감사하고 뼈를 바쳐 봉사하겠노라 다짐했다. 용국은 대전지방청에 내려가 창설단원으로 일을 보게 되었다. 군사원호청의 위상은 대단히 높았다.

불구의 몸으로 공무원이 되다

원호청이 들어갈 대전의 구 청사는 비어있었다. 이 청사를 무상으로 대여받아 '대전지방보훈청'간판을 달았다. 말하자면 원호지청이다. 주인을 잃은 청사 내부는 그간 쓰지를 않아서 아주 지저분했다. 몇 사람 가지고는 해결할 수 없는 처지였다. 궁리 끝에 소방서에 연락했다. 호수로 물을 뿌려 바닥부터 청소했다. 천정엔 온통 거미들이 진을 치고 있었다. 내부청소에만 하루해가 걸렸다. 다음은 지청을 유지하기 위해 요원을 충원해야 하는 순서가 기다리고 있었다. 지방보훈청 그 밑에 딸리는 지청을 말한다. 조직 작업은 일사불란하게 이루어졌다. 지청에 근무할 지방공무원을 모집한다는 방을 붙이고, 시험 장소는 서울 남대문국민학교를 빌리기로 했다. 어제까지만 해도 수험생이던 용국은 이제 시험관 노릇을 해야 할 처지가 되었다. 용국은 제1시험장 시험관으로 배정되었다. 어리둥절했다. 시험관의 권한은 어디까지인지, 자세는 어떻게 취해야 하는 건지 사전에 지시받은 건 아무 것도 없었다. 그러니 더 서먹하고 벙벙했다. 대전지방청장은 현역군인이었다. 물론 타 지방청장들도 현역이다. 주로 대령 지위에 있는 현역이었다. 청장이 책임시험관이고 용국은 보훈청 직원으로 보조였다.

본부에서 파견된 시험관이 시험 문제지를 현장에서 개봉했다. 주관식이었다. 칠판에 또박또박 문제를 베껴나갔다. 제6시험장 시험 감독의 권한이 용국에게로 넘어온 것이다. 용국은 부정을 미연에 방지하는 것이 감독의 기교라 여겼다. 공포 분위기를 조성하여 수험생을 위축되게 하는 것은 무능이라 생각했다. 위엄은 부드러움 속에 가려 있을 때 더 힘이 있어 보인다는 생각이 들었다. 쌍용역 역장인 아버지에게 들어본 이야기가 있다.

시험장 분위기는 한없이 무거웠다. 연령의 제한이 몇 살까지 인지는 모르겠으나 나이깨나 든 사람이 많았다. 용국은 시험 감독을 엄하게 하더라는 칭찬을 듣고 싶지는 않았다. 뒤쪽 어디선가에서 한숨짓는 소리가 났다. 한숨 소리가 용국의 귓밥을 크게 때렸다. 용국도 한숨이 따라 나왔다. 한숨 소리가 시험장의 공기를 더한층 무겁게 내리눌렀다. 용국은 가슴이 답답했다. 쌍용역의 아버지가 생각났다. 그때 아버지는 '딱 한 모금을 빨고 합격'을 했다. 애라! 모르겠다. 나도 아버지를 합격시켜준 그 멋쟁이 시험관이 되어보자. 용국은 선심의 유혹을 뿌리칠 수 없었다.

"혹시 여기서 담배 한 대 피우고 싶은 분 있으면 피우는 것도 좋습니다. 딱! 한 모금만"

용국은 선심을 썼다. 용국은 한껏 무게를 잡고, 아주 점잖게 말했다. '위엄은 부드러움 속에 가려 있을 때 더 권위가 있어 보이는 법이다.' 용국은 속으로 그렇게 생각했다.

"와아-!"

용국의 선심에 공감이라도 하듯, 함성 비슷한 울림이 새어 나왔다. 그러더니 시험장 안이 순식간에 굴뚝 막힌 부엌이듯 담배 연기로 메워졌다. 용국의 생각이 빗나갔다. 용국은 끽해야 다섯 손가락 안일 것이라 여겼다. 그런데 모두가 골초였다. 한두 모금 빨아봐야 그대로 삼켜버리면 별로 문제 될 게 없었다. 그런데 그게 아니었다. 너도나도 담배를 꼬나물고 연기를 내뿜는다. 화마의 소굴이 따로 없었다. 창문을 전부 열었다. 마침 본청에서 나온 청장이 복도의 저쪽 제1시험장부터 점검을 하고 있었다. 용국이 감독을 하고 있는 제6시험장 복도를 뒤덮고 있는 연기가 청장의 눈에 들어왔다. 놀란 청장은 황급히 제6시험장으로 갔다. 그 때까지 수험생들이 담배를 꼬나물고 있었다.

청장은 어이가 없었다. 성질이 불칼같은 청장은 심한 오한을 느꼈다.

"여기 시험관 누구야?"

청장은 버럭 소리를 질렀다.

"예! 접니다."

겁먹은 용국은 청장 앞으로 다가갔다. 청장은 원 스타였고, 현역이었다. 청장은 지휘봉으로 용국의 양쪽 어깻죽지를 사정없이 패댔다. 그것으로 성에 차지 않았다. 청장은 군화의 앞 끝으로 용국의 아랫배를 후려 찼다. 용국은 피식 고목처럼 쓰러졌다. 용국이 1급 상이자라는 것을 청장이 알 턱이 없었다. 넘어진 용국은 몸이 비정상이라는 것을 최대한 속여야 한다. 공무원이란 국민의 열성 심복인데, 성치 않은 신체조건으로 공인이 될 수 없는 것이다. 용국은 벌떡 일어나 청장 앞에 차렷 자세로 꼿꼿이 서고 싶었다. 두 손으로 바닥을 짚고 일어나려다 다시 피식 넘어졌다. 지팡이가 있으면 간단히 일어날 수가 있었다. 처음 뱃가죽을 후려 차일 때 지팡이가 저쪽으로 튕겨 나갔다. 저자가 중상자라는 것을 청장이 눈치챘다. 그러고 보니 여간 미안하지 않았다.

"몸이 많이 불편한가?"

"아닙니다. 조금"

"이 사람아, 여기가 어딘 줄 알고 담배를 피우게 하는가?"

"예 죽을 죄를 졌습니다."

용국은 고양이 앞에 쥐가 되어 몸이 굳어졌다. 한 줄기 소나기가 지나가듯 요동치던 분위기는 이내 가라앉았다. 하여간에 이날의 시험은 순조롭게 끝이 났다.

용국을 사정없이 후려차고, 등짝을 밀쳤던 원 스타는 위채규였다. 그는 주로 육군본부에서 근무를 한 행정통이다. 그는 청장실에 간이침대를 놓고 거기서 숙식을 하고 있었다. 그러니 외식을 하는 경우가 많았다.

이날 오후 늦은 시간이다. 청장이 용국을 불렀다. 용국은 두려움이 앞섰다. 아랫사람을 부를 때는 대개 두 가지 이유에서다. 그것이 명령 아니면 질책이다. 어느 쪽일까? 시험장에서 일어난 담배 사건에 대한 후속 조치이겠지. 용국은 그렇게 생각했다. 그런데 청장의 얼굴에 노여움은 묻어있지 않았다.

"오늘 일은 내가 과한 행동을 했으니 귀관이 이해를 하고 맘을 풀게-"

"예- 아닙니다. 괜찮습니다."

그렇게 대답은 했으나, 용국의 눈꼬리에서 눈물이 새어 나온다. 용국은 시험장에서 있었던 사연을 털어놓았다.

"아버지가 왜정 때 철도 요원으로 있었습니다. 승진 시험을 칠 때였습니다. 공원에서 그 승진 시험을 치르고 있는데, 영- 답이 머리에 떠오르지 않았어요. 이제 그 담배 한 모금만 딱 빨면 이 뭔가 줄줄 나올 것 같은데, 야! 그래가지고 뭐 이판사판이다. 일어서서 시험관한테 '딱 한 모금만 빨게 해 주십시오.' 그랬더니, '희한한 놈 다 보겠다.' 그 시험관이 이래면서, '니가 한 모금만 빨아가지고 안 나오면 백지상태로 계속 앉아 있으면 너 아예 그 자리에서 끝이다.' 그래서 '좋습니다.' 했더니, 그 시험관도 멋있는 사람이죠. 인제 그게 한 모금 빨게 했답니다. 야! 담배 한 모금 딱 빨고 나니까 이제 머리에서 술술 나오더라 이겁니다. 그래가지고 시험에 합격이 됐습니다. 아버지는 그 시험관을 멋쟁이 시험관이라 부르더군요."

"귀관도 부친처럼 멋쟁이 시험관이 되고 싶었는가?"

용국은 좀 멋쩍다 싶어 입가에 웃음만 달았다.

그런데 청장의 입에서 엉뚱한 제안이 나왔다.

"귀관 오늘 저녁에 나하고 같이 갈데가 있다. 괜찮겠나?"

용국은 귀를 의심했다. 무슨 즉결처분이라도 내리겠다는 것인가! 이런 생각도 들었다.

"네-"

공포감을 씻으려는 듯 용국은 크고 활기차게 대답했다. 그러나 음성은 떨렸다.

청장은 두어 사람으로부터 호위를 받으며 대전지방보훈청 청사 정문 앞으로 갔다. 용국은 그 뒤를 적당한 거리를 유지하며 뒤따랐다. jeep 한 대가 청사 정문 가까이에 와있었다. 1명의 대위와 2명의 소위가 짚을 앞뒤로 막고 서 있었다. 평직원들도 몇 명 보였다. 청장은 운전석 옆자리로 탔다. 용국이 그 뒷좌석으로 올랐다. 호위하러 나섰던 아랫사람들이 용국을 보고 눈알을 굴렸다.

"저자가!"

다들 놀라는 표정을 지었다. '저 친구 오늘 낮 시험장에서 ㅈㅗㅅ나게 얻어터졌던 상이자 인데!' 짚이 출발하고 한참을 지나도록 용국은 얼굴을 제대로 들지 못했다. 몸집이 큰 청장의 체구가 앞을 가려 전면이 잘 보이지 않았다. 얼마를 달렸을까? 짚은 어느 요정의 뒷문에 이르더니 소리 나지 않게 조용히 멈추었다.

요정 안은 별빛으로 휘황찬란했다.

밤을 무대로 하늘에서만 빛나던 별들이 지상으로 내려와 용국의 주변에서 반짝이고 있었다. 긴장감과 황홀감이 교차되는 시간이 계속되었다. 연회장은 말 그대로 별 천국이었다. 용국의 눈에 청장 위채규는 염라대왕 같기도 하고, 석가모니 같기도 하고, 예수님 같기도 했다. 용국은 별이 담긴 술잔을 여러 번 받아 마셨다. 별이 좋기는 좋구나 싶었다. 과연 별잔치였다. 천하무적 별의 잔치가 벌어지고 있었던 것이다. 그러던 어느 한순간 용국은 이상한 분위기에 젖어들었다. 도대체 저자들이 주고받는 대화가 궁금했다. 절도와 절제와 위엄이 있어야 할 군인세계였다. 그러나 이 시간의 군기는 딴판이었다. 요정 안의 별은 모두가 한날한시에 임관한 동지생들의 별이었다. 이날 저녁의 모임은 축하 모임으로 동지 한 명이 새별을 다는 날이었다. 용국이 그런 별천지에 초대된 것이다.

술잔을 받아 든 청장이 자리에서 일어났다.

"내가 데리고 있는 구성원 중에서 제일 신임하는 직원이다."

진심어린 청장의 마음을 읽는 순간이다.

용국은 얼굴이 확확 달아올랐다. 가뜩이나 별자리가 건네 주는 술잔을 비우느라 얼굴이 홍당무가 되어있는 처지였다. 용국은 술이 어디로 넘어가는지 확인을 했다. 세상천지 이런 호화판 대접을 받을 수 있다니!

그날 이후 용국의 근무조건은 사뭇 달라졌다. 용국은 청장이 시키는 대로 전주식당 2층으로 하숙집을 정했다.

다음다음 날이었다. 아침 일찍 호출이 왔다. 아직 지상에서 벌어진 별들의 잔치에 취한 흥분의 기분이 남아 있는 용국으로서는 저의기 당황스러웠다.

청장은 파자마 바람으로 밥상을 앞에 놓고 있었다. 아주 편한 모습이었다. 잔뜩 위압감에 눌려 있던 용국은 마음이 약간 가벼워진다.

"아침은 먹었냐?"

"예 - 아침 먹었습니다."

"내 우동 같이 먹을래?"

"아닙니다. 방금 먹었습니다."

청장은 용국을 앞에 놓고 수화기를 잡았다. 그리고 본청에 전화를 걸었다. 당장 최 아무개를 본청으로 발령을 내라고 했다. 저쪽에서 명령대로 하겠다고 답을 하는 것 같았다. 청장은 용국의 다리를 유심히 살폈다.

"자네 몸이 중상인데, 근무할 수 있겠나?"

담배 한 대 피우라고 선의를 베풀다가 하마터면 저승 갈뻔했던 시험장의 악몽이 용국의 머리를 휘저었다.

"예- 열심히 하겠습니다."

이리하여 용국은 훗날 멋쟁이 시험관으로 통했다. '딱 한 모금의 담배' 덕분에 용국은 본청에서 근무를 하게 되었다. 본청으로 명을 받은 용국은 인사과에 들러 입사시험 성적을 확인해 봤다. 150명 가운데 서열이 7위였다. 이렇게 꿈결처럼 입사한 보훈청, 본청 근무만 10년이 넘었다.

조창대라는 공화당 국회의원이 있었다. 육사 8기생이다. 그는 북한 출신 의료인을 위한 특별법을 발의했다. 이북출신으로 월남한 의료인을 위한 특별구제법이다. 이북에서 의사자격증을 땄다든가 이에 준하는 경력을 가진 사람들을 두루 발탁해서 무의촌에 보내는 법령이다. 10년 한시법으로 이 법이 통과되었다. 이는 박정희 대통령의 무의촌 일소방안 정책이기도 했다. 의과대학 출신의 무의촌 기피 현상은 지금이나 그때나 매한가지였다. 지소장이란 명칭을 달고 의료 활동을 했다. 물론 정해진 영역 외의 의료행위는 금지되었다. 10년이 지나 한시법이 풀린 후에는 어느 곳에 가서든지 의료행위가 가능했다. 용국은 이 직업을 선택하기로 했다. 하나 이 법령은 5·16정부에 불신을 품은 4·19 저항세력의 반정부 데모 때문에 유명무실하게 되어버렸다.

1963년은 4·19 주동세력의 준동이 가장 심했던 무렵이다. 김진태, 정창종 등 골수분자들이 많았다. 이 친구들이 주동이 되어 박정희 대통령 암살단을 조직했다. 기념행사장에서 암살하기로 계획을 세웠다. 이 첩보가 비교적 세세하게 용국에게 흘러들었다. 그 시절의 야당은 이름난 깡패가 아니곤 불가능했다. 이정재, 이기택 등 쟁쟁한 주먹이 모인 집단이 야당이었다. 이 어수선한 분위기 속에서 63년 12월 27일 제3공화국이 움텄다.

용국의 주장대로 우리의 헌정사는 참으로 많은 눈물로 얼룩졌다. 1948년 8월 15일 수립된 제1공화국은, 1960년 4·19혁명으로 생명을 다하고, 같은 해 6월 15일 제2공화국의 탄생과 더불어 역사 속으로 사라졌다. 이렇게 하여 이승만 정권은 자유당이란 거대여당이 저질러 부정선거에 의해 스스로 몰락의 길을 가게 되고, 제2공화국 시대가 열렸다. 1960년 6월 15일 개정헌법이 통과되고, 6월 23일 새 선거법이 제정되어 8월 12일 민의원·참의원 합동회의에서 대통령에 윤보선(尹潽善), 국무총리에 장면(張勉)이 선출됨으로써 한국의 두번째 공화헌정체제가 구축되었다. 1차 내각이 이루어지고 정부가 출범하였으나 국운은 난파 직전의 일엽편주였다. 결국 제2공화국은 1961년 5·16군사정권에 모든 권한을 넘겨주고 문을 닫았다.

1961년 5·16군사정변에 의한 1년 7개월간의 군정의 뒤를 이어 1962년 12월 17일 국민투표로 확정된 개정헌법에 의해서 1963년 10월 대통령선거와 같은 해 11월 제6대 국회의원선거를 거쳐 12월 17일 박정희 대통령이 취임함으로써 제3공화국이 정식 출범했다. 이렇게 태동한 제3공화국도 1972년 10월 17일 유신체제로 전환하면서 문을 닫았다. 의욕적으로 출발한 제2공화국은 내각제 폐지, 대통령의 국민 직선제, 국회 양원제의 단원제 환원, 정당 제도를 보장한다는 등 좋다는 안(案)은 모두 동원하였으나 대한민국 국민의 민도는 이걸 향유할 능력을 갖추지 못했다. 박정희 대통령은 1963년 12월부터 1979년 10월 26일까지 국정을 수행했다. 햇수로 16년간이다. 제5대부터 제9대까지 연임의 자리에 있었다. 한국사회의 명암이 교차되던 시대였다. 이 16년 동안 대한민국의 판도는 180도로 바뀌었다. 1945년 8·15해방이 될 무렵 우리나라의 국민소득은 60달러에 미치지 못하였고, 이북이 우리보다 높았다. 그러던 것이 60년 사이 300배가 늘어 3만불 시대를 열었다. 이북의 공산주의 국가의 경제발전에는 한계가 있었다. 통계에 의하면 1964년 이후 50년 동안 남한의 수출은 6천 배 늘어난 것으로 되어있다. 남북의 국내총생산(GDP)을 비교하면 남한이 북한의 45배에 달한다. 독재라는 저항 속에서 경제발전의 기틀이 마련되고 부국으로 가는 길이 열린 것이다.

최종국의 말을 빌어본다.

"박정희 대통령 제3공화국 취임식이 12월 17일에 있었습니다. 장소는 서울운동장입니다. 그 취임식 때 대통령을 암살하려고 하는 모의가 있었어요. 그러니까 4·19단체 때문에 이 4·19단체를 발족시키는데, 그것이 이제 그 보상하는 차원으로서 발족을 시키는 것입니다. 보상으로써 산하단체로 해서 이제 집어넣는 겁니다. 오죽 급했으면 헌법조문에다가 4·19정신을 집어넣어준 것 아닙니까? 그 헌법조문을 보세요. 4·19정신, 이 4·19를 다독거려야 집권이 되거든요. 예뻐서 집어넣은 것이 아닙니다. 그렇게 되니, 기존 반공단체들은 4·19 새끼들이 뭔데 저것을 헌법 조문에다가 집어넣고 우리는 뭐냐! 호국하느라 간첩 잡다가 몸을 다치고 다 이렇게 되었는데, 우리들은 여기서 빠지고, 불만이 이만저만 아니지요. 정치적인 배려 이거는 항상 이 데모에 제일 약하더구만요."

맞는 말이었다. 우리의 헌정사는 이렇듯 일견 유치한 면도 있었다.

1960년 4월 19일 자유당 정권이 이기붕을 부통령으로 당선시키기 위해 개표를 조작하자 이에 반발하여 부정선거 무효와 재선거를 주장하며 학생들이 중심이 되어 일으킨 반대 운동이 4·19다. 정부 수립 이후, 허다한 정치파동을 유발하면서 장기집권을 꾀했던 이승만과 자유당 정권, 그 12년간에 걸친 집권을 종식시키고, 제2공화국의 출범을 보게 한 역사적 전환점을 제시해 주었다는 점에서 4·19학생봉기는 우리 근대사의 기둥 같은 역할을 하였음이 분명했다. 그런데 이 4·19 명칭을 두고, 시시비비 이론이 첨예하게 맞섰다. 합헌적인 방법으로 헌정체제의 변혁과 정권교체를 꾀하였기 때문에 초기에는 혁명으로 규정하여 이를 4월혁명, 4·19혁명, 4·19학생혁명, 또는 4·19민주혁명 등으로 불렀다. 그러던 것이 5·16군사정변 이후 이를 의거(義擧)로 규정하여 일반적 개념으로 자리매김 하게 되었다. 그러나 김영삼 정부가 들어서면서 다시 혁명이란 정치용어가 등장했다.

4·19의거는 처음부터 정권탈취를 목적으로 한 투쟁이나, 어떤 정치이념을 구현하기 위한 체제변혁을 목적으로 한 것이 결코 아니었다. 또한 어떤 정치적 주도세력의 사주를 받은 것도 아니며, 조직적 투쟁 계획이나 목표가 있었던 것은 더구나 아니었다. 한

갓 정의감에 불타는 청년 학생들의 집단행동에 불과했다. 저항하는 과정에서 사태가 확대되고 변전(變轉)하며 나타난 결과적 현상이 혁명적이었을 뿐이다. 이걸 두고 그 때나 지금이나 함양미달의 정치인들이 아전인수 격으로 혁명이니 뭐니 하면서 자기들 입맛에 맞는 어휘를 주어와 붙여 쓰곤 했다. 결국 의거 희생자들의 넋을 오물로 덮는 잘못을 저지르고 있는 것이다. 4·19의거가 한국의 정치발전사에 하나의 획기적인 전기를 마련한 아름다운 역사이기를 바라는 마음이라면 이 참된 의거를 왜곡하여 정치의 보양식으로 삼지 말아야 한다.

우리는 이 의거의 의의·전개과정·직접원인·간접원인·도화선 등을 지식인들이 바르게 인식하고, 저들 국회의원들과 그 주변을 서성대는 정치 모리배들에게 교육시켜야 할 의무가 있는 것이다.

용국은 누구보다 대한민국의 근대사 노정(路程)에 대하여 관심이 깊었다. 가령, 국민 대다수가 1960년 4월 19일에 일어난 학생들의 반부정(反不正)·반정부(反政府) 항쟁을 4·19의거라 정의함과, 고종 31년(1894) 전라도 고부의 동학접주(東學接主[包主]) 전봉준 등을 지도자로 동학교도와 농민들이 합세하여 일으킨 농민반란 운동이라 인식함이 합당하거늘, 이를 동학혁명이니, 뭐니 하면서 이들의 순수한 정신에 오물을 퍼붓는 경우를 두고 용국은 환멸을 느낀다고 했다. 전봉준의 동학란은 순수한 농민운동이었다. 무식한 유식은 언제나 유식한 무식을 이론이 아닌 힘으로 억누르려고 하는 것이다.

용국의 말에는 일견 일리가 있었다.

"예 - 당시에 행정이나 치안은 말이 아니었어요. 땡깡 부리는 데는 못 견디더만…. 그래가지고 그 헌법 전문에다가 정신을 집어놓고, 하여튼 그냥 다스릴 때는 다 다스리고 그리고 이 4·19 특별법을 만들어 가지고, 취업도 우선적으로 본인이 희망하는 부서에다가 집어넣고, 은행의 경우에는 직급을 참사로 만들어 혜택을 많이 줬지요. 그 사람들 그러니까 조금 있다가 지점장도 되고, 양식 있는 상이군인들은 거지노릇 하는데, 4·19세력들은 모두 특별대우 받았어요. 5·18도 마찬가지입니다. 지금 그 광주 5·18이란 이름을 달아 혜택을 주고 있는 그쪽 사람들의 수는 명단을 숨겨놓아, 몇 명인지 우리 국민은 알 수도 없습니다. 국가공무원은 물론 일반 기업 할 것 없이 전부 다 가산점을 주어 치외법권(治外法權)의 권한을 누리고 있습니다. 그러니 그들이 권력의 자리에 앉아 법을 맘대로 흔들고 있는 것 아닙니까?"

이 대목에 이르자 용국은 얼굴을 붉혔다.

무법상태를 넘어서 무정부 상태에 이르자, 귀신이 들어도 놀랄 별 희한한 단체들이 생겨났다. '유진벨재단'이란 단체도 있다. 현재 104개로 집계되는 단체 중 이 무렵에 뿌리를 내린 단체가 단연 많았다. '환경개발센터'로 출발한 '환경정의'란 단체가 있는데, 단체의 명칭을 보면 당연히 쾌적한 도시개발이나 산림의 이용가치 뭐 이런 주장을 펴고, 환경과 생명을 주제로 들고 나와야 마땅한데, 이 단체가 주로 하는 일은 월남파병반대, 광우병선동, 그것도 유모차를 끌고 나오고, 주로 이런 짓들만 골라서 하고 있는 실정이었다. 이들 단체들은 명칭에 구애를 받지 않는다. 그래서 정부를 매도하거나, 정부가 하는 일에 태클 거는 일이라면 수십 개 수백 개의 단체들이 일시에 모인다. 서울 도심의 토요일은 데모하는 날로 되어버렸다.

특히 4·19단체와 그에 동조하는 연대들은 대통령 취임 전 법을 고쳐서라도 자기들의 지위를 확보하려는 의지를 굽히지 않고, 스스로 무정부주의를 자처하며 데모를 일삼았다. 이제 데모의 양상은 요구의 범위를 벗어나 선동과 파괴로 변해 갔다. 박정희 주도의 군사정부가 착착 궤도를 잡고 진행되어 나가자 초조감을 느낀 이들 반정부 집단은 이판이던 사판이던 목숨 내놓고 달려들었다. 결국 이들은 박정희 의장을 제거하는 계략을 꾸미기 시작했다. 불가능한 일이 결코 아니었다. 또 그들의 행위가 나름대로 설득력도 있었다.

"대통령 취임이 있는 12월 이전에 헌법을 완전히 고쳐서 이를 활성화시켜야 되겠다 이겁니다. 모든 연대와 모든 단체, 그리고 설립, 이런 것들이 국회에서 묵고 있는데, 입법을 하든지 아니면 이를 활성화시키던지 해야 합니다. 그렇게 되면 우후죽순으로 단체를 만들겠다, 이겁니다. 이것을 정부에서는 전부 산하단체로 만들어 통제를 해야 되겠다 이겁니다. 그래서 한 것이 지금의 국가유공자라는 단체로 만들어지게 됩니다. 국가유공자라는 단체를 만들어 이 법률 속에 모든 단체가 산하단체로 들어갑니다. 여기에 맨 처음 들어간 선임단체가 상이군경회였습니다. 그리고 그 다음에 애국단체, 독립유공자단체, 광복회, 요것들은 특별보호법으로 해서 별도로 되어 있었는데, 그 다음이 미망인단체, 유족단체, 그리고 제1학군의용단체, 이 단체는 6·25가 일어나고 일본에 있는 교포 대학생들이 결성해서 6·25 남침에 반기를 들고 참전했던 그 사람들의 모임입니다. 이것만 애국단체로 설립하게 되어 있습니다. 그런데 그 속에다가 4·19도 좀 집어넣어 달라 이겁니다. 우리는 절대 못 들어온다! 광복회도 못 들어온다. 이래서 광복회도 그 특별법으로 집어넣고, 4·19단체를 또 집어넣고, 이렇게 끼어넣어서 지금은 그 단체가 열 몇 개나 됩니다. 그러니까 오만 잡탕법이 되는 거지요. 여기엔 소위 정치적 산물로 된 것이 제일 힘이 셉디다. 4·19는 이제 5·18한테 눌린 형편이 되어버렸어요. 지금은 광주 그 5·18이 제일 강하고, 그게 선두주자 아닙니까? 그렇게 해가지고 그 단체 만들 적에 4·19단체를 조정할 공무원이 없다, 이랬지요. 그래서 각 단체에서 상이군인들이 뭐 전몰미망인회다, 유족회다, 그 다음 광복회다 하는데, 이 4·19단체를 조정할 사람을 물색하게 되고 결국 저가 적임자로 지명이 된 겁니다."

상급청인 보훈처는 난감했다. 주변에서 최용국을 적임자로 꼽았다. 이 4·19단체를 요리할 적임자는 최용국뿐이다. 그러나 이미 최용국은 사표를 제출해서 수리가 된 상태였다. 담당자가 이 사실을 윤영모 차장에게 직보했다. 당시 보훈처의 초대처장으로 민병권이 와 있었다. 윤영모 차장은 국방부에 현역 대령으로 있으면서 원호 관계를 관장하는 국장의 자리에 있었다. 보훈처 쪽과는 유기적인 관계를 유지하고 있었던 터였다. 처장의 지시를 받은 윤 차장은 용국의 사표 수리를 없었던 일로 하고, 재발령을 했다. 그렇게 해서 용국은 보훈처에 다시 근무를 하게 되었는데, 부서가 보훈처 감사실이었다. 용국은 기가 찼다. 그는 성격상 감사실과는 맞지 않았다. 아니 너무나 맞는 부서인지 모른다. 그래서 그 부서가 두려웠다. 업무를 평가하고, 통합적인 성과관리체제를 구축하고, 자율적인 평가역량을 강화하여 운영의 능률성·효과성 및 책임성을 향상시키는 것을 목적으로 하고 있는 곳이 감사실이다. '평가'라 함은 단체가 수행하는 정책·사업·업무 등에 관하여 그 계획의 수립과 집행과정 및 결과 등을 점검·분석·평정하는 것을 의미한다. 부서와의 마찰, 개인과의 마찰, 크게는 국가와의 마찰을 감수해야 한다.

용국에게 감사실 근무를 명한 데는 그만한 이유가 있었다. 감사실은 지도반과 감사반 두 파트로 나누어져 있다. 지도반은 이동하는 단체를 전적으로 관리 장악하고, 감사반은 감사실내에서 감사목적에 부응하는 일을 담당하는 것으로 되어 있었다. 용국에게 지도반 업무가 주워졌다. 주로 4·19단체를 관리 장악하는 업무다. 보훈처에서 제일 골치 아파하는 단체를 1급 상해자인 용국이 짐을 지게 된 것이다.

용국은 국립원호병원 의료보험과에 관여한 일이 있었다. 보훈처에서 용국은 주로 의학 계통의 일을 담당했다. 국립원호병원은 오류동에 있었다. 운영 담당과 그리고 상이군인의 신체검사관리가 주 의무였다. 업무가 폭주하던 때다. 그러니까 민병권씨가 안양 쪽에서 출마해가지고, 국회의원이 되고, 또 이 양반이 뒷날 2대 보훈처장 자리에 앉게 되는데, 용국의 힘을 빌린 일이 있었다. 이 양반이 아무개다 해가지고 그 시장의 일이고 마당발 노릇을 하고 있을 때 용국과는 아는 사이가 되었다.

“아이구! 이 상이군인 왜? 왜 이거 그만뒀지. 왜? 어떻게 해서? 그만뒀다고? 가만있자! 나도 알만한 것 같기도 하고 한데….”

민병권은 용국에 대한 미련을 버릴 수가 없었다. 그는 육군 대령으로 있다가 옷을 벗은 전형적인 군인이었다.

전화위복

원호청은 해군본부 청사를 사용했다. 건물은 명동입구 퇴계로 그쪽에 있었다. 용국은 7층에서 근무했다. 주로 하는 일은 의학계통과 관계되는 사안이었다. 일이 밀려서 퇴근 시간이 지난 뒤에 퇴청하는 날이 많았다. 다행히 엘리베이터가 있었다. 왜정 때 만들어진 반수동식 엘리베이터이다. 돌리고 틀고 하다가 잘 맞지도 않아 그냥 올라가기도 하는 성능을 지니고 있었다. 자기 혼자 멈추고, 자기 혼자 움직이기도 하는 전자동 역할도 했다. 아무튼 용국에게 이 엘리베이터는 새아씨 시집가는 날 타고 가는 꽃가마와 같았다.

7층 계단을 자- 벌레처럼 기어서 내려가야 할 일이 생겼다. 국장이 방금 퇴근했는데, 그 국장이 키를 가지고 있었다. 용국은 기가 찼다. 닫쳐진 엘리베이터 문 앞에서 한참을 기다렸다.

“후유-”

긴 한숨이 나왔다. 용국은 불평하지 않았다. 오히려 다행스럽다고 여긴다. 그간 엘리베이터를 이용하느라 몇 층이 어떻게 생겼는지, 그 층에 무슨 부서가 들어앉았는지, 통 관심이 없었다. 이렇게 한 층 한 층 손잡고 내려가면서 이것저것 살펴보는 것도 좋은 일이라 여겼다.

뒤뚱뒤뚱 3개 층을 내려갔다. 다리에 힘이 짝 빠졌다. 4층으로 내려갈 때는 들고 있던 지팡이를 아예 층계 아래로 밀어서 먼저 보냈다. 층계난간의 손잡이를 두 손으로 잡고 움직이니 힘이 덜 들었다. 주인 손을 떠난 지팡이는 저 혼자 고불고불 아래로 굴러 내려갔다. 용국은 난간 손잡이를 두 손으로 어긋나게 잡으며 몸을 이리저리 틀어서 병풍을 접듯 한 단 한 단 밟고서 내려갔다. 힘이 너무 들었다. 용국은 그간 엘리베이터가 멈춰 섰을 경우를 한 번도 가상해 보지 않았다. 그러니 용국에겐 준비없는 비상 탈출인 셈이다.

위에서 무슨 소리가 들렸다. 소리는 점점 용국의 곁으로 다가왔다. 이 시간 위에서 나를 따라 내려오는 소리가 나다니 이상했다. 용국은 겁이 덜컹 났다. '나를 미행하는 자가 있다면 그건 첩자뿐이다.' 제5육군병원 입원환자 시절 부산의 광복동 4거리에서 만난 큰형 친구 유하성 생각이 불쑥 났다. 분명 인기척이었다. 인기척의 주인공은 간첩 아닌 민병권 처장이었다. 이날 따라 큰일이 터져서 처장은 퇴근이 늦었다. 처장과 얘기해볼 찬스를 얻은 것이다.

"귀관은 어디서 근무하나?"

"예. 의료보험과에 있습니다."

"평소에도 이렇게 늦게 퇴근인가?"

"아닙니다."

"왜 엘리베이터 안타고?"

"엘리베이터 키가 없습니다."

처장은 화가 났다. 중환자를 두고 키를 소지한 자가 먼저 내려가다니!

"키를 소지하고 있는 사람이 누구야?"

"임창봉 국장입니다."

아! 임창봉 국장은 처장의 육사3기 동창이다. 임창봉 국장은 1급3항의 용국보다 한 급이 높은 1급2항의 상이자로, 상해 정도가 더 심했다. 전방에서 연대장을 지냈는데, 눈 하나 잃고, 대퇴 하나가 여기가 이렇게 잘려나가고, 고막도 나가고, 그런 중상자다.

"아니! 자기도 병신이면서 그래 혼자 타고 내려가면서 키를 갖고 가?"

처장은 입이 좀 건 사람이다. 화가 나면 직설적으로 욕을 내뱉는다. 곁에서 지내는 사람들은 그게 오히려 편했다. 예를 너무 갖추면 그 아랫사람이 스트레스 받는다. 그렇게 하여 4층부터는 처장이 동행자가 되었다.

"자네 지금 근무하는 게 힘 드는가?"

"아이구! 저 아무래도 공직생활 좀 힘들 것 같습니다."

"그래 그만둘려고?"

처장은 그렇게 말을 해 놓고도 되레 멈칫 했다.

"그만두면 뭘 하려고 그래?"

"아니, 뭐…"

용국은 직장을 놓는다고 해서 딱히 할 일이 있는 것은 아니다.

더구나 보상금이래야 돈 몇 천원 나온다.

"그걸로 먹고 사나?"

일개 주사인 부하에게 장래 걱정까지 해 주는 처장이 참으로 고마웠다. 처장의 평소 분위기는 그런 분이 아니었다. 국장도 그냥 쪼인드 까고, 면전에서 큰 소리로 막말하는 다혈질이었다. 청에서 그렇게 소문이 나 있었다.

"그러지 말고, 나가서 특별나게 할 일 없으면 그냥 여기 있어!"

"저 사표 다 내고 이젠 끝났습니다. 송별회…."

처장은 놀라는 기색을 보였다. 처장은 그동안의 귀동냥으로 용국에 대하여 많이 알고 있었다. 그렇지 않아도 한 번 만나고 싶은 참이었다. 행실과 업무능력과 인품에 대하여 많이 알고 있는 처장은 기회다 싶어서 적극성을 띄었다.

"송별회, 송별회가 문젠가. 사표, 사표 백 번 내면 뭘 해. 그까짓 것 쓸데없어. 재임용 뭐 이건 내 소관이야!"

행정상 주사까지는 처장이 마음대로 할 수 있었다. 그 시절에는 그랬다. 용국은 믿기지 않는다. 지나친 친절에 의구심이 갔다. 송별회 끝내고, 마지막 장부를 만들어 다 마무리 지어놓고, 나오느라 이렇게 뒤에 쳐진 것이다.

집으로 돌아가는 용국의 발길은 천근이 듯 무거웠다. 7층짜리 청사를 몇 번이고 쳐다보았다. 건물도 정이 들고, 직선으로 뻗은 넓은 길도 그렇고, 가로 세로 삐뚤하게 얽혀 있어, 사람들만 드나드는 길, 이 마름모 길 위에도 용국의 발 때가 묻어 있었다. 지나가는 행인들도 용국을 쳐다보는 것 같았다. 집으로 돌아온 용국은 아내에게 사표냈다는 소리를 차마 하지 못했다. 용국은 만감이 교차했다. 달력을 이리저리 넘겼다. 6월 25일이 선명하게 눈 안으로 들어왔다. 숫자의 색깔은 적색이 아닌 흙색으로 표시되어 있었다. 원수의 6·25, 이 철책선을 만들어 놓은 원흉, 일본·미국·소련·중국이 한없이 저주스러웠다.

민족의 비극이라고 하는 것은, 서로의 가슴에 총질하고, 불구자 되고, 남편 전쟁터에 빼앗기고, 전 재산 잿더미 되고, 이 경우를 넘어 가슴을 저미게 하는 철책 너머의 피붙이에 대한 그리움이다. 용국은 진정 이 고통을 견디기가 더 어려웠다. 용국은 간밤을 뜬 눈으로 지새웠다.

다음 날 아침이다. 총무과에서 직원이 찾아왔다. 정상 출근을 하라는 것이다. 처장님의 명령이라고 했다.

"아니 사표 수리 되고 다 끝났는데…."

용국은 어리벙벙했다. 가타부타 벙어리가 된 채 말이 나오지 않았다.

"이유 여하를 불문하고 나오라는 명령입니다. 총무과장실에 먼저 들려주세요."

총무과 직원의 볼멘소리에 용국은 더이상 토를 달 수가 없었다. 뒤따라 출근을 했다. 명령대로 용국은 총무과장실로 들어갔다.

"선배님 제가 다 끝났는데, 어찌 다시 올라가 앉아 있습니까?"

"아이 - 잔소리 말고 거기가 앉아 있으란 말이야. 나도 명령받은 대로 얘기하는 거라고."

감사실은 2층에 있었다. 얼굴이 확확했다. 실장은 아랫 나이다.

첫인상이 좀 뭐했다. 10점 만점에 후하게 쳐주어야 6점 정도였다. 실장의 이름은 장천석(張天錫)이다. 청에서는 장(張)자 빼고, 그냥 천석(千石) 실장이라 부른다. 별명은 만석(萬石)이다. 그는 국가재건최고회의에 참석했던 사람이다. 지위가 빵빵했다. 최고회의에서도 만석 실장의 발언권은 쎘다. 노동단체 관리에 대한 이론에 밝았다. 현장 경험도 풍부했다.

감사실이 어디에 붙어 있는지 알 수 없었다. 2층쯤에 있을 거라 짐작하고 복도에서 서성댔다. 직원 한 명이 보였다. 풍기는 폼이 5급 정도는 되어보였다.

"여기 감사실이 어댑니까?"

"감사실? 나만 쫓아 와요. 나도 감사실 볼일이 있는데"

용국은 주적주적 뒤를 따랐다.

"감사실 근무를 하라고?"

5급은 혼잣말로 궁싯거렸다. 5급은 뒤도 돌아보지 않았다. 용국은 기분이 그저 그랬다.

"감사실 근무라?"

5급은 혼자 중얼대더니 이번에는 히죽히죽 웃었다.

"댁이 누구시오?"

5급은 용국의 이름을 물었다. 그러나 그는 용국의 이름을 이미 알고 있는 터였다.

"안으로 들어오시오."

용국은 간격을 좁혀 안쪽으로 들어갔다.

"여기 앉으시오."

5급은 명령하듯 내뱉더니 감사실장 자리에 가서 턱 앉는다. 5급은 실장이었다. 용국은 질렸다. 4·19상이자 단체, 유족단체, 상이군경단체, 아! 이 골치 아픈 단체를 총괄하는 담당으로 용국이 내정되어 있었다. 제일로 골치 아픈 단체가 상이군 단체였다. 그리고 4·19 상이자 이들은 전부가 서울대학병원, 성모병원, 연세대병원 이런 병원의 1등 병실에 벌렁 누워가지고 호통을 치고 있는 판국이었다.

용국의 첫째 임무가 뭐이냐? 이놈들 전부 거기서 끌어내다가 오류동 보훈병원으로, 원호병원으로 집결시키는 것이 첫째 임무였다. 일류병원 일등석에서 호의호식하는 나일론 환자들을 모조리 들어내는 작업은 용국이 밖에 할 사람이 없다는 판단을 하고 있었던 것이다. 가령 1급 중상자가 지팡이에 몸을 의지한 채 정부의 시책을 집행하겠다는데 깡패, 나일론 환자, 4·19 이것들이 스스로 애국자라 한들 일말의 양심은 살아 있을 것이 아닌가? 이것을 최용국이면 제압할 수 있다고 생각하는 장 실장의 계산이었다.

보훈처장 민병권(閔炳權)의 계산도 같았다. 사실 상이군인 깡짜는 상이군인 말고는 단속이 어려웠다. 6·25의 산증인 1급 중상자 최용국에게 맞설 사람은 많지 않을 것이라는 계산이 무리는 아니었다.

민 처장은 발도 넓지만 귀도 밝았다. 이쪽저쪽 귀동냥으로 용국의 사람됨을 많이 듣고 있었다. 결론은 최용국 아니면 한 가락 부릴 만한 사람이 청 내엔 없다는 생각이었다. 하여 그 4·19단체를 맡기자는 것이다.

용국은 단체와 싸울 걱정에 앞서 남조선이 참 고맙구나 이런 생각이 들었다. 사표를 제출하고, 수리까지 된 일개 하급 공무원을 다시 불러 일을 맡긴다는 것이 어디 쉬운 일이겠는가.

그건 그렇고, 지금 용국은 제갈량 머리로도 풀지 못할 숙제를 안고 있는 것이다. 12월 중으로 제3공화국이 들어서게 되는데, 그 이전에 이들 단체가 자발적으로 보훈처의 행정 지시에 순순히 따르도록 만들어야 한다. 현재의 분위기로 보면 '대한민국전몰군경회', '대한민국재향군인회', '미망인회', '고엽제미망인회', '대한전몰미망인회', '고엽제국가유공자회', '고엽제전우회', '고엽제상조회' 등의 전신이거나 후신의 다양한 단체들의 양양한 기운을 꺾기가 쉽지 않아 보였다. 이들 유공 단체들이 보훈처 명령에 찍소리 못하도록 기를 꺾어 놓아야 된다는 뜻이다.

용국은 여왕벌 작전을 세웠다. 험한 바위 절벽에 집을 숨겨놓고, 석청을 만들어 내는 토종벌은 여왕벌에 절대 복종한다. 여왕벌은, 서기571년 태어나서 632년까지 살았다는 종주 마호메트를 믿는 IS반군의 수니파보다 강한 권력을 가지고 있다. 한동안 석청벌을 여염이 사는 한옥의 울타리 안에서 우리식으로 더러 길러본 경험을 갖고 있다. 그 벌이 생산하는 꿀이 진짜 꿀맛 나는 꿀이다. 벌통이 차서 활동에 제약을 받으면 여왕벌은 새 식솔을 거느리고 살던 집을 뛰쳐나온다. 벽촌사람들은 이걸 '세간 난다'고 말한다. 집 주인은 언제쯤 벌이 세간 나갈 것인가를 경험으로 안다. 갑자기 벌통 출입문이 아침부터 부산해 지면 2, 3일 내로 세간을 나가겠다는 신호다. 집주인은 재빨리 이놈들이 살 새집을 마련해야 한다. 먼저 벌통부터 만든다. 벌통은 보통 2단이다. 굵은 나무를 토막 내어 속을 파내고 원통형으로 만든다. 그리고 집안의 정갈한 곳을 찾아 받침 돌을 놓고, 그 위에 두 개의 통을 포개어 세운다. 다음은 벌을 담아올 박 바가지를 마련하면 된다. 박을 두 쪽으로 쪼개어 그 한쪽을 사용한다. 바가지의 중앙에 구멍을 뚫어 새끼끈으로 손잡이를 만든다.

세간나는 시간은 대개 정오 무렵이 된다. 놈들은 살던 집을 버리고, 물꼬에서 물이 터져 나오듯 비좁은 출입문을 왕창 빠져나온다. 그리고 마을 주변을 빙빙 배회한다. 터 잡이를 위해서다. 고공으로 비행하기도 하고, 저공으로 비행하기도 한다. 고공으로 비행하면 집 주변 가까이에 터 잡아 내리겠다는 뜻이고, 저공으로 비행하면 집터를 마련하기 위하여 먼 곳으로 떠나겠다는 신호이다. 그런데 놈들이 주인의 뜻을 저버리고 다른 마을로 훽! 떠나는 짓은 거의 하지 않는다. 석청을 만드는 토종벌의 지능 몇 가지만 지적해 보면 이런 것이 있다. 주인을 침으로 공격하는 일은 드물다. 집에 초상이 나면 허리에 하얀 띠를 두른다. 말하자면 상복을 입는다는 소리다. 꽃가루, 그러니까 밀원을 먼저 발견한 일벌은 수사학의 무한대(∞) 표시로 방향과 거리를 알려준다. 무한대 모양을 아주 길게 늘어나게 보이면 꽃밭이 먼데 있다는 소리가 된다. 무한대가 기울어진 모양을 잘못 인식하고 딴 곳으로 가서 헛일하는 경우는 없다.

놈들은 고목의 등걸가지를 새 집터로 찍는 경우가 많았다. 공중에서 배회하던 여왕벌이 먼저 내려와 등걸에 앉으면 수백 수천 마리의 벌이 배회를 멈추고 삽시간에 여왕벌을 에워싸고 옹위한다. 그러면 주인은 놈들을 모셔오기 위해 참쑥으로 만든 빗자루와 꿀을 바른 박 바가지를 들고 나간다. 놈들은 우리 인간이 생각하는 것보다 열배 이상으로 영리하다. 용국은 그 원리를 이용해 보자는 것이다. 놈들은 고목의 가지에 축구공처럼 둥글게 뭉쳐서 달라붙어 있다가, 주인이 꿀 발린 바가지를 가까이 대고 비질을 하듯 빗자루로 살살 밀어 바가지 안으로 들게 한다. 달래는 주술이 애절하다.

"너하고 나하고 같이 살자- 너하고 나하고 같이 살자-"

주인은 이렇게 사정을 한다. 벌들은 주인의 간청을 받아들여 바가지 안으로 들어간다. 주인은 벌이 주렁주렁 달린 박 바가지를 들고 조심조심 나무에서 내려온다. 이때 바가지에 달라붙지 못한 놈들은 저네끼리 줄을 만들어 주인의 뒷 꽁무니를 따라붙는다. 주인이 들고 가는 이 벌 바가지를 뒤에서 보면 흡사 축구공 모양으로 둥글게 보인다. 바가지 반쪽에 더하여 벌이 달라붙어 반쪽을 만들어 채우니까 그렇게 원형으로 보이는 것이다.

용국은 사회집단이라는 게 꼭 벌꿀의 집단과 흡사하다는 사실을 알고 있다. 작은 물방울은 큰 물방울에 끌려붙기 마련이다. 이것이 여왕벌 작전의 원리이다.

용국은 토종벌 집단의 생태를 사회집단에 적용시키기로 계획을 짜나갔다. 그래서 어용단체를 먼저 만들기로 계획했다. 이를테면 의용단체가 여왕벌이 되는 샘이다. 4·19단체만 끌어들이면 나머지는 꿀 바가지에 꿀벌이 기어들듯 쉽게 달라붙는다고 생각한다. 유화책에는 꿀단지가 필요했다. 공것 좋아하는 4·19집단이라 용국의 여왕벌 작전이 먹혀들 가능성이 없는 것은 아니었다. 4·19집단은 뗑깡이 주특기였다. 정부에서 하는 일은 무조건 반대부터 먼저 한다. 가령 정부에서 '공짜 돈을 준다'해도 일단 반대부터 하는 것이 4·19단체의 체질이다. 용국은 4·19의 거물 이기택을 포섭하는 작전부터 세웠다. 이기택 그는 4·18 고대 의거의 주동자다. 뒷날 한승주 총장은 "4·18이 있었기에 4·19가 있었으며, 4·19가 있었기에 오늘날의 민주주의가 있었다"며 4·18 고대 의거에 대한 역사적 의의를 강조한 바 있다.

4·19집단의 눈에 한 번 찍히면 정부청사고 어디고 끝장이다. 이들은 시도 때도 없이 쳐들어간다. 해일이 쓸고 간 듯, 이들이 지나간 뒷자리는 언제나 상처투성이가 된다. 대한민국보훈처는 이들 먹잇감 1순위였다. 이 집단은 보훈처를 쳐들어가지 않는 날이 없었다. 매일 매일 떼를 지어서 쳐들어갔다. 그래서 4·19가 떴다 하면 청 내의 근무자는 아예 모두 숨어버린다. 복도에 서서 질질 오줌을 갈기는 놈도 있었다. 그러다가 와락! 한 됫박 토해놓기도 했다. 술에 취해 끽끽 거리는 놈, 이렇듯 인간 이하의 짓거리를 해대니, 아예 상대를 기피했다. 용국은 이 친구들과 일일이 맞장을 떠야할 입장이다. 용국은 이들이 쳐들어오면 아예 복도에 퍼질러 앉는다. 저쪽에서도 용국의 입장을 빤히 알고 있었다. 하체를 잘못 쓰는 중상자라는 것도 알고 있다. 그러니 앉은뱅이 행세가 오히려 약점으로 작용하기도 했다. 그러나 인정이 좀 있는 놈들은 용국에게 굴복했다. 아무리 각다귀판이라고는 하지만 그러

는 사이 이들에겐 어떤 룰이 형성되어 가고 있었다. 서로가 먹고 살자는 짓인데, 서로간 깊은 상처를 주지 않기로 묵계가 이루어지고 있는 것이다. 문제는 인간적으로 대하는 놈보다 막무가내 식으로 앞뒤를 가리지 못하는 개망나니 같은 놈이 더 많았다. 그러는 사이 든버릇난버릇처럼 성격이 삐뚤어지는 놈도 생겨났다. 같은 일을 반복하다가 보니 용국도 이들을 맞는 일에 어느 정도 이골이 났다. 처음부터 들레는 놈보다. 차분차분한 놈이 더 무서운 놈임을 알아차린 것이다. 용국의 1차적 임무는 처장실 사수다. 어떤 날은 개망나니 같은 놈이 2인 1조가 되어 쳐들어왔다. 용국은 하체가 약한 대신 상체의 힘이 남달랐다. 덩치도 남들보다 컸다. 쫄짜 두 사람 정도는 제압할 수가 있었다. 용국은 일단 화가 나면 세렝게티 내셔널 파크의 하이네처럼 적의 가랑이를 물고 늘어진다. 이 공격을 당하면 상대는 빠져나가기가 어려웠다. 그러나 번번이 처장실이 뚫렸다.

용국의 눈에 대학생들은 참으로 희한한 나라에 사는 참으로 희한한 인간들 같았다. 배운다는 자들이나, 배웠다는 자들의 행동이 저 꼴이니 남조선의 앞날은 뻔하리라는 느낌이 들었다. 저그들 주장대로 혁명이 끝났으면 제자리로 돌아가야지, 정부의 권한을 인수받아 아예 치국을 하겠다며, 허구한날 공공기관에 기습을 해대니, 이를 당하는 쪽은 얼마나 울화통이 터질까? 따분하기도 하고, 허망하기도 했다. 용국은 앞장서서 이들과 싸우다가도 맥이 풀렸다. 자유를 선택한 남조선의 앞날이 보이지 않았다. 용국은 이들이 쳐들어오면 좀 진지하게 대화를 하고 싶은 생각을 여러 번 했다. 그러나 그것은 언제나 실패작이 되곤 했다.

"우리 같이 좀 삽시다. 그쪽이나 이쪽이나 성한 몸들이 아닌데……."

용국의 음성은 힘이 빠져 있었다. 아니 사뭇 떨리고 있었다.

"이쪽 사정도 좀 살펴주시구려. 우리가 왜 허구한날 처장을 만자자고 하는 이유를 모르고 하시는 소리인가요?"

이렇듯 서로의 의견은 언제나 허공에 대고 내지르는 장군 멍군이었다.

이야기한 대로 시내 일류병원에 입원한 가짜환자를 우선 가려내자고 계획한 주체는 민 처장과 장 실장이었다. 이를 학생들이 알고 있었다. 그래서 그들은 민과 장을 원수처럼 여긴다.

사실 용국은 밤이면 전신에 통증을 느낄 때가 많았다. 삶에 회의를 느끼고 있는 처지이고 보면 의욕이 살아날 리 만무다. 죽기로 만류를 하다가도 맥이 빠지고, 본전 생각이 나곤 했다. 근무 의욕이 달아났기에 자발적으로 사표를 제출했고, 수리가 된 마당에 또 들어와 근무를 한다는 것이 용국에겐 자존심 상하는 일이기도 했다. 결국 이들은 용국의 제안대로 일주일에 한 번 꼴로 청장과 이마를 맞대는 시간을 만들기로 했다.

대통령 저격수를 잡아라

용국에게 또 다른 임무가 부여되었다. 대통령 저격수 오경섭을 잡는 일이다. 오경섭은 서라벌고등학교를 나와서 서라벌예술대에 진학하고 있는 인물이다. 이들의 지상 목표는 박 대통령을 저격하는 일이다. 이들에게 박은 대통령이 아니었다. 그냥 정희였다. 오경섭 일당은 4·19의 위세를 등에 업고 세상을 개벽시키겠다고 하늘에 맹세했다. 그런데 느닷없이 군발이가 나타나서 판을 깬다는 것이다. 거사 일은 제3공화국으로 이어지는 대통령 취임식 날로 정해져 있었다.

제삼공화국(第三共和國)은 1961년 5·16 군사정변에 의한 군정 아래에서 1962년 12월 17일에 실시된 국민 투표로 공표, 시행된 헌법에 따라 설립한 대한민국의 세 번째 공화헌정 체제를 두고 하는 말이다. 이 헌법에 따라 이듬해 10월 15일에 실시된 제5대 대통령 선거에서 국민이 직접 뽑은 박정희가 대통령에 선출되었고, 1963년 12월 17일 제3공화국이 정식 출범하게 되었다. 제3공화국은 1972년 10월 17일 헌법을 개정하여 유신체제로 전환하면서 끝이 났다.

용국은 다소의 활동비를 지급받고, 오경섭 검거 작전에 돌입했다. 어떻게 하든 17일 이전으로 오경섭 일당을 검거해야 된다. 용국은 한때 권력서열 제2인자였던 이기붕 집으로 거점을 정했다. 이기붕의 집은 4·19단체를 발족시킨 장소이기도 했다. 용국에겐 이중 행동이 필요했다. 용국은 평소에도 개인적으로는 4·19단체와 척을 두고 지내지 않았다. 이 단체와 곧잘 어울리기도 했었다. 그러기에 용국은 이기붕 집에 드나드는 일이 남 보기에 자연스러웠다. 4·19단체의 아지트인 이 집은 4·19단체 유족회가 점거했다. 훗날 이 집이 '4·19혁명도서관'이 되었다. 도서관 설립의 발의자는 용국이었다. 용국에게 도서관 개관사업은 남북한통일을 이룬 것만큼이나 대견스러웠다.

4·19학생운동은 어디까지나 순수했다. 부정부패를 끊어버리자는 구호가 그들 주장의 전부였다. 그리고 이들은 4·19정신을 길이길이 계승하고 싶었다. 그 방법의 하나가 도서관 건립이었다. 용국의 주장이 맞았다. 이 사업은 보훈처가 주무부서가 되어 순탄하게 진척이 되었다. 대통령도 기뻐했다. 정부 문서의 대통령 사인을 보기 위해서 본 서류가 보훈처로 넘어오던 날 그걸 보러 청내 직원이 모였다. 이 사인이 대통령 서명 제1호였다. 독재자의 처소를 뭉개고, 그 터에 4·19의 상징인 기념도서관을 만들자는 제안은 분명 건설적인 발상이었다.

용국은 도서관 집기를 손수 마련했다. 열람대 등속을 주문하러 퇴계로 일대를 뒤졌다. 다행이 전문업체가 있었다. 그분을 이기붕 집으로 모셨다. 현관으로부터 요리조리 꿰맞추어 27개의 열람대를 앉혔다. 하여튼 이렇게라도 발족을 시켜야 했다. 그렇게 발족을 시켜놓고, 아시아재단 레시오 파운데이션에 가서 도서 500권을 기증받아 왔다. 이것이 '4·19혁명기념도서관'의 정초(定礎)였다.

'도둑이 제 발 저리다'고 행동대장 오경섭이 4·19유족회에 나타났다. 거사 모의를 하기 위해서다. 그러나 유족회 핵심간부는 한 사람도 없었다. 서로 연락이 잘못되어 있었다. 용국에겐 다행이었다. 4·19유족회 핵심 간부는 오경섭의 거사에 깊숙이 관여하고 있었다. 거사일이 이틀 앞으로 다가왔다. 어떻게 하든 이틀 동안은 오경섭을 잡고 있어야 된다. 1차적으로는 오경섭이 유족회 거물급과 접촉을 못하게 하는 일이었다. 다음의 임무는 오경섭으로 하여금 대통령 취임식장에 얼씬도 못하게 강제로라도 구금을 해놓는 일이다. 쉬운 일이 아니었다. 자칫 잘못하다가는 용국이 먼저 다친다. 용국이 지금까지는 4·19단체와의 관계를 잘 유지해 왔다. 그런대로 그의 2중 플레이는 성공적이었다.

용국은 활동비라 해서 지원금을 받았다. 쪼개 써야 했다. 오후 시간이 되었는데도 유족회 간부들은 나타나지 않았다. 용국은 속으로 쾌재를 불렀다. 이제 둘이서 시간 보내기가 훨씬 쉬워 진 것이다.

용국은 오경섭을 대포집으로 유인했다. 한옥골목을 지나서 약간 오르다가 우측으로 꺾어지는 모퉁이에 재미나는 이름의 술집이 있었다. 이름이 '옛날네'였다. 안주 값이 비싼 술집이다. 둘은 그 술집으로 들어갔다. 삼선교 가까이에 있는 술집이다. 분위기가 좀 색달랐다. 가운데쯤에 '교자상'이 자리 잡고, 그 가까이로 다리가 민틋한 '막치소반' 몇 개가 대각선으로 놓여 있었다. 용국은 막치소반을 교자상 더 가까이 당겨놓고 앉았다. 아주 두터운 술잔과 막걸리가 담긴 호리병이 나왔다. 두 사람은 호리병의 술을 순식간에 왕창 비웠다. 두 사람은 술병을 비울 때까지 입을 열지 않았다. 술은 자기 술잔에 자기가 부어 마셨다. 이 집의 전통이다. 호리병 목을 잡은 오경섭의 팔뚝에 불끈불끈 솟아있는 힘줄을 용국은 새우 눈으로 훔쳐봤다. 오경섭은 호리병의 목을 움켜질 때마다 쾌감을 느꼈다. 그들에게는 그놈이지, 대통령의 목을 잡고 숨통을 끊어 놓는다는 생각을 하고 있었던 것이다.

"이 손에 어-언 놈이라도 걸리기만 해봐라!"

경섭은 그렇게 악을 한 번 썼다. 용국은 은근히 겁이 났다. 저놈이 내가 계획하고 있는 수작을 짐작하고 있을지 모른다는 생각이 들었다.

"그래 걸리기만 해봐!"

오경섭은 또 한 번 크게 용을 썼다. 아무래도 거사의 계획을 용국이 짐작하고 있음을 눈치채고 있는 듯했다. 순간 용국은 오싹 전신에 소름이 돋았다. 악에 받친 저 패들에게 잘못 걸리는 날에는 매 맞아 죽는다. 용국은 입안이 썼다. 술맛이 달아나 버린다. 용국은 옛날네술집으로 들 때부터 경섭과 나눌 화두를 찾고 있었다. 그러나 무슨 말을 먼저 해야 할지 실마리가 풀리지 않았다. 용국이 작심하고 말했다.

"우리 한 잔 더하자?"

용국이 먼저 운을 뗐다. 이번에는 정식으로 술잔을 주고받았다.

"아! 형님이 먹자는 데야 누가 말릴 수 있나요?"

오경섭은 핀잔 반 칭찬 반으로 이렇게 응수했다.

경섭이 용국을 형이라 칭한 것은 첨이다. 경섭은 용국과 술자리를 여러번 했다. 그러나 취중에서도 용국을 형이라고 부르지 않았다. 그런데 오늘은 경섭의 입에서 형이라는 말이 쉽게 나왔다. 형이란 호칭을 받은 용국은 기분이 좀 떨떨했다. 떨떨하기보다 의구심이 생겼다. 대통령에 앞서 자신이 먼저 암살을 당할 수도 있다는 생각이 들었다.

"우리 오늘 여기서 배가 째지도록 마셔보자-"

"누가 이기나 한 번 맞-떠 봅시다."

용국은 앉은 자세에서 몸을 좌우로 틀어가며 상의를 벗는다. 그러나 경섭은 이를 도와주지 않았다. 그뿐, 경섭은 옷을 벗지 않았다. 되레 옷매무세를 단정히 했다. 지금 경섭의 몸통 어디엔 권총이 박혀있을 터이다. 박 대통령을 없애기 위한 권총이다. 경섭이 권총을 소지하고 있다는 첩보를 용국은 3일 전에 접했다.

"밥통은 정말 문제아야?"

용국은 짐짓 박통을 밥통이라 비하하고, 대통령을 문제아로 내리깠다. 그리고 용국은 경섭의 안색을 살폈다. 호락하게 넘어갈 경섭이가 아니었다. 경섭은 용국의 말에 가타부자 토를 달지 않는다. 대신 경섭은 들고 있던 아주 투박한 술잔을 용국이가 들고 있는 아주 투박한 술잔과 키스를 시켰다. 술잔이 쩡! 하고 울었다. 순간, 술잔을 들고 있는 경섭의 손에서 유난히 긴 손톱이 삐져나왔다. 손톱 밑에는 때가 꼬장꼬장 끼어 있었다.

'저 손톱? 저건 분명 살인 무기다!'

경섭은 끝내 옷을 벗지 않았다. 이쯤의 유도에 넘어갈 경섭이 아니었다.

용국은 속으로 중얼거렸다. 그렇다! 용국의 머리를 스치고 지나가는 무엇이 있었다. 극작가 박조열이 쓴 『오장군의 발톱』이다. 박조열은 함경남도 함주군 태생으로 '지주의 아들'이란 신분 때문에 죽을 고초를 겪은 사람이다. 숨죽여 지내다가 6·25전쟁을 맞았다. 자진 월남하여 12년 동안 군인으로 복무했다. 『오장군의 발톱』은 자신의 전쟁 경험을 바탕으로 쓴 작품이다. 군대와 전쟁의 관계를 부조리로 다룬 작품이다. 이 극작품(劇作品)은 국민정서에 반한다며 정부에서 공연 불가의 판정을 내리기도 했다. 손톱이던 발톱이던 무기로 쓰려면 길이가 저 정도는 길어야 한다. 오경섭의 손톱은 소름이 돋을 정도로 길었다.

"아우님 '오장군의 발톱'이라는 연극을 아시우?"

용국은 도저히 그냥 넘길 수가 없었다. 자기를 두고 경섭이가 형님이라 불렀으니 용국도 경섭에게 아우라는 호칭으로 예우했다. 형님- 아우- 언듯 듣기에 쉬운 것 같으나 그 말의 속에는 가볍지 않은 의미가 분명 담겨 있는 것이었다.

"아! 유식한 형님이야 보셨겠지만. 우리 같은 말자야 금시초문입니다."

경섭의 말끝에는 사사건건 가시가 돋아 있었다. 용국의 말에 쐐기를 박아 두자는 것이다. 용국은 자꾸만 말의 본전을 까먹었다. 말끝에 조심 자를 달아야 했다.

"내가 유식한 게 아니라 부산 제5육군병원에서 백설(흰밥) 먹을 때 읽었던 책이야."

"제목이 재미있네요? 왜 하필 발톱일까요? 손톱이 아니고-"

경섭은 그렇게 말하며 톱니같이 날카롭게 날이 선 자신의 손톱을 만지작 만지작 했다. 그러는 사이 용국의 눈도 경섭의 손톱을 향하고 있었다. 경섭의 손톱은 정말로 흉물스럽게 자라있었다. 거사를 앞두고는 손발톱을 자르지 않는다고 했다. 그걸로 보면 거사 계획이 꽤 오래전부터 치밀하게 짜여졌다는 소리가 된다. 경섭은 용국에게 빼앗긴 시간이 아깝다는 생각이 들기 시작했다. 하기야 서로의 생각이 다르다는 사실이 입증된 마당이니 더 붙어있을 이유가 없어졌다. 용국은 경섭을 회유하여 거사에서 손을 떼라고 경고를 해야 할 마당이고, 경섭은 용국으로 하여금 거사에 가담토록 해야 할 마당이니, 서로의 마당이 달라도 이렇게 다를 수가 없었다. '내가 지금 왜 여기에 앉아 있지!' 경섭은 천정을 한참동안 쳐다보았다.

"후- "

한숨이 나왔다. 시간이 아까웠던 것이다. 경섭이 먼저 일어나고, 용국이 뒤따라 일어났다. 술값을 경섭이가 지불했다. 용국이 한 발 늦은 것이다. 경섭의 어깨를 밀쳐내고라도 술값을 용국이가 냈어야 했다. 용국은 후회막급이었다. 경섭의 행동이 워낙 민첩하여 용국이 그런 찬스를 잡을 수가 없었다. 용국의 처음 계획은 경섭에게 술을 퍼먹여 스스로 녹아떨어지게 만드는 작전이었다. 내일 정오까지 경섭을 잡고 있어야 하거늘, 작전이 삐뚤어지고 말았다. 주머니 사정도 걱정이 되었다.

술집을 빠져나온 둘은 삼선교 가는 길로 방향을 틀었다. 비틀거리는 쪽은 경섭이가 아닌 용국이었다. 스스로 올빼미족인 경섭은 밤이 되면 살맛이 나고, 살맛이 나니 기운도 솟구친다. 촉촉하던 경섭의 눈에서 총기가 돋았다. 저놈도 어지간히 마셨으니 반은 간 놈으로 여겼는데, 그게 아니었다. 이 시간 이후부터의 밤길은 경섭에게 황금 캐기였다. 이리저리 직선으로 뻗은 길 위에는 행인의 숫자가 별로 보이지 않았다. 저쪽 대로변에 전선주 하나가 키다리

농구선수처럼 삐죽이 서 있었다. 그 밑에서 더벅머리를 한 젊은 놈이 오줌을 갈기고 있었다. 삼선교 주변은 경섭이 판치고 놀던 바닥이라, 대문 여는 소리만 듣고도 누구네 집인지 감을 잡을 수 있는 말하자면 경섭은 이 지역의 터줏대감이었다.

"어랍쇼! 저 새끼 어딘 줄 알고 오줌을 갈겨?"

경섭은 화가 났다. 화를 내지 않아도 상관없는 일에 화를 내는 것이다. 그러나 거사를 앞두고 있는 경섭에게 저자의 행동은 이내 개 오줌 싸는 모습으로 바뀌었다.

"형님! 우리 여기서 헤어집시다. 제가 좀 가야 할 곳이 있습니다."

경섭이 단도직입적으로 제안했다. 용국은 답이 궁했다. 이렇게 그냥 보낼 수는 없었다. 없지! 디데이가 내일이다.

"저 새끼 내가 봐도 흉측스럽다. 저 봐라 여자들이 흘깃흘깃 훔쳐보며 지나간다."

용국은 마음에도 없는 말을 내뱉었다. 경섭으로 하여금 시비를 걸게 하고, 닭싸움을 부쳐보자는 심사였다. 경섭은 대꾸도 하지 않았다. 경섭의 속을 긁어 저놈하고 쌈바구를 붙일 요량이었는데 통하지 않았다.

"이봐 젊은이, 한쪽 다리 들라고. 그리고 찔끔 찔끔 흘려. 멍-멍- 짖어!"

이번에는 경섭이 들어 더 자극적인 말을 엮어서 큰 소리로 중얼거렸다. 그러나 경섭이도, 오줌싸개도 대꾸가 없었다. 개오줌싸개를 빌어 사건을 만들어 보자던 용국은 계획을 접었다.

이제 조금만 더 잡아두면 된다. 통금 사이렌 소리가 날 때까지만 유인작전을 쓰자.

"야 이 형도 좀 끼어 줄 수 없냐?"

용국의 혀 꼬부라진 입에서 밑도끝도 없는 말이 새어 나왔다.

"그쪽은 파출소야. 하룻밤 감옥살이할 터?"

용국은 경섭을 삼선여관 있는 쪽으로 유인했다. 통금에 걸려 파출소에 잡혀 들어가면 몸수색을 당한다. 까딱 잘못했다간 용국도 데모 주동자가 된다. 권총소지 전과자란 큰 딱지가 붙으면 인생 끝이다. 권총 불법 소지자, 이건 사상범이나 하는 짓이다. 바로 깜방행이다. 용국은 방부터 하나 잡아놓을 생각을 했다. 경섭이 권총소지자가 아니면 파출소가 차라리 편하다. 거기 들어가면 내일 아침 통금해제시간까지는 안심이다. 그런데 이상했다. 아무리 눈여겨봐도 경섭의 몸에 권총 달려 있는 티가 나지 않았다. 이게 무슨 라이터도 아닌데, 경섭이 권총을 소지했다는 첩보가 오보일 수도 있었다. 그렇다면 파출소를 두려워할 이유가 없는 것이다.

돈암동 전차 종점 조금 못 미쳐 오른쪽에 시장이 하나 있다. 시장통으로 들어섰다. 3갈래 길목을 막 지나고 있는데, 키가 훤칠한 어떤 놈이 시부적 시부적 용국 가까이로 다가왔다. 용국은 대뜸 경섭과 뜻이 통하는 놈이라 생각했다. 경섭의 동지가 아니고선 이 시각 이런 장소에 저런 행장으로 나타날 놈이 없는 터이다. 더구나 대통령 취임식 전날이라 보안 경계가 살벌한 시간대다. 한데 키 큰 놈은 용국을 경계하는 눈치가 보이지 않았다. 어떻든 용국은 저놈을 이용하기로 마음먹었다. 서로 등을 스치고 지나가는 찬스가 좋을 것 같았다. 키 큰 놈은 용국의 계획대로 움직이고 있었다.

됐다. 용국은 들고 있던 지팡이로 놈의 어깻죽지를 내리쳤다.

"억!"

놈은 외마디 소리를 지르며, 비틀했다. 그리곤 그만이었다.

"이 새끼!"

그렇지, 덩치 큰 놈이 버럭 소리를 질렀다. 그리고 용국의 멱살을 잡고 흔들었다. 용국은 피식 힘없이 쓰러졌다. 기세로 보아 저 놈이 만판 용국을 그냥 목 졸라 죽일 것 같았다. 졸지에 일어난 일이라 경섭은 당황스러웠다. 다음 순간, 키 큰 놈의 주먹이 번쩍 빛을 내며 용국의 가슴팍으로 날아들었다. 경섭이 비호같이 몸을 날려 키 큰 놈의 주먹을 막았다. 이것으로 싸움은 끝이 났다. 키 큰 놈이 비실비실 뒤로 물러서더니 오던 길을 되짚어 달아났다. 그 뒤를 경섭이 따라붙었다. 모든 것이 찰라적이었다. '닭 좇던 개 지붕 쳐다보기'로 용국은 어! 어! 하다가 경섭을 놓쳐버렸다. 결국 용국의 계획은 빗나갔다. 짐짓 시비를 걸어 파출소행을 시도했던 수작이 헛되고 말았다. 매를 맞은 놈도 쌈을 말리던 놈도 귀신같이 사라져 버렸다. 용국에게도 집히는 게 있었다. 용국은 순간의 분위기를 다시 차근차근 챙겨본다. 분명 한 편의 신파극 같은 장면이었다. 용국이 분신처럼 아끼는 지팡이로 죄없는 사람을 내리친 것도 그렇고, 사정없이 얻어터진 키 큰 놈이 어깻죽지를 스스로 마사지하며 비실비실 물러선 것도 그렇고, 경섭이가 취한 어정쩡한 태도가 또한 그렇고……. 모두가 비정상적이었다.

키 큰 놈이 잽싸게 몸을 피한 곳은 일본식으로 지어진 2층 가옥이었다. 가옥의 키 높이 허리쯤에 '경향신문 ○○지국'이란 간판이 붙어 있었다. 2층으로 오르는 나무판 계단은 넓고 아주 가팔랐다. 불은 2층에만 밝혀져 있었다. 2층 방의 구조는 사방이 유리판 벽이고, 커튼이 드리워져 있었다. 마치 흑백영화의 무슨 촬영장소 같았다. 사람들의 그림자가 이리저리 뒤섞이면서 움직이는 게 밖에서 보였다. 이 시간 무엇을 하는 놈들일까? 움직임에 질서가 없었고, 행동이 빠른 것으로 보아 장난치는 상황은 아닌 듯싶었다. 분명 저 속에 경섭이 끼어 있을 터이다. 용국은 계단을 쳐다보며 '후유-' 한숨을 쉬었다. 올라갈 수도 포기할 수도 없는 상황이었다. 진퇴양난이란 이를 두고 하는 말인가. 잘못하면 목숨을 잃을 수도 있는 험악한 분위기였다. 용국은 지팡이를 던져버리고, 계단 좌우의 손잡이를 잡았다. 힘들었다. 몸이 부들부들 떨렸다. 보통체격이 넘는 등치에 살비듬이 좋은 용국은 무게가 많이 나갔다. 2층에서 눈치를 채기 전에 올라가야 된다. 만약 2층에서 의도적으로 와락 밀고 내려 온다면 용국은 가차 없이 그 자리에서 압사 당한다.

젖 먹던 힘을 다하여 계단의 절반쯤을 올랐다. 이제 힘이 부쳐 더 올라갈 수가 없었다.

"경섭이 올라갔죠?"

용국의 등에 대고, 누군가 심문을 하듯 내쏘았다. 용국은 주춤했다. 뒤이어 일단의 패거리가 현관으로 들어섰다. 숫자가 많았다.

용국은 '예-', '아니요' 중 택일을 해야 한다. 어느 패일까? 우물쭈물! 패착을 놓았다가는 그냥 가는 수가 있는 상황이었다. 패를 본다. 4·19유족회에서 느낀 분위기로는 경섭에게 적이 많았다.

까딱 잘못했다간 경섭이가 죽는 꼴을 당한다. 아니 자기가 먼저 죽을 수도 있었다. 대통령의 목을 차지하겠다는 단체가 하나만이 아니었다. 용국은 우물쭈물 답을 못했다. 패거리들이 용국을 빙 둘러쌌다.

"묻지 말고 올라가 보면 알거 아니요?"

용국은 그렇게 모면했다. '예'도 아니고, '아니오'도 아닌 답이었다. 어려움에 대처하는 방법이다. 누구에게 배운 바도 아니다. 순발력이었다.

"야! 올라가! 올라가!"

패거리들은 서로 궁둥이를 이마로 치받으며 계단으로 올라갔다. 용국도 뒤따라 올라갔다. 그런데 이상하다. 조금 전 용국에게 지팡이로 두들겨 맞던 키다리가 몰매를 맞고 있었다. 매를 맞고 죽사발이 된 키다리는 결국 쓰러졌다. 놈이 쓰러지자 패거리들은 이어서 경섭을 공격하기 시작했다. 만판 맨주먹으로 때려잡을 기세였다. 용국은 난감했다. 그렇다고 싸움을 말리고 나설 정황이 아니었다. 경섭의 윗옷이 반쯤 찢어진 채 벗겨졌다. 아! 그런데 털이 시커멓게 뭉쳐있는 왼쪽 겨드랑에 권총이 붙어 있었다. 경섭이 곁에서 발길질을 하던 나이 젊은 어떤 놈이 비호같이 달려들어 권총을 빼앗았다. 용국은 눈을 의심했다. 권총이 맞다. '웬 체스터 투어니 원' 웬 체스터 21 권총이었다. 총신까지 하얀색을 지닌 작은 권총이 나왔다. 용국이 보기에 모양이 아주 예뻤다. 경섭이 내일이면 저 권총을 들고 대통령 박정희를 겨눌 것이다.

권총을 탈취한 일당은 계단을 쏜살같이 내려가 밖으로 나갔다.

아까부터 저쪽 구석에서 쪼그리고 앉아 벌벌 떨던 잔심부름꾼 쑈리도 뒤따라 나갔다. 눈치 빠른 용국은 귀엣말로, 경섭을 나가자고 했다. 빠져나간 쑈리가 필경 파출소에 가서 일러바칠 것이다. 2층에서 내려온 용국은 통금 시간이라 멀리 갈 수가 없었다.

저-어 쪽으로 여관 간판이 보였다. 그 여관으로 들어갔다. 일행은 셋이었다. 한 놈은 오야붕이고, 또 한 놈은 경섭이고, 그리고 용국이었다. 문간방이 비어서 그리로 들었다. 협소하고 보잘 것 없는 하류여관이었다. 이 방 저 방에 든 손님이 많았다. 통금 시간에 쫓기어 여관 신세를 지고 있는 취중의 젊은이도 몇 사람 있었다. 용국은 코트를 벗어 옷걸이에 걸었다. 윗옷도 벗었다. 바지는 벗지 않았다. 방은 작았고, 세 사람 모두는 덩치가 컸다. 새우잠을 자야했다. 사방이 코고는 소리다. 어쨌거나 용국의 작전은 계획대로 진행되어 갔다. 우이동에 있는 4·19기념탑이 거사 모의 장소로 잡혀 있는 것까지 용국은 알고 있었다. 경섭은 날이 밝으면 탑 아래로 가야 한다. 세 놈이 모여 최종 점검을 하기로 되어 있었다. 한데 권총을 탈취당했으니 거사는 애초부터 틀어진 것이 아닌가. 아니지, 권총의 소지자가 경섭이 말고 또 있을 수 있었다. 그러나 지금까지 용국에게 보고된 첩보는 권총 소지자가 경섭이 뿐이었다. 제2, 제3의 작전계획이 세워져 있지 않는 한 내일의 거사는 물 건너간다. 그렇더라도 아직 안심할 수 있는 단계는 아니었다. 작전계획이 여기서 끝날 리가 없었다. 경섭이 누구로부터 제2의 권총을 넘겨받는 일은 그리 어렵지 않았다.

손바닥 만한 문간방에서 세 놈은 새끼강아지마냥 서로 얼굴을 파묻고 잠을 청했다. 잠이 오지 않는다. 권총을 빼앗아 간 놈들의 신분이 궁금했다. 생각할수록 풀리지 않는 수수께끼였다. 권총 탈취범이 형사는 아닌 듯했다. 어쩌면 경섭이 보다 대통령 박정희에 대하여 더 증오하고 있는 반골집단인지 모른다. 경섭이 나대는 꼴이 아무래도 믿음이 가지 않았고, 용국의 행동에서 낌새를 느낀 모양이다. 독립된 또 하나의 집단이 분명했다. 경섭을 접어 두고, 직접 거사를 하겠다는 다른 무리의 짓이 틀림없었다. 형사였다면 당연히 경섭을 그 자리에서 채포했을 것이다.

어디서 개 짖는 소리가 들렸다. 통행금지 위반자를 또 잡아들이는 모양이다. 개 짖는 소리는 여러 곳에서 났다. 분위기가 이상하게 돌아가는 것 같았다.

그때였다.

"드르륵!"

대문 열리는 소리가 났다. 몸집 큰 경찰관이 들이닥쳤다. 경찰관은 중문을 열고 안으로 들어갔다. 용국은 귀를 곤두세웠다. 경찰관은 주머니에서 사진 몇 장을 꺼내더니 주인아주머니의 눈 가까이에 들이대고, 뭐라고, 뭐라고 중얼거렸다. 이런 사람 여관에 들지 않았느냐고 물어보는 모양이다. 그러더니 휙 나가버린다. 이들은 경섭 일당을 잡으러 다니는 경찰관들이었다. 용국은 속으로 코웃음이 나왔다. 대한민국 경찰관들의 뒷모습을 보는 듯했다. 한심했다. 임검을 저런 식으로 해서 잡힐 범인도 있을까 싶었다. '내가 첩자라도 저런 경찰관에게는 잡히지 않겠다.' 경섭도 속으로 그렇게 생각했다. '자 - 저놈들이 왔다가 갔으니까 이제 마음 놓고 잠이나 좀 자자.' 용국은 잠을 다시 청했다. 그런데 곧이어 인기척이 들렸다.

"드르륵!"

대문 열리는 소리가 조금 전보다 더 크고 날카로웠다. 조금 전에 임검 왔던 경찰관이 다시 들이닥쳤다. 경찰관들은 중문을 열고 안으로 들어가지 않고, 경섭 일행이 묵고 있는 문간방을 둘러쌌다. 경찰관들은 모두가 권총을 손에 들고 있었다. 용국은 직감적으로 경섭을 의식했다. 경찰관들은 1차 임검 때 필요한 기초자료를 모두 얻어서 돌아갔다. 경찰관들이 인상착의로 확인한 결론은 문간방에 든 3인 중에 경섭이 끼어 있었다는 것이다. 방문이 드르륵 열렸다. 늑대같은 놈들이 이불을 덮고 누워 있었다. 고참 경찰관들의 행동은 날렵했다. 3명의 경찰관은 비호처럼 달려들어 탁! 탁! 탁! 수갑을 채웠다.

"야! 야! 어떤 놈이야? 권총 내놔!"

그 사이 경찰관 한 명이 이불을 한쪽으로 걷어치웠다. 그리고 옷걸이에 걸려 있는 상의를 뒤졌다. 용국의 신분증이 나왔다. 내용이 거창했다. '국가보훈처 군사원호청' 신분이 나왔다.

"이거 어느 새끼 거야?"

잔뜩 위축이 된 용국이 더듬더듬 말했다.

"예 저에 것입니다."

"신분증 위조에 공무원 사칭까지?"

"아- 아닙니다. 정식 공무원입니다."

용국은 좀 큰 소리로 대꾸했다. 그러나 소용없었다. 결국 세 사람은 북어가 엮기 듯 포승줄에 묶인 채 파출소로 끌려갔다. 그게 삼선파출소였다. 조금 전 2층 다락방에서 대판 격투가 벌어졌을 때 방 모퉁이에 쪼그리고 앉아서 발발 떨던 심부름꾼 쐬리놈도 와 있었다. 용국은 기가 찼다. 용국은 저들 두 놈과 같이 묶어 두지 않아도 도망갈 수 없는 몸이다. 게다가 공무원임을 증명할 수 있는 신분증도 소지하고 있었다. 포승에 묶인 채 뒤틀린 자세로 앉아 있던 용국은 하체에 쥐가 올랐다. 너무 참기 어려웠다.

"나는 도망갈 수 없는 몸이니, 좀 풀어주시요!"

"잔소리 마 이 새끼야! 할 이야기 있으면 본서에 가서 이야기 해!"

여태까지 고분고분하던 용국은 화가 났다. 모두가 잘하자고 하는 일인데, 이건 너무 하는구나 싶었다. 경찰공무원이든 원호청공무원이든 공무원 신분은 같다. 그런데 신분증을 확인하고도 배려가 없었다.

"나 화장실 좀 가야겠습니다."

용국은 몸을 비꼬았다. 나이 제일로 어려 보이는 경찰관이 턱으로 화장실 있는 쪽을 가리켰다. 여지없이 세 사람이 행동을 같이 해야 한다. 서서 보는 변기가 하나뿐이다. 세 사람은 교대로 배설했다. 액체를 쏟아 낸 세 사람은 자리로 돌아와 의자에 앉는다. 경찰관 한 명이 용국의 앞으로 가까이 왔다.

"본서로 이관하라는 명령입니다. 미안하지만 같이 가야겠습니다."

세 사람은 경찰관의 호위를 받으며 본서로 갔다. 성북경찰서였다. 용국은 본서에 가서야 포승에서 풀려날 수가 있었다.

서 정보과장은 포승에서 풀려난 용국을 자기 집무실로 불렀다.

"경섭이 소지하고 다니는 권총 이름이 뭐요?"

용국은 우물쭈물 더듬거렸다.

서 정보과장은 오른쪽에 3층으로 되어있는 서랍 중 제일 아랫것을 열고 안쪽으로 손을 찔러 넣어서 권총을 꺼냈다. 하얀 권총이 전등불에 반사되어 반짝! 빛이 났다. 맞다. 웬 체스터 투어니원이었다. 이렇게 해서 수수께끼 하나는 풀렸다. 본서 사복경찰관들이 경섭으로부터 빼앗아 온 권총이었다.

포승에서 풀려난 용국은 양쪽의 빗장뼈에 힘을 잔뜩 주고, 몸을 좌우로 몇 번 틀었다. 그리고는 쭈뼛 쭈뼛 어색한 몸짓을 하며 경섭의 곁을 지켰다. 왁자지껄한 길이 소란스러워지더니 또 한 패가 끌려 들어왔다. 용국은 이 순간을 틈타 경섭의 귀에 대고 가만가만 얘기했다.

"야- 내가 이제 공무집행 중이다. 하는 걸로 해가지고 나부터 나가 가지고 너희들을 빼놓을 테니 너들은 그대로 아무 소리 말고 순응하고 있어."

경섭은 눈으로 대답했다. 일은 잘되어 가고 있는 듯했다. 현행범으로 수갑에 묶였으니 둘은 미주알고주알 조사를 받아야 된다. 경섭은 자정 가까이 조사를 받았다. 용국은 그 주변을 서성거렸다. 결국 용국은 뜬눈으로 밤을 지새웠다. 밤을 12번 지새워도 좋은 밤이다. 거사 일만 넘기면 된다.

아직 새벽이라 이름 짓기는 이른 시간이다. 웅성대는 소리가 어둠을 비집고 들려왔다. 4·19행동패들이 데모하듯 경찰서로 몰려들었다. 용국은 잔뜩 위축된 얼굴로 이들을 맞이했다. 경찰로 하여금 경섭이 소지한 권총 탈취를 도왔다는 사실이 알려지면 용국은 이 자리에서 걸어 나가지 못한다.

"형님 어떻게 된 겁니까?"

행동 조장 경필이가 반은 억압하는 투로 나왔다.

"가만 있어 - 내 감사실에 다녀올 테니"

"거긴 왜요?"

"왜요라니? 실장 만나서 할 얘기가 있어!"

용국도 튕겼다. 까딱 수틀리면 뒤집어쓸 판이다. 용국은 택시를 타고 부리나케 정동에 있는 감사실장에게 달려갔다. 이 정황에 대한 사실을 이미 감사실장은 중간보고를 받고 있었다. 감사실장은 기분이 좋을 수밖에 없었다. 그야말로 대단한 일을 용국이 해낸 것이다. 감사실장은 용국이가 도착할 시간에 맞추어 출입문 쪽으로 나와 있었다. 저쪽으로 용국의 모습이 보였다. 감사실장은 달려가서 용국을 끌어안았다.

"역시 김 동지는 다른 면이 있단 말이요!"

감사실장의 눈에 눈물이 가득 고였다. 용국은 감동했다. 고생을 진정으로 알아주는 사람이 있구나 싶었다. 경섭이 탈취당한 거사용 웬 체스터 투어니 원도 함께 감사실장이 영치하고 있었다. 용국은 한참 뒤에야 그 사실을 알았다. 오야붕끼리는 서로 통하고 있었다는 소리다. 용국은 서로가 살기 위해서는 적이 없어야 한다는 이치를 배웠다. 남조선 사회의 권력 구조가 그러했다. 그러니 경섭이 소지하고 있던 권총 '웬 체스터 투어니 원'의 동선도 감사실장은 이미 파악하고 있었다는 해석이다. 그걸 눈치 못 채고, 죽자 살자 경섭을 잡아 놓겠다고 따라 다니다니! 용국은 하늘을 쳐다보며 바보처럼 히죽 웃었다.

용국은 오천석 감사실장에게 간밤에 있었던 사항을 소상히 전해주고 다시 경찰서로 돌아갔다. 그사이 새로운 소식이 하나 더 불어나 있었다. 경섭의 부인이 해산을 위해 이화여대 부속병원에 입원해 있다고 했다. 난감했다. 용국은 곧바로 병원으로 발길을 돌렸다. 남편이 두 손을 꼭 잡아주어야 출산이 쉽다는 말이 있다. 입원비용은 또 어떻게 구하지? 용국은 경섭을 최대한 빨리 찾아서 같이 오겠다고, 거짓말 약속을 남긴 채 병원 문을 나섰다. 다른 무슨 할 말이 없었다. 그리고 재차 경찰서로 갔다. 험상궂은 얼굴에 몸집이 큰 처음 보는 어깨들이 눈알을 부라리며 용국을 둘러쌌다. 분위기가 좀 험악했다. '경섭이와 더불어 거사꾼들인가?' 그렇게 보이지는 않았다. 만약 이내들이 경섭과 더불어 행동대원이라면 용국은 이 자리에서 인생 끝이다. 용국이 거사의 방해자로 되어있기 때문이다. 대통령 시해 작전은 경섭이 독단으로 계획하고 있는 것으로 용국은 알고 있는 터이다.

"형님! 너무 걱정마세요. 저희가 윗선에 부탁을 넣었습니다. 곧 풀어준다고 했습니다."

용국은 할 말이 없었다. 알고 봤더니 이들은 소위 말하는 형사들의 앞잡이였다. 용국은 통 몰라보겠는데, 저들은 용국을 잘 알고 있는 듯했다. 경섭과는 어떤 관계인지 짐작이 갔다. 아니다. 너무 일찍 풀어주면 나무아미타불이 된다. 최소한 3일은 잡아두어야 한다. 그렇다고 2주고 3주고 묶어 두었다간 용국이 지레죽는다. 용국은 담당 형사실로 들어갔다. 구류 3,4일이면 좋겠다고 했다.

"10일간으로 때렸습니다."

담당 형사가 용국을 똑바로 쳐다보며 말했다.

"아휴-"

용국은 자기도 모르게 한숨이 나왔다. 저자가 10일 구류살고 나오면 또 얼마나 볶아댈까! 개지랄개지랄 할 것이 뻔했다. 용국은 다음날부터 성북경찰서에 출근을 하다시피 했다. 사식도 넣어주고, 면회도 자주 신청했다. 구류 둘째 날이었다. 산기가 있어 이화여자대학부속병원에 입원해 있다는 사실을 경섭에게 알렸다. 경섭은 용국의 말이 채 끝나기도 전에 두 눈에서 눈물을 주루룩 쏟아냈다. 경섭은 구류 3일째가 되는 날 특별사면으로 나왔다. 병원에 입원해 있는 아내를 위해서 온정을 베풀어 준 것이다. 경섭은 이제 권총 소지자라는 딱지가 붙어서 운신의 폭이 좁아졌다. 이 사실은 밖에 알려지지 않는 게 좋았다. 이렇게 하여 경섭의 거사는 실패로 끝이 났다. 문제는 이 일로 해서 용국의 이중 행각이 탄로났다는 점이다. 용국 역시 용공 분자로 낙인이 찍힐 판이다.

용국의 변신

용국은 이제 4·19단체와 인연을 끊어야 했다. 실로 부정과 불의에 날을 세웠던 용국은 그간 4·19라는 단체가 있어서 몸을 녹일 수가 있었다. 4·19단체라는 기댈 곳이 있었기에 쌓여오는 억하심정(抑何心情)을 털어놓을 수가 있었다. 아니 4·19와 같은 단체가 있다는 그 자체가 용국에겐 그게 카타르시스였다.

4·19의거는 대통령 이승만이 자초한 한 판 저주의 굿판이었다. 그는 12년이란 긴 세월 동안 권좌에 앉아서 국정을 운영했다. 백 가지를 잘했다고 칭송을 하다가도 6·25남침전쟁을 사전에 막지 못한 우둔함에 이르면 저주가 앞선다. 이기붕에게 부통령 자리를 만들어 주려고 한 욕심에 대한 평가는 저- 만큼에 밀려 있다. 90% 찬성이란 투표 결과를 획책하여, 거기에 맞추어 득표하고 개표하고 했으니, 국민의 불만이 터진 것은 당연한 귀결이었다.

부정의 어떤 실상을 까발린다.

어느 소 읍촌의 경우다. 투개표 본부를 초등학교 교무실로 지정했다. 교직원의 책상을 4개씩 모아놓고, 조를 만들어 둘러앉았다. 그리고 투표함을 뜯어서 투표용지를 책상 위에 수북하게 쌓았다. 모두들 잔뜩 긴장된 얼굴을 하고 검표 조장의 지시를 기다렸다.

그 시간 이상한 사람이 교무실에 나타났다. 그는 조금 상기된 얼굴로 교환을 불렀다. 교환원의 손을 거쳐야 연락이 가능하던 시절이다.

"○○입니다. 90%로 할까요? 95%로 할까요?"

수화기를 든 이상한 사람이 하는 말이다.

개표원들은 어안이 벙벙했다. 아직 작업이 시작도 되지 않은 상태이다. 저쪽에서 무슨 지시를 하는 모양이었다.

"예 - 알았습니다. 그렇게 하겠습니다."

보고는 이렇게 끝이 났다.

아마도 상당히 높은 곳에 보고를 하는 것 같았다. 개표원들은 그저 표를 모아서 차곡차곡 간추리고 그리고 같은 이름자끼리 짝지어 모았다. 사실상 이미 찬반 득표 수치가 보고된 터라 개표의 수치에는 의미가 없었다.

이렇게 무모한 짓으로 자유당은 자당의 이기붕을 부통령으로 만들었다. 이것이 1960년 3월 15일 정·부통령선거의 모습이었다. 자유당 후보의 득표율이 95~99%에 이르렀다. 이승만 963만 표(85%), 이기붕 833만 표(73%)를 얻었다. 선거의 최종 공식 발표였다.

용국이 이승만 대통령에 대하여 호감을 가질 수 없는 더 큰 이유는 이것 말고 다른 데 있었다. 이승만 대통령이 6·25남침전쟁의 원인 제공자라는 주장이다. 남침을 위하여 끼니를 굶어가며 전투병을 양성하는 평양의 광기를 외면한 채 청치놀음만 한 정치 대통령 이승만이 저주스럽다는 것이다.

전술한 바와 같이 '몽금포작전'명이라고 하였다. 북조선은 이를 두고, 남조선의 북침 전초전이라며 국민을 선동했다. 그리고 전격적으로 남침을 감행한 것이다. 이것이 전무후무한 민족상잔 6·25남침전쟁이다. 북조선의 모든 백성들은 지금도 이 사건을 기정사실로 받아들여 6·25를 북침이라 우긴다. 대한민국의 좌파도 이에 짝짝궁으로 한편이다. 북침에 대한 반격작전이라고 선전한다. 그리고 이럴 평화전쟁이라 이름 짓는다. 이들에게 박정희는 철천지 원수지간이다. 용국의 견해는 조금 달랐다. 박정희는 애국자였고, 국가

번영의 영웅이었다. 북한 땅에는 지금도 아사자가 끊이지 않는다.

사관(史觀)이란 참으로 묘한 것이어서 같은 내용을 두고서도 그 해석의 차이는 하늘과 땅 차이다. 4·19의거를 두고, 이는 비합헌적인 방법으로 헌정체제의 변혁과 정권교체를 결과하였기 때문에 초기에는 일반적으로 혁명(革命)으로 규정하여 이를 4월혁명, 4·19혁명, 4·19학생혁명, 또는 4·19민주혁명 등으로 불렸으나 5·16군사정변 이후 이를 의거(義擧)로 규정하여 일반화되었다가 문민정부가 들어서면서 혁명으로 환원되었다. 이것을 두고 언어학자의 주변에선 부정적으로 보는 시각이 지배적이다. 사안의 진단은 결과를 두고 예단하는 것이 아닌, 목적 그 자체에 근거한 결론의 도출이 순수한 학문적 접근이라는 것이 지식 사회의 견해다. 이 또한 용국의 평소 주장이기도 했다.

이와 유사한 일련의 국민운동이 있었다. 동학운동이 그것이다. 동학운동은 대주주(大株主) 동학이 앞장선 순수한 농민운동이었다. 동학(東學)은 경주의 몰락한 양반인 최제우가 민간 신앙과 유교·불교·도교를 융합하여 창시한 새로운 종교이다. 동학은 인내천(人乃天) 사상을 특징으로 한다. 사람이 곧 하늘이라는 뜻이다. 모든 사람은 하늘처럼 떠받들어질 귀중한 존재라는 것이다. 동학농민운동은 동학창시 34년 후인 1894년에 일어난 동학 지도자들과 동학교도 및 농민들에 의해 일어난 민중의 무장봉기를 가리킨다. 동학은 어지러운 정치와 타락한 사회를 바로잡고, 어렵게 살고 있는 민중들의 생활을 구제하려는 반봉건 운동임과 동시에 서양 세력의 침략으로부터 나라를 구하고 백성을 편안하게 하기 위한 반외세 운동의 성격을 가진 종교였다. 동학난의 명칭도 4·19 의거만큼이나 다양하다. 초기에는 '동학난', '동비의난'으로 불리다가 1910년 대한제국 멸망 이후 '농민운동', '농민혁명'으로 격상되었다. '동학농민혁명(東學農民革命)', 갑오년에 일어났다고 하여 '갑오농민운동', '갑오농민전쟁(甲午農民戰爭)'이라고도 한다. 동학 농민군을 진압하기 위해 민씨 정권에서는 청나라군과 일본군을 번갈아 끌어들여 결국, 농민운동 진압 후 청일전쟁의 직접적인 원인을 제공하기도 하였다. 동악운동의 명칭도 목적 그 자체에 근거한 결론의 도출이 순수한 학문적 접근이 될 것이다. 그런데 유독 이 순수한 운동을 굳이 '혁명'이라 부르는 집단이 있다. 용국은 이 사관에 승복할 수 없었다. 이는 용국이 남한 사회에 점차 회의를 느끼는 한 요소로 작용했다. 사관이 통일되지 못한 나라는 수명이 짧을 수밖에 없다. 이는 마치 불화가 잦은 가정은 폐가가 되는 이치와 같은 것이다. 남한이라는 나라는 아무리 보아도 콩가루 집안 같았다. 여당과 야당의 정치 이념을 보면 그렇게 보인다. 어느 당이 해가 동쪽에서 뜬다고 말하면 반대당은 서쪽에서 뜬다고 우긴다. 이러고도 한 국가가 유지되고 있는 걸 보면 이상했다. 북한식 의식구조에서 보면 더더욱 그렇다. 용국은 대한민국의 사직(社稷)을 두고 사상누각이라 여긴다. 사상누각은 외부 충격에 약하다. 용국은 북조선의 백두혈통 신봉사상이 이남의 민주사상에 뒤지지 않는다는 철학을 갖고 있었다. 그는 대한민국은 건국 정초(定礎)부터 문제를 안고 있다고 보는 터였다.

용국은 4·19 몸통과 인연을 끊기로 결심했다. 그네들을 설득시키기 어려워서가 아니라 남조선의 정치풍토 자체에 거부감이 갔다.

용국은 감사실장에게 이렇게 간청했다.

"이제 4·19단체와 손을 좀 끊어야겠습니다."

뜻밖의 제안에 감사실장은 적이 놀란 표정을 지었다.

"그게 무슨 말씀이요?"

"그네들과 오래 상종했다가는 명을 못 지킬 것 같은 느낌이 듭니다."

사실 감사실장도 용국의 느낌과 다를 바 없었다.

"후- 유-"

실장의 마음도 답답했다. 실장은 내쉰 날숨을 들숨으로 바꾸지도 못한 채 천정을 바라다보았다. 그리고 천천히 입을 열었다.

"어느 부서로 가고 싶소?"

"전에 근무했던 의료보험과로 가고 싶습니다."

"보험과로 가야할 이유라도 있는가?"

"거기서 근무하다가 일선에 한 번 나가고 싶습니다."

"그거야 어렵지 않지."

"그런데 실장님 청이 하나 있습니다."

용국은 작심하고 속내를 내비쳤다. 그러나 막상 그렇게 운자를 떼었으나 더 이상 입이 열려지지 않았다. 용국은 손바닥을 서로 맞대고 비손을 하듯 살살 문질렀다.

"말해 보시오."

감사실장도 무언가 집히는 게 있었다.

용국은 꿀꺽! 하고 침을 목구멍으로 넘겼다. 얼마간의 용기가 필요했다.

"실장님 저 사무관 승진 케이스에 끼워주실 수 없습니까? 같이 입사한 동지들은 모두 사무관 자리에 올랐습니다."

"그건 내 소관이 아닌데…."

그 당당하던 실장도 이 부탁에는 풀이 죽었다.

"실장님 저 주사 진급한 지 10년 넘었습니다."

가타부타 말이 없던 실장은 의자를 뒤로 밀치고 일어났다. 두 손을 뒤로 포개어 잡고 빙빙 돌다가 캐비닛[內閣] 앞으로 다가섰다. 캐비닛 손잡이엔 주렁주렁 열쇠 꾸러미가 걸려 있었다. 실장은 그중 하나를 골라서 캐비닛 구멍에 찔러 넣었다. 캐비닛 문이 철커덕 열렸다. 아래위 칸에 빼곡히 서류가 쌓여 있었다. 용국은 숨을 죽인 채 곁눈질로 실장의 거동을 살폈다. 실장은 이것저것 뒤지더니 '인사철'이라고 표제가 붙어 있는 두툼한 대외비 철을 꺼냈다. 실장은 용국의 인사기록을 확인했다. 사무관 서열의 꼴찌에 용국의 이름이 끼어있었다. 꼴찌의 서열은 사무관 승진이 불가능하다는 표시다. 간혹 사무관 서열에 들지 못한 경우일지라도 빽이 있으면 앞 서열을 누르고 먼저 진급이 되던 시절이다. 그러나 꼴지 서열이 선두를 치고 나가기는 불가능했다.

용국의 인사기록을 찬찬히 뜯어보던 실장이 무겁게 입을 열었다.

"귀관은 우리 남한에 와서 그간 고생 많았소. 좋은 일도 많이 하고. 몸도 성치 못한데, 어려운 일만 시켜서 미안하오. 내 명심하겠소이다."

실장은 진정어린 소회를 말하며, 두 손으로 용국의 손을 잡았다. 용국의 두 눈에서 주룩 눈물이 쏟아져 내렸다. 성진역전 눈발 속에서 손을 흔들고 서 계시던 어머니의 모습이 환상되었다. 쌍용역 플랫폼에서 남조선 땅에 닿으면 벙어리로 살라던 아버지의 유훈이 귓속에서 쟁쟁 울었다.

"실장님 고맙습니다."

용국은 코가 땅에 닿도록 허리를 굽혀 인사를 했다. 상사로부터 이런 칭찬은 처음 받아본다. 고맙고 황송했다. 늘 삼팔따라지 신세로 살아오면서, 조국의 통일을 열망하던 용국이 이렇게 기분 좋은 날도 있었다. 그간 용국의 추천으로 사무관 된 동료가 여럿이다.

"내가 주사 진급을 한 것이 내일 모래면 10년이 된다. 주사 진급해가지고 지금 여태 내 후배들도 나 추천 받아가지고 떵떵거린다. 내가 부족한 게 뭣이냐? 사무관이 되는데 나 완전히 거세당했다. 성적, 내가 무슨 일을 잘못해 가지고 그러냐?"

이렇듯 혼자 구토하듯 넋두리를 해 보지만 들어줄 사람이 아무도 없었다. 용국에겐 큰 핸디캡이 2가지나 있었다. 고향이 이북이라는 것, 이북의 학력은 인정받을 수 없다는 것이 그것이었다. 사실 용국이 공무원이 된 이후에도 진학을 권하는 동료들이 있었다. 대졸자는 승진점수에서 5점이 가산된다. 이 점수는 엄청나게 크다. 1, 2점 차로 떨어지고 붙고 하는 게 사정 고가표이다.

"가산점 5! 이게 엄청난 차입니다. 이 5점이라 하는 차이가, 전부다 0점 얼마 뭐 차인데, 이 5점이라 하면 이거 엄청난 차이고. 아하! 그래서 이제 똥통 대학이라도 대학 졸업장을 만드느라고 모두 그렇게 애썼구나. 소위 이거였구나! 이걸 몰랐지요. 대구에서 제대할 때는 그 청구대학이나 대구대학 같은 경우 4·19 때는 들어오십시오. 들어오십시오. 했잖아요. 그때 내가 이 꼴 해가지고 대학 다니면 뭐하냐고 그래서 체념한 상태였었는데, 내 뒤에 들어와 가지고서 다 사무관 되었더구먼. 그렇게 하다가 10년을 넘기고서야 사무관 승진 후보명단에 끼워 넣기에 아! 이제 시켜줄려는 가부다 했더니, 그것도 예비후보 케이스라. 이 케이스는 정식 추천을 받은 사람이 포기했을 때 그 자리에 빵꾸가 났을 때 메우는 순서로 선정된 후보입니다. 그 자리에서 그냥 찢어버리고 말았어요."

상해자의 몸으로 공무원 된 것만도 고마운 일로 여기며 뼈 빠지게 봉사해온 용국이 이따금 심통이 나면 참기가 어려웠다.

용국은 괜히 실장님에게 부담만 주는 것 같아서 되레 미안했다. 나중에 알고 봤더니 사무관 승진에서 번번이 밀린 것은 단순히 이북 출신이라는 이력 때문이었다. 남조선에 내려가면 입을 봉하고 살라던 아버지의 속마음을 어렴풋이나마 알 것 같았다. '이게 아니었구나! 여기서 나는 내 식으로 살아야 되는 수밖에 없다. 상이군인 식으로 살다가 끝내자. 내가 이 사람들 덕을 볼 것도 없다.' 용국은 그렇게 마음을 다잡았다. 참으로 괴롭게 지냈던 정양원을 거쳐 불구의 몸으로 공무원이 되고, 이 몸 가지고 15년 가까이 한 곳에서 근무를 했으니 행운이라면 행운이었다.

용국은 1961년 7월 30일 자로 보훈처 발령을 받았다. 기별로 따지면 입사 1기다. 이 보훈처는 다음 해인 62년에 원호처로 승격되었으며, 1985년 1월 1일에 국가보훈처로 이름이 바뀌었다. 실제

군사원호청은 61년 7월 초에 개원을 하였는데, 기록상으로는 창설기념일이 8월 5일로 되어있다. 그러니까 72년 8월 15일이 만10주년 기념일이 된다. 이 기간 동안 용국은 참으로 정성을 다하여 근무를 했다. 그러나 돌아온 급부는 실망과 원한뿐이었다. 인사의 불공정 때문에 실망했고, 멀어지는 남북통일을 보면서 원한이 쌓여갔다. 용국은 아버지 최보고를 닮아 불의와 부정에 눈을 감지 못한다. 그런 자신이 저주스러웠다.

원호처 개원 10주년이 다가오고 있었다. 풍상을 겪은 원호처이기에 10주년 기념행사는 의미가 컸다. 청사 내 모든 식구들이 행사준비에 들떠 있었다. 처장 이하 간부들의 기대도 컸다. 이심전심 행사가 푸짐히 치러지기를 모두가 기다렸다. 상사는 부하직원의 칭송도 들어보고, 또 그간 몸 사리지 않고 죽자 살자 일해 온 식구들이기에 서로 술 한 잔 나누고 싶은 자리가 되었으면 하는 기대가 컸다. 인정 담긴 술잔이 오고가는 사이 소원했던 서운함도 씻기어 지고, 정분도 쌓아 안면을 익힐 기회가 마련될 것이니 얼마나 좋은 일인가? 이렇듯 행사 날짜가 다가오자 청 내의 분위기는 사뭇 부풀어 올랐다. 10년 근속상을 받는 사람이 몇 명이고, 모범상을 받는 사람은 몇 명이며, 승진은 누구누구가 될 거라는 등 소문도 푸짐했다. 그런데 이곳 어디에도 최용국의 성함이 끼인 곳은 없었다. 용국은 이것이 숙명이거니 했다. '오죽하면 따라지신세'란 말이 생겨났을까? 따라지가 화투놀이 전용어란 것은 다 안다. 돈 따먹기 화투 치기에서는 '갑오'라 하여 9의 숫자가 제일 높고, 상대적으로 '삼팔따라지'가 제일 쫄짜다. 3과 8을 더하면 11이 되는데 여기서 10이라는 숫자는 0이 되고, 남은 수 1을 따라지라 부른다. 그래서 월남 동포들이 빽없는 쫄짜라는 의미로 스스로를 비하시켜 이 말을 자주 썼다.

용국의 귀에 대고 염장 지르는 소리를 하는 직원들이 있었다. 전체공로상은 관리국에서 대표로 받는다. 누구는 벌써 공로상을 3번째 받는다. 5년도 채 되지 않는 놈이 사무관이 된다더라, 등등 용국이 듣기 거북한 말들만 골라서 전하는 동료도 있었다. 가뜩이나 마음이 심란하여 안절부절 못하는 용국의 가슴에 기름 붓고, 불을 댕기는 무리들이 있으니, 용국은 이성을 잃어갈 수밖에 없었다.

이제 10주년 기념일이 되어서 각 국(局)에서 한 사람씩 직원 표창을 받는데, 그 개도 물고 다닌다는 처장의 표창을 용국은 한 번도 타본 적이 없었다. 오만 가지 궂은 일은 다 시키면서도 처장이 마음대로 선정할 수 있는 상인데도 한 번도 끼워 넣어주지 않았다. 급한 일이 생기면 보훈처 천지가 떠나도록 찾아다니며 부산을 떨 때는 언제이고, 사람을 이렇게 층을 두고 일을 시키다니, 용국은 이것저것 괘씸하고, 섭섭한 생각만 들었다. 더이상 참기 어려웠다. 또 염장에 대못질하는 사람들이 있었다. 그것도 귓속말로. 저 친구 염장만 질러 놓으면 불이 잘 붙는 사람이다. 그러니까 저 최용국 염장을 좀 질러 놓자. 이쪽은 또 나름대로 불만이 있는 사람들이라 이것저것 살을 붙여 용국을 붕 뜨게 만들었다.

"아! 오늘 저 관리국에서 대표로다가 표창받는다고 그래요. 관리국 대표로서 표창받는 최길홍 그 사람은 벌써 이번까지 3번 받는거야. 아니 10년 동안 한 번도 못 받는 사람도 있는데, 이 새끼!

한 놈이 3번씩, 제가 뭐 했다고! 3번씩이나 받느냐? 이렇게 고자질하데요. 또 내 기분 맞추느라 고사하는 팀이 또 생깃뿌리고…."

용국은 청 내부의 분위기를 부인에게 꼭 전해주고 싶었다. 용국의 가슴 속에 누워 잠자던 쌍심지가 고개를 쳐들었다. 쌓였던 불만이 일시에 터져 나오는 것이다. 화산이 용암을 내뱉 듯 불만은 이글이글 화기를 내뿜기 시작했다.

"좋다! 너희는 너희들 식대로 해라. 나는 나대로 멋진 자축연을 즐기겠다. 10주년 기념일, 좋아하네. 나에게도 할 말이 있다. 그 할 말 행동으로 한 번 보여주마! 처장한테 일대 항의를 한 번 하고, 그러고 이제 나는 죽겠다. 보훈처 창립 멤버로 들어와서 10년 넘게 한솥밥 먹은 식구다. 참새도 죽을 땐 짹! 하고 소리 내지르는 법이다. 내 후배 놈들도 내 손으로 추천해서 사무관을 만들었다. 서기관도 여럿이다. 나는 주사 벗어나려고 온갖 수모를 다 겪었다. 4·19데모 막으려고 상명여고에 가서 각설이 타령도 하고, 박정희 목숨 구한다며 권총 들고 날뛰는 깡패소굴에도 들어갔다. 정의를 위해 싸웠다. 나는 3판8판 따라지다. 상이군인 신분으로 돌아가서 상이군인으로 죽으면 된다."

용국은 누가 좀 들어 주었으면 좋겠다는 심정으로 짐짓 큰소리로 독백했다. 아니 실로 뼈에 사무치는 방백이었다.

큰 잔치를 앞둔 청 내에 분위기가 심상찮게 변해 갔다.

"보훈청 10주년 기념일은 나의 생일날이다. 3판8판, 생일날 왔다가 생일날 가는 것도 영광이다. 그러나 혼자 갈 수는 없다. 같이 갈 몇 놈이 있다. 처장 이하 다 후배다. 그들은 내 심정을 모른다.

몰라도 된다. 그러나 처장은 다 알고 있다. 알아야 한다."

용국의 하소연은 파급력이 컸다. 청사 안팎으로 이내 퍼져나갔다. 용국은 한다면 하는 놈으로 청에서 알려져 있었다. 어느 집단이고 염장에 쌍창 꼽는 인사가 있는가 하면 고자질하는 무리가 있기 마련이다. 용국의 귀에 들리는 말이 용국보다 낮은 계급의 진급자는 증서를 부서별로 나눠주고, 10년 장기근속자와 사무관 그리고 서기관 임명장만 기념일 당일에 처장이 직접 주기로 행사계획이 짜였다고 했다.

기념식은 저녁 7시로 잡혔다. 장소는 청 본관 7층 대회의실이었다.

"그래 좋다. 까불지들 말고 올라가서 축제 참석이나 해라!"

용국은 서걱! 서걱! 이를 갈고 있었다.

용국은 조금 일찍 7층 식장으로 올라갔다. 식장은 모양 있게 꾸며져 있었다. 화려했다. 양쪽에 직원들이 마주서서 보게 하고, 청장 이하 간부 자리는 이쪽이고, 칵테일 테이블이 저쪽 구석에 놓여 있었다. 그런데 이 칵테일 테이블 놓인 자리가 용국의 눈에 거슬렸다. 아마 용국의 눈에만 그렇게 보였을 터이다. 지극히 자연스러운 자리 배정이었다. 행사의 주인공 입장에서 보았을 때는 더욱 그러했다. 오늘 행사의 주인공은 용국이다.

"오늘은 원호처 10주년기념행사이자 내 생일날이다. 남조선 내려온 이후 나는 생일상 한 번 차려 받은 적이 없다. 그런데 오늘은 제대로 생신대접 받는구나. 이렇게 많은 요원이 참석해 주어서 고맙다. 오늘은 내 생일날이다. 너희는 전부다 내 후배들 아니냐?

그러니까 내 오늘 생일날이니까, 내 잔치니까 내가 나를 위한 잔치로 생각하고 고맙게 받아 가지고, 내 기분 좋은 대로 내가 행동할 테니까 너희들은 그냥 구경만 하고 있어다오. 나는 삼팔따라지다. 아니, 따라지라고 욕하지 마라. 신분으로 친다면야 내가 너희들 보다 성골이다. 나는 정식 의과대학 출신이다. 아시아 대륙의 동쪽 끝 한반도 최초의 국가인 고조선은 BC 108년까지 존재했었다. 고구려, 백제, 신라의 삼국시대를 거쳐 중세에는 고려가 세워졌으며, 이후 조선이 건립되어 근대까지 이어졌다. 현대 들어 35년의 일제강점기를 거쳐 제2차 세계대전 뒤 미국과 소련 군대가 한반도에 출몰하여 저네 맘대로 땅을 두 쪽으로 갈라 6·25전쟁을 불러들이고, 종당에는 세계에서 유일하게 전쟁을 임시 멈춘 휴전국 아니냐? 너나 나나 다 불행한 국민들이다."

의대 출신 용국의 역사관은 누구보다 정연했다.

"1945년 제2차 세계대전이 끝나자, 북조선은 발 빠르게 이듬해 2월 '북조선림시인민위원회'를 수립하고, 건국의 기틀을 마련했다. 그로부터 2년 뒤인 48년에는 조선반도 총선거에 기초하여 김일성을 수상, 박헌영·홍명희 등을 부수상으로 하여 9월 9일 '조선민주주의인민공화국'을 공식적으로 출범시켰다. 나는 당당한 주권국가인 조선민주주의인민공화국을 버리고, 대한민국을 선택했다. 부모와 형제도 버렸다. 그러나 대한민국이 나에게는 꿀물이 넘치는 천국이 아니었다. 후회가 된다. 억울하다."

용국의 넋두리를 경청하는 사람은 아무도 없었다. 용국의 눈에 붉은 핏기가 돌았다. 금방 살인이라도 낼 것 같은 살기가 돌았다. 용국은 자기도 모르게 두 주먹을 불끈 불끈 쥐었다 폈다를 반복했다.

용국의 곁에 가까이 붙어있던 행정과장이 용국의 심장에 불이 붙고 있음을 눈치챘다. 좀 다혈질인 행정과장은 용국과 술잔을 자주 기울이는 사이다. 두 사람은 부산의 제5육군병원에 입원하고 있을 때 뜻이 서로 맞아 호형호제하며 지냈다. 황기성(黃基成)이라고 하는 대구 사나이다. 그는 소령 마크를 달고 제대를 했다. 수류탄 파편으로 왼쪽 다리를 다쳤는데 생활에는 지장이 없다. 시간이 가까워지자 청사 내 직원들이 하나둘 7층으로 모여들었다.

"아! 최형 왜 이러십니까?"

보다 못해 황기성 행정과장이 용국 가까이로 갔다.

"왜 이러긴 내가 아무 것도 안 하는데, 왜 이래?"

용국은 천연덕스럽게 말을 내뱉았다. 그러나 그 말 속에는 수십 개의 죽창이 꽂혀 있었다. 그래서 듣는 이의 가슴이 찌릿찌릿했다.

"마이크 이거 집어넣어!"

행사의 총괄 지휘자는 황 행정과장 밑에 있는 서[徐學洙] 계장이었다. 서 계장은 누구의 명령을 따라야 할지 몰랐다. 그래서 엉거주춤 한 발 뒤로 물러섰다.

용국의 음성은 좀 크고, 날카로웠다. 주변의 시선이 용국에게로 쏠렸다. 조금 후면 이 마이크를 터-억 잡고, 민병권이란 보훈처장이 있는 거만 다 떨어가며 이렇게 말할 것이다.

"아- 오늘 보훈청 10주년 기념일을 충심으로 축하드립니다."

어쩌고, 운을 뗄 것이다. 용국은 기가 찼다. 아니 전신에 닭살이 돋았다. 용국은 서 계장이 들고 있는 마이크를 빼앗았다. 마이크는 꺼져 있었다.

"이거! 왜 꺼놨어? 처장 스피치 하고, 처장 스피치 좋아하네! 오늘의 주빈은 나야. 용국이야! 용국이 먼저 들어가 스피치 한 다음에 처장이 하는 거야!"

용국의 입에서 이런 소리가 나왔다. 분위기는 점점 험악해지고 있었다. 평소 농담이라고는 할 줄 모르는 용국이었다. 용국의 입에선 날이 선 독설이 계속 이어졌다.

"누구든 이제부터 내 앞 5보 앞으로 접근하지 마! 나오는 자들은 다 죽어!"

용국은 이미 이성을 잃어가는 듯했다. 보다 못해 황기성 행정과장이 용국을 껴안았다.

"아이구! 최형! 내가 죽습니다. 왜 이러십니까?"

"니가 왜 죽어? 나로 인해서 니가 죽는다 하면 너를 죽인 놈은 나한테 죽어!"

황기성 혼자 힘으로는 도저히 용국을 제어할 수 없었다. 용국은 황기성이 들고 있는 마이크를 빼앗았다.

"아! 오늘은 내 생일날인데, 이제부터 내가 이제 최용국 쇼가 벌어질 테니까, 여러분들 모두 즐겁게 구경만 하세요."

먼저 들어와 장내를 점검하거나, 윗분들이 입장하기를 기다리고 있던 직원들은 용국의 너무나도 당당한 태도에 주눅이 들어 그냥들 보고만 있었다. 평소 젠틀맨으로 통하는 용국의 다른 모습을 접한 많은 직원들은 안타까운 시선을 그에게 던졌다. 사실 청 내의 많은 직원들은 용국을 영국신사라 불렀다.

"아이구! 최용국이 지금 저기서 원맨쇼를 하고 있구나!"

비아냥대는 소리도 들렸다. 출입문에 모여 서서 안으로 들어가지 못하고 목넘이 하는 직원이 많았다. 구경꾼이 많아지자 용국은 의기양양 기운이 솟는다.

"여기, 여기 음식을 한상 더 차려! 내 상이 없잖아 여기 내 - 상!"

보다 못해 쿡이 입을 열었다. 쿡은 당돌했다.

"아이! 여기 뭐 같이 여기서?"

용국의 입에서 거친 말이 나왔다.

"뭐 이 새끼! 쿡은 시키는 대로 하면 돼!"

용국은 주먹을 내뻗었다. 다행이 쿡의 면전에는 닿지 않았다. 식단은 ㄷ자형으로 배치되어 있었다. 용국은 턱으로 식단의 터진 쪽을 가리키며 나직이 말했다.

"저 뒤 유리창 가 그 턱 있잖아 넉넉한 턱이 있네-. 거기다가 내 상을 따로 차려. 나는 거기서 먹고, 이 사람들하고 이렇게 마주보고 나는 거기서 한잔하고, 저 사람들은 나를 보고 한잔하고, 이렇게 할 테니까 독상, 독상! 따로 차려! 차려!"

용국의 난동을 한사코 말리던 황기성 과장은 어렵구나 싶었던지 손을 놓고 한 발짝 물러섰다.

"여기에 음식은 가급적 좋은 걸 골라서 놓아. 맥주 김 안 샌 걸로 좋은 걸로, 좋은 걸로 갖다 놔."

용국은 마이크에 대고, 있는 소리 없는 소리 다 쏟아부었다. 황기성이 손을 놓자, 이제 아무도 용국을 제지하지 못했다.

"이 육실할 놈들! 인사정책 개떡같이 만드는 놈들 좋은 상은 주는 놈들한테 계속적으로 주고, 사무관 추천하는 것도 떨어진 놈을 또 추천하고, 이렇게 죽으라고 고생하고 하는 놈한테는 한 번도 추천 안 해주고, 좋은 추천 한다고 후보 케이스에나 집어넣고, 사람 약 올리는 거냐! 이놈의 새끼들이 이래가지고 무슨, 여기서 무슨 뭘 잘했다고 오늘 여기에 밥이나 처먹고 여기서 무슨 거 뭐 기념, 축제, 축제 좋아하네. 쌍놈의 새끼들! 오늘, 오늘 여기 음식은 내가 시식을 먼저 딱! 한 다음에 다 먹어라, 이거여!"

말은 어눌했어나 용국의 모습은 너무나 자연스럽고 당당했다. 7시가 가까워지고 있었다. 마이크는 그대로 용국의 손에 들려 있었다. 용국은 기가 한층 더 살아난다. 쇼란 것은 본래 청중이 많을수록 흥이 붓는 법이다. 마이크를 잡은 용국이 한 발짝 앞으로 더 나아간다. 용국의 거동을 잔뜩 불만스럽게 꼬나보던 황기성 행정과장이 재차 자리를 박차고 나왔다.

"아유! 최형 왜 이러십니까?"

때마침 엘리베이터 문이 열리고, 지체 높은 사람들이 우우- 내렸다.

직위가 높은 사람으로부터 상석을 메웠고, 말단 끝 석에 이르기까지 식장 안은 꽉 찼다. 모두들 넥타이를 맨 정장차림이었다. 외부에서 온 손님도 많았다. 분위기는 엄숙했다. 과연 창사 10주년 기념행사다운 분위기였다.

"최형 날 봐서 제발 참아 주시오!"

황기성 행정과장이 용국의 귀에 대고 애원하 듯 말했다.

용국이 물었다.

"이제 시작하는 거죠?"

입술이 파랗게 질린 행정과장이 용국의 손에 들린 마이크를 빼앗았다. 용국은 힘없이 마이크를 행정과장에게 빼앗겼다.

"아 그럼 내가 중지하지! 그래 내 좌석으로 가서 앉아야지."

용국은 울분을 삭이며 저쪽 자리로 가서 앉았다. 출입문 쪽이 약간 어수선해졌다. 최고의 어르신이 납시는 모양이다. 앉아 있던 청 내 대식구들이 모두 일어났다. 여왕벌처럼 호위를 받으며 청장이 입장했다. 그런데 이상했다. 키가 훤칠하니 큰 청장이 나타나는 것이다. 민병권 청장은 하늘 높은 줄 모르고, 넓은 땅만 보고 자란 사람이라 키가 작달막하다. 그렇다. 그런데 청장이 하루 사이에 저렇게 큰 것인가? 아니었다. 이날따라 청장은 본부에 볼일이 있어 자리를 비우게 되고, 대신 차장이 참석한 것이다. 차장은 대간첩작전본부장을 하다가 온 사람이고, 부임한 지가 얼마 되지 않아 아무 것도 모른다.

약이 잔뜩 오른 용국의 눈에는 키가 크든 키가 작든 그저 청장은 청장이었다. 용국은 계획대로 시간을 맞추어 행동개시를 했다. 용국의 손엔 마이크 대신 맥주병이 들려있었다. 용국은 있는 힘을 다해서 식탁의 모서리에 맥주병을 내리쳤다. 맥주병은 퍽! 소리를 내며 두 동강이 났다. 이제 용국은 날이 선 맥주병을 들고 칼춤을 출 생각을 하고 있는 것이다. 순식간에 이뤄진 일이었다. 식장 안이 웅성웅성 소란스러워 졌다. 용국은 마음먹은 대로 깨어진 맥주병을 들고 검무를 추었다. 가까이에 있는 사람부터 찍을 판이다. 그러나 지금 용국이 들고 있는 병기는 위협적이지 못했다. 맥주병은 허리가 부러진 것이 아니라 주둥이 쪽에서 이등분이 되었다.

아무튼 용국은 깨어진 병기를 들고 준비석 쪽으로 갔다. 무슨 일이 결국 터지고 말 모양이다. 1과장 황기성이 따라 나섰다. 용국이 주춤하고 섰다. 황기성이 용국을 뒤에서 끌어안고 넘어뜨렸다. 1과장은 용국과 가까이 지내는 사이다. 부산 제5육군병원에 있을 때부터 친분을 쌓아온 사이라고 했다.

황기성이 악을 썼다.

"이럴 수는 없다. 이럴 수는 없다!"

황기성의 눈에서 눈물이 주룩 흘렀다.

"당신이나 나나 조국과 민족을 위해 전선에서 목숨 걸고 싸우다가 부상으로 불구의 몸이 된 상이자다. 중상자다. 병신이다. 정말 천우신조로 살아남았다."

황기성은 있는 소리, 없는 소리 입에서 나오는 대로 뇌갈겼다.

"날 먼저 찔러 죽여라! 날 먼저 찔러 죽여라!"

황기성은 울부짖으며 용국의 손을 잡고 늘어졌다.

"내가 너를 찔러 죽여서 뭐 할거냐? 좋다. 이쯤에서 너를 봐주마. 기왕 나는 지지리 못나가지고 이렇게 됐는데 니나 앞으로 여기서 승승장구해라."

용국은 못 이기는 척하고 황기성의 손에 끌려서 밖으로 나갔다. 청사 10주년 기념식장은 순식간에 아수라장이 되고 말았다.

"용국이 제발 참아라! 여기 좀 있거라. 나하고 얘기 좀 하자. 단둘이."

"너하고 나하고 단둘이 이야기 해보나 마나 나는 끝낼 것 각오하고 거사를 하는 건데."

그사이 차장은 자리를 떴다.

용국은 잡고 있는 황기성의 손을 뿌리치고 곧바로 차장실로 갔다. 축하연은 맥없이 끝났다. 얼마나 지났을까. 차장이 들어왔다. 의자에 앉아있던 용국이 벌떡 일어났다. 용국은 차장이야 보든 말든 그쪽에 대고 꾸벅 인사를 했다.

"당신 공무원이요?"

"네 그렇습니다."

차장은 능청스러웠다. 이미 다 알고 왔을 터인즉. 용국은 취중이나 차장이 보통내기가 아니구나 싶었다.

"어디에 근무하는 공무원이요?"

"예 - 지도과에 근무하는 주사 최용국입니다."

"공무원이 이런 자세를 취할 수 있나?"

"네 - 백 번 죄송하게 되었습니다."

용국은 당당했다. 용국은 그동안 너무 많은 불이익을 당했다. 그에 대한 보상을 받고 싶었다. 기회다 싶었다. 용국은 그동안에 있었던 불만 사항을 소상하게 털어 놓았다.

"저는 창설 요원으로 들어와 가지고 궂은일은 도맡아 했습니다. 대통령 암살하겠다는 4·19 주동자도 저가 제압했습니다. 배상명 재단의 여자 중고등 학생들의 데모를 막느라 숫제 학교에 가서 살았습니다. 이 몸 가지고 남에게 뒤지기 싫어서 이를 물고 뛰었습니다. 터지는 수류탄을 깔고 앉아 부하를 살려낸 선임자 못지않게 이 몸으로 막았습니다. 그런데 승진하는 사람은 따로 있더군요. 그들은 전부 편하고 좋은 자리 앉아서 돈이나 챙기고 아부해서 다들 승진을 했는데, 우리 같이 연고없는 따라지는 그림의 떡입니다. 그래 저 같은 놈은 평생 이런 식으로 살아야 되느냐? 억울하고 서러워서 오늘 내 인생 끝장을 보려고 마음먹었습니다. 내 여기서 더 이상 뭐 올라가려고 하는 것은 절대 아닙니다."

차장은 용국의 말을 가로채지 않았다. 용국은 그간에 있었던 일을 장황하게 늘어놓았다. 차장도 공감이 가는 모양이었다.

"야! 그런 억울한 사연이 있었구나!"

차장의 입에선 연신 감탄사가 쏟아졌다.

"자네 같은 사람이 공무원 가운데 많았으면 좋겠는데."

차장은 용국의 하소연에 진심으로 공감하고 있었다.

"진짜 이렇게 일하는 사람들 이런 사람들이 억울하게 당하지 않도록 하는 책무를 지는 사람이 차장인데, 자리인데, 차장 기능이 뭣이냐?"

용국은 그냥 듣기만 해도 속이 후련했다.

"자네의 몫은 내가 책임진다. 내가 책임질 테니까 참으시고, 앞으로 그 중요한 일을 수행할 수 있도록 하여튼 나를 믿고, 열심히 좀 도와주시오."

차장은 솔직한 면이 있었다. 용국은 그게 맘에 들었다. 맘이 좀 풀렸다.

"그럼 최 주사가 제일로 원하는 게 뭔지 이야기 해보시오."

"이제 승진하고 이러한 것은 필요 없습니다."

"그럼 뭘 하겠다는 거요?"

"일선 기관에 나가서 복무를 못 했는데, 한 번 나가 봤으면 좋겠습니다."

"아- 본부기관에 일하던 사람이 본부에 있지, 일선 기관에 왜 나가려고 하는 거요?"

"원호과장 해 보는 게 소원입니다."

"왜 하필 원호과장인가?"

"그 자리가 돈이 많이 생긴다고 그럽디다. 그 돈 생기는 자리에 좀 앉아보고 싶습니다."

차장은 좀 의외라는 표정을 지었다. 이 원호과라고 하는 곳은 복마전이다. 원호과는 빽없는 놈은 근방에 가지도 못한다. 이거는 번죽 좋고, 요리 잘하는 사람들이 앉아 있는 자리다. 이 자리는 취업도 마음대로 주무른다. 고용 명령서, 그걸 전담해 주는 자리가 보훈처였다. 법으로 정해져 있는 명령서이다. 이것만 가지고 가면 어디를 가던 고용이 보장되었다. 용국은 노골적으로 이야기했다. 안 되는 줄 알면서, 이유를 만들기 위해 짐짓 그렇게 심통을 부려본 것이다.

차장은 한참동안 말이 없었다.

"어떻게 잘 나가다 또 그렇게 막말을 하는 거요?"

"막말이 아닙니다."

차장도 지금 용국이가 억지를 부리고 있는 것쯤 알고 있는 터였다. 하여튼 용국은 보훈처를 떠나야 되겠다는 생각을 하고 있었다. 한데, 차장은 용국을 바로 서부지청 원호과장으로 발령을 내렸다. '서울지방보훈처'가 삼각지 로터리 가까이 있었고, '서부지청'은 지금의 전쟁기념관 들어가는 그 밑에 있었는데, 그 지청으로 명령이 떨어진 것이다. 차장이 직접 서부지청 원호과에 보내야 된다며 본부 총무과장에게 청탁을 넣어서 총무과장이 '서울지방청장'에게 최 아무개를 지청 원호과장 자리에 좀 앉혀 달라고 청원을 한 것이다. 이원상(李原尙)이 서울지방청장 자리에 있었다. 한데 문제가 또 생겼다. 최용국이 서부지청으로 오면 이원상 청장이 사표를 내겠다는 것이다.

용국은 또 심장이 뒤틀리기 시작했다. 화장실을 간다는 핑계를 대고, 차장실을 나왔다.

"개놈의 새끼! 내가 거기 가고 싶어 가는 줄 아느냐? 나도 너 같은 후배 놈 밑에 있기 싫다. 다른 놈 다해 먹는 과장 나도 한 번 해보고 물러나려고 하는데, 딱 한 달간만 하고 자진 사표를 쓰려고 하는데, 네놈 미워 정년까지 있어야겠다."

용국은 오줌을 누면서 화장실 벽에다 대고 독백을 했다. 사실 용국은 인생 말년에 후배 상사를 모시고 그 밑에서 근무하고 싶은 마음은 추호도 없었다. 퇴직 후에라도 보훈처 창단 멤버로 입사하여 과장까지 올라갔다는 자부심 갖고 살다가 죽을 생각을 하고 있었던 것이다.

지금이나 그 때나 좋은 자리란 끗발 있는 자리를 두고 하는 말이었다. 끗발 있는 자리란 와이로 많이 들어오는 자리로 인식을 하면 된다. 실로 용국은 그런 자리 앉아서 권력자들이나 할 수 있는 인간을 흥정하고, 돈을 요리하는 그런 번죽 좋은 사람은 못되었다. 용국은 밑져봐야 본전이라고 기대 반 농담 반으로 홧김에 던져 본 원호과장 부탁이었다. 그러나 차장은 용국의 말을 심중하게 받아들였다.

어쨌거나 용국은 이원상 서울지방청장 휘하에 들어갔다. 그런데 꼬장꼬장한 성격의 이원상 지청장이 그냥 어물쩍 넘길 턱이 없었다.

직장 단위로 예비군 중대가 짜여지고, 현역 못지않게 군사훈련을 실시하고 있었다. 이원상 청장은 기회로 여겼다. 용국에게 불구자란 딱지를 달아 예비군 편성에서 아예 빼버렸다. 직장예비군에 편성되지 못했다는 것은 정상적인 신체를 구비하지 못했다는 뜻이다. 이는 확대해석 하면 공무원으로 부적합하다는 의미가 된다. 또한 용국의 공상을 인정하지 못하겠다는 뜻도 된다. 용국에겐 참을 수 없는 모욕이었다. 실제로 몸을 다쳐 일정 부분 행동이 불편했던 사람들도 지역 예비군에 편성되어 훈련에 임했다. 용국과 이원상 지청장 사이가 벌어진 것이 남 보기에는 사상 탓이라 여겨 지지만 실제는 사무 관장 능력의 차이에 있었다. 계획·홍보·실천면에서 이원상 지청장은 용국을 따라가지 못했다.

용국은 스스로 머저리 같은 처신을 하며 살아왔다고 자인하지만 아무튼 정의감과 유달리 강한 책임감을 가지고 있었던 터라 하나에서 열까지 남에게 지기 싫어했다. 전부가 그냥 앉아서 헐렁헐렁 하다가 주워 먹을 거나 있으면 주워 먹고, 이런 분위기에 휩싸이지 못하였으니 용국은 언제나 외톨이 신세였다.

이원상 지방청장 휘하의 예비군훈련장에 최용국이 처음 나가던 날이다. 이 예비군 중대에 최용국의 명단은 없었다. 말하자면 불청객의 신분이었다. 용국은 불청객 신분으로 예비군훈련장에 나갔다. 나가면서 그 옛날의 월남 대통령 '고딘 디엠'을 생각했다. 디엠 대통령은 박정희 정권시절 한국에서 국제행사가 있으면 곧잘 참석을 했는데, 이분의 신분은 늘 불청객이었다. 월남과 같이 가난한 나라를 획기적으로 발전시키고 있는 한국의 박정희 통치 철학을 배우기 위해서였다.

예비훈련장에 모인 인물은 하나같이 창사 10주년 기념행사장에서 보이던 얼굴이었다. 그들은 큰 느티나무 그늘에 앉아서 교관이 나타나기를 기다리고 있었다. 예비군의 시선이 일제히 용국에게로 모아졌다.

"향토예비군 신입생이 납신다. 대환영입니다!"

누구의 입에선가 이런 환영사가 나왔다. 그러나 이는 실제 환영사 아닌 환청으로 들리는 소리였다. 분명 환청이었다. 용국이 예비군 훈련자 명단에서 제외된 사실을 알고 있는 터에 이런 농담을 할 사람은 없었다. 용국의 눈동자가 충혈되고 있었다. 그는 화가 치받치면 눈에 핏기가 선다. 다음 순간 '우우-'하고, 박수 쏟아지는 소리가 들렸다.

"그래 나 향토예비군 신입생입니다. 오늘 여기 나오라고 통보받고 온 것 아닙니다. 대한민국이 좋아 북조선에서 입대한 육군 일병 삼팔따라지 최병국입니다. 오늘 나는 자진해서 나왔습니다. 그런데 나를 향토예비군 편성에서 제외시킨 놈이 누굽니까? 신성한 국방의 의무를 가로막는 자가 누구냔 말입니다. 이건 역적 행위입니다. 첩자나 하는 일입니다. 나 그냥 못 넘어갑니다."

용국의 머릿속엔 창사 10주년 기념행사장의 불만이 아직 누적되어 있었다.

사실은 예비군 창설 당시 그러니까 원호국 시절 원호 국장이 용국을 예비군 편성 대원에서 제외시켰었다. 예비군 활동이 어렵다는 이유에서다. 그 때는 서로 협의해서 한 일이라 고깝지 않았다. 그런데 오늘은 사정이 좀 달랐다. 몸이 불편한 사람도 본인이 원하면 예비군에 편성되어 나름대로 임무를 수행했다. 용국은 의무관이다. 하기에 따라서는 아주 중요한 역할을 담당할 수도 있는 처지였다.

"직장예비군이라는 게 뭡니까? 전쟁이 났을 때 자기 직장을 사수하는 것입니다. 사수하는 데 다리 성한 사람들은 다 도망가! 도망가라 해도 도망 못 가는 건 나밖에 없어! 이 직장 사수할 수 있는 건 나밖에 없어, 왜 뛰쳐나가고 도망가는 놈들만 예비군이 되고, 도망가지 못하는 몸이니 족쇄를 채우지 않아도 돼! 나는 저 옥상에다가 수냉기 기관총에 칠면조 다리나 좀 구워놓고, 술로 목 추겨가며 옥상 위에서 실컷 쏘다가 거기서 전사하겠다 이겁니다. 그것도 아니면 땡크 조정술만 익히면 그 땡크 속에다가 폭약장치 잔뜩 해가지고 결사대로 돌진한다 이겁니다. 적의 도치카를 뚫든 어디를 뚫든 이건 지금이라도 나는 항상 하고 싶은 생각입니다."

지금 용국의 입에서 나오는 말은 손톱만큼의 가식이 없는 진실이었다. 전투의 수행 능력은 육체로만 가능한 것이 아니다. 정신이 더 중요한 것이다. 이것이 평소 용국의 주장이었다.

이날의 훈련은 5시경에 끝났다. 다른 날에 비해 훈련시간이 좀 길었다. 책임자가 바뀌고 첫날이라 여러 가지로 전달할 내용이 많았다. 훈련이 끝나자 삼삼오오 짝을 지어 모두들 운동장을 빠져나갔다. 집으로 곧장 직행하는 예비군은 거의 없었다. 무교동으로 몰려가서 낚지 구워놓고 막걸리 파티 여는 패가 언제나 제일 많았다. 용국은 어디에도 끼일 수가 없었다. 술을 못 마셔서가 아니다. 취기가 돌면 진담 반, 농담 반 고성이 오가는데, 별별 얘기가 다 나온다. 이런 분위기 속에서 용국은 언제나 벙어리가 되었다. 쌍용역 플랫폼에서 분명 아버지가 명하셨다. 너는 남조선에 머물러 살더라도 벙어리로 살아야 된다고.

육신에 큰 변고가 있을 때는 조상신이 현몽을 내려 액을 피해가라고 주의를 시킨다던데, 용국에게는 그런 은전이 베풀어 지지 않았다. 인제, 현리, 평창, 대화, 영월, 이 지역이 용국의 소속부대가 5월 한 달 동안 인민군과 술래잡기를 하던 곳이다. 그러다가 같은 달 말경 중공군 춘계 대공세가 시작되었다. 용국은 여기서 부상을 당했다. 용국은 수류탄 파편을 맞고 쓰러졌다. 나중에 점호를 해보니 1개 연대병력에서 50명 정도가 살아남았다. 3, 5, 7사단이 고배를 마신 것이다. 그게 현리지구 전투였다. 현리라 하는 곳은 사방으로 산이 에워싸고, 그 한복판에 개울이 흐르고, 산자락을 안고 도는 좁은 길이 있는데, 차가 억지로 하나 지나다닐 정도다. 이 계곡의 길이가 이삼십 리에 이른다. 인민군이 이 계곡에 매복을 하고 있었다. 아군은 독 안에 든 쥐가 되어, 3개 사단이 전멸을 했다.

용국은 여기서 살아남은 전쟁영웅이다. 조상신이 용국의 목숨만은 지켜주었다.

풀리지 않는 수수께끼

혼자가 된 용국은 바람 빠진 풍선이 되어 골목길로 밀려들었다. 저들의 시선으로부터 빨리 벗어나고 싶었다. 따분했다. 용국에겐 흉금을 터놓고 넋두리할 가까운 친구가 없었다. 최양근이라고 하는 같은 부대 전우가 있었는데, 소식 오간 지가 오래되어 지금은 생사조차 알 길이 없다. 진정 만나보고 싶은 전우다. 전상자이면서 폐가 많이 나빠 거동도 못하고 집에 은거하고 있다는 소식 듣고는 그만이다. 용국은 후회막급이었다. 월남 동포란 딱지에 비밀이 많은 처지이고 보면 굳이 전투하며 싹튼 전우애를 키워서 어디에 쓰겠는가? 그렇게만 생각했었다. 만날 수만 있다면 형제같이 지낼 수도 있겠다 싶었다. 그러나 후회해본들 이미 늦었다. 즐기지 않는 술이지만 마주앉아 곤드레가 되도록 술잔을 비우고 싶은 친구가 최양근이었다.

"최양근 전우야 당신 지금 어디에 있소?"

용국은 큰 소리로 외쳐본다. 그러나 그 소리는 입 안에서 맴돌았다.

낮과 밤의 경계를 지키고 서 있던 가로등에 불이 켜진다. 빌딩의 창틀 너머로 전등불이 희미하게 드러났다. 용국은 ㄱ자로 휘어진 골목길을 잡아서 들어가다가 다시 ㄴ자로 휘어진 골목으로 빠진다. 〈백양〉이라고 이름이 적힌 네모난 백통 초롱이 저만치로 보였다. 눈에 익은 모습이라 반가웠다. 다방 백양은 용국에게 아지트와 같은 곳이었다. 서울에 발을 딛고 처음 들어가 본 다방이 백양이다. 용국의 발길은 자석을 만난 쇠붙이처럼 백양으로 빨려 들었다. 다방은 2층에 있었다. 용국은 2층으로 오르는 계단 앞에 섰다. 계단은 좀 가팔랐다. 오늘따라 계단의 층계가 높게만 보인다. 용국은 또 한 번 계단을 올려다 본다.

"후유-"

용국의 입에서 한숨이 나왔다. 그 때다. 누군가가 뒤에서 옷자락을 잡고 당기는 사람이 있었다.

아유! 부산의 광복동 4거리에서 앞을 터억- 가로막고 서더니, "혹시 사이카이류우"가 아니냐고 물어왔던 상국 형님의 고향 친구 유하성이였다. 용국은 전신에 소름이 오싹 돋았다. 손톱으로 허벅지를 꼬집었다. 꿈은 아니었다. 챠아-! 이럴 땐 어떤 몸가짐을 해야 하는지 판단이 서지를 않았다. 유하성은 분명 고향 까마귀다. 천하에 둘도 없이 가까운 분이다. 이건 기적이다. 아니지 기적이 아니지. 부산의 광복동 사건 이후 계속 나를 감시한 간첩이 분명해! 용국은 와락 껴안고, 형님! 부르며 대성통곡을 하고 싶은 심정이었다. 용국은 주변을 살폈다. 다행이 가까이에 있는 사람이 없었다. 유하성에 대한 여기까지의 용국의 생각은 앞뒤가 어긋나는 일이었다. 첩자가 자기와 동행하는 일당을 노출시키는 어리석은 짓은 하지 않는다. 용국은 또 한 번 현기증이 일었다. 하필이면 이런 곳에서 만나다니. 그렇지 않아도 빨갱이 소리를 들어가며 사는 처지이다. 사이카이류우 형님이 어디선가 응시하고 있을 거라는 생각이 들었다. 사실이라면 용국의 희망은 이것으로 끝이다. 형을 고발하던지 아니면 형을 따라 월북을 하던지 방법은 양자택

일뿐이다. 금쪽같은 내 식솔들은 어떻게 하라고! 용국의 가슴에서 쿵! 하고 소리가 났다.

덩치 큰 형사들이 이쪽저쪽 길모퉁이에 서서 이 희한한 만남을 주시하며 피식피식 웃고 있을 지도 모른다. 아니면 인민군 정치장교로 명성을 떨친다던 진짜 사이카이류우 형님이 어디선가 권총을 빼어들고 여차하면 나를 쏘아버릴지도 모른다. 북조선에서 권총의 역할은 적을 쏘는 무기가 아니라 주변에 장애물이 있으면 없애 버리라는 살상도구로 쓰인다. 동생 하나쯤의 목숨은 파리 목숨보다 가볍다. 그 전쟁통 속에서도 대한민국 천안에 머물면서 이북에서 훈련을 받고 있는 동생의 거처까지 알고 있던 형이었다. 이것이 사이카이류우 형님이 소유하고 있는 해방지구 공작대원의 첩보능력이다. 인민군이 어디를 딱 점령하게 되면 거기에다가 인민위원회를 설치하고, 행정업무를 보게 된다. 이 역할이 큰형 사이카이류우의 주 업무였다. 큰형과의 마지막 연락은 형이 광주로 간다는 사실이었다.

계단을 오르려던 용국은 뒤돌아서서 유하성의 눈치를 살폈다. 유하성이 턱을 왼쪽으로 틀었다. 다른 곳으로 가자는 신호였다. 용국은 유하성의 지시를 받아들였다. 둘은 종로통을 지나고, 청계천을 건너 을지로 길로 접어들었다. 노래방 간판이 보였다. 용국은 주춤주춤하다가 노래방으로 들어갔다. 유하성이 잠간 의아한 표정을 짓더니 이내 얼굴색을 바꾸고 뒤따랐다. 노래를 틀어놓고 둘은 서로 마주보고 앉았다. 둘의 대화는 톤이 낮았다. 둘의 대화는 밖으로 새어나가지 않았다. 노래방은 방음장치가 잘되어 있었다. 주문도 하지 않았는데, 주인이 맥주 한 병과 마른안주를 놓고 나간다. 서비스로 주는 모양이다. 둘은 한동안 말없이 서로 얼굴만 쳐다봤다.

유하성의 태도는 사뭇 고압적이었다. 용국은 마음이 점점 무거워진다. 아니, 불안하다는 표현이 더 적절했다. '저자가 어떻게 알고, 내 앞에 나타났을까? 우연, 아니지. 이 시간 이곳에서 어림없는 소리지.' 유하성의 고압자세에 용국은 기가 죽었다. 또 한없이 원망스럽기도 했다. '유하성이 형님과 서로 내통이 있었다면 결론은 뻔하다. 형님이 유하성의 말에 넘어가서 전향을 했다기보다 유하성이 형님의 설득에 공산주의 사상을 버리지 못했을 것이다.' 용국은 유하성 보고 선곡을 하라고 권했다. 유하성은 들은 척도 하지 않았다. 그저 청정만 쳐다보고 있었다.

"형님! 먼저 선곡을 하세요."

용국은 이번에는 좀 큰 소리로 말했다. 형의 친구니까 형은 형이었다.

"동생이 먼저 하시라유!"

어허! 유하성의 말 속에는 이북의 말투가 섞여 있었다. 드문 일이다. 특히 유하성의 경우는 신분을 속이며 살아야 한다. 유하성의 행동에는 무언가 자신감에 차있었다.

이번에는 유하성이 용국을 보고 동생이라고 했다.

"그러지요."

용국은 짐짓 이북말투를 섞지 않았다.

유하성이 노래방을 들러보지 않았다면 선곡이 무엇인지 모르고 있을 수도 있다. 용국은 이것저것 고르다가 강석연의 '강남달'을 찾아냈다.

강남달이 밝아서 임이 놀던 곳
구름 속에 그의 얼굴 가리워졌네
물망초 핀 언덕에 외로이 서서
물에 뜬 이 한밤을 홀로 새울까.

선곡을 해 놓고 보니, 실수였다. 노랫말 첫줄이 거슬린다. 강남이란 남한 땅을 상징하고, 달이 밝다란 광명을 의미하는데, 이를 북조선식으로 따지면 밝다는 태양이 되고, 태양은 최고 수령을 의미한다. 그러니 유하성에게 대놓고 남한 땅이 천국이라고 칭찬하는 꼴이 되고 만 것이다. 지금 용국은, 지하 계단으로 유하성을 뒤따라 내려와서 한 평 크기의 작은 방안에 유하성과 단 두 사람이 앉아 있는 것이다. 유하성의 몸은 온전하고, 용국의 몸은 절반이 불구다. 유하성이 독침 같은 살상무기를 갖고 있을지 모른다. 아무튼 '강남달'은 멋들어진 배경 속에 심금을 울리며 찡하게 끝이 났다.

"형님 좋아하시는 노래 골라잡으세요."

용국은 책자를 유하성의 손에 들려줬다. 유하성은 노래책을 받았다. 그러나 선곡을 하려던 유하성은 용국의 얼굴을 빤히 쳐다보며 무겁게 입을 열었다.

"사이카이류우 소식 들었는가?"

유하성은 단도직입적으로 맏형 상국 이야기부터 꺼냈다.

"…."

용국은 각오를 했던 일이나 선뜻 대답이 나오지 않았다.

'그럼요! 알고 있지요.'

용국의 입에서는 엉뚱한 대답이 나왔다. 이렇게 능청을 떠는 수밖에 없었다. 다른 묘수가 없었다.

'그랬군!'

유하성도 이렇게 되받았다. 그러나 유하성은 속으로 사이카이 류우를 만났다는 용국의 말을 믿지 않는다.

두 사람은 얼마 동안 서로 간의 의중을 떠보고 있었다. 팽팽한 신경전이 이어진다. 공은 용국 쪽으로 넘어와 있었다. 시간을 너무 허비했다가는 초읽기에 몰린다. 꾀 많은 유하성이 용국의 술수에 넘어갈 리 만무다. 사실 죽고 사는 게임이다.

'형님하고도 그간 자주 연락이 있었지요?'

이렇게 받는 것이 상수 같았다.

'그럼'

유하성은 너무나 쉽게 맞받았다.

둘은 눈으로 바둑을 두듯 서로 치받고 내리받으며 탐색전을 폈다. 그러나 유리한 쪽은 아무래도 용국이었다. 그것은 용국이가 유하성을 찾아가 만난 것이 아니라, 유하성이 용국을 먼저 찾아왔기 때문이다. 유하성이 흑을 잡고 선수를 쳤던 것은 처음부터 수에 눌리는 바둑이었기 때문이었다. 둘은 형사가 눈치로 죄인 잡는 수법을 써본 것이다.

"다 알고 있으니 바른대로 불어!"

서슬이 퍼런 형사 앞에 초범들은 술술 털어놓기 마련이다. 용국은 바둑판의 후수가 되어 흙색 알을 잡고 차곡차곡 집을 쌓아갔다. 사실 용국은 부산 광복동 4거리에서 유하성으로부터 들은 얘기가 형에 대한 정보의 전부였다. 그 이후론 아무 소식을 듣지 못했다. 지금 형이 이남 땅에 그대로 있다면 첩자가 되었을 터이오. 이북에 넘어 갔다고 하더라도 신통한 대접은 못 받을 것이다. 반동분자로 낙인이 찍혀있는 가족은 하루아침에 안개처럼 사라질 수가 있다. 아니면 저세상에 갔을지도 모른다. 가능성이 가장 높은 것은 전사자(戰死者)가 되어있는 것이다. 제 아무리 정치장교라지만 패장(敗將)이 되어 복귀해 봤자 예우 못 받는다. 스스로 당에 가장 충성심이 높다고 자부하던 인물인데, 자기 먼저 살자고 월북을 했다고는 믿어지지 않았다. 만에 하나 첩자로 이중생활을 하고 있었다면 그간 한 번이라도 동생의 삶을 염탐하느라, 냄새를 풍겼을 것이다. 용국은 의외로 대담해졌다. 오매불망 잊지 못한 가족의 안부였는데, 이렇듯 냉정하다니, 스스로도 놀라웠다.

이번에는 용국이 공격을 시도했다.

'형님 안부 언제 들었나요?'

유하성이 얼른 되받았다.

'글쎄 그게 언제더라?'

알고 받는 것인지 모르고 받는 것인지 종잡을 수가 없는 묘수였다.

'자네하곤 언제 있었는가?'

'한참 됐습니다.'

용국은 그렇게 되받아쳤다. 역시 묘수였다. 이쯤에서 계산을 해보니 서로의 실력이 엇비슷했다. 결론은 양쪽 모두가 사이카이류우의 근황을 모르고 있는 듯했다.

“마지막 선곡을 하세요.”

게시판이 이렇게 시간을 알려왔다. 두 사람은 주어진 시간을 다 까먹었다. 뜸 들일 시간이 다 흐른 것이다. 이제 결판을 내야 한다. 그러나 두 사람은 끝내 사이카이류우에 대한 안부는 꺼내 보지도 못하고 자리에서 일어났다. 과연 어느 쪽이 더 궁금하였을까. 그건 말할 것도 없이 용국 쪽이었다. 핏줄이니 왜 안 그렇겠는가. 혈혈단신 남한 땅에 와서 오매불망 두고 온 부모님과 친지 그리고 단 한 번만이라도 다시 밟아보고 싶은 고향산천……. 유하성은 유하성 나름대로 사이카이류우의 안부가 궁금했다. 후퇴명령에 앞서 북쪽으로 넘어갔다고 여기고 있지만, 자유에 대한 물을 마셔봤으니, 이남에 남아서 생을 이어갈 지도 모른다는 생각이 지워지지 않았다.

유하성이 먼저 자리에서 일어났다. 그리고 입을 열었다.

“자주 놀러 오리다.”

‘자주 만납시다’가 아니라 ‘자주 놀러 온다’고 했다. 그렇다면 분명 용국의 활동무대에 대하여 많이 알고 있다는 소리다. 세상 많이 변했다는 생각이 든다. 부산의 광복동 4거리에서 처음 만났을 때 풍기던 유하성의 체취가 아니었다. 왜 좀 솔직하지 못한가 싶었다. 그러니 같이 있는 시간이 길수록 둘 사이의 거리는 점점 더 벌어질 수밖에 없었다.

용국은 두 손으로 유하성의 오른 손을 잡았다.

"형님 고맙습니다."

용국의 인사 속에는 애절함이 배어 있었다.

용국이 앞서 오르고, 유하성이 뒤따랐다. 그 반대의 순서를 만들려고 용국이 모션을 취해봤지만 유하성이 틈을 보이지 않았다. 이렇듯 용의주도한 유하성의 행동에 자꾸만 의심이 갔다. 그렇다면 유하성이 무기를 소지하고 있다는 것인가. 권총을 숨기고 다닌다면 계단을 오르는 과정에서 노출되지 않겠는가 싶었다. 하지만 이건 바보 같은 소리다. 간첩이 장애물을 처리하는 데 총소리를 내는 어리석은 방법을 쓰지 않는다. 이들에게는 살상용 무기로 독침이 있다.

만약 지금 유하성이 첩자 노릇을 하고 있다면 적어도 두 사람 정도는 대동하고 왔을 터이다. 막말로 최용국을 포섭만 한다면야 그것은 특 대어를 낚는 행운이다. 국가보훈처와 대한상이군경회와 박정희 대통령의 정치 속사정을 누구보다 속속들이 알고 있는 인물이 최용국이었다.

마른하늘에 벼락이 내린다고 했다. 바람처럼 나타났다가 구름처럼 사라져 버린 유하성의 정체는 무엇인가. 용국에게는 풀리지 않는 수수께끼였다.

군경회에서 발표하는 시국성명서 초안은 모두 용국의 손을 거쳤다. 신문에 나가는 기사도 마찬가지였다. 재향군인회, 자유총연맹 등의 단체가 서로 경쟁이나 하듯 성명서를 발표하고 기사를 실었다. 새로운 사안이 발생하면 이틀을 못 넘기고 성명서를 내고 기사화 했다. 그럴 때마다 용국은 선수를 쳤다. 뭐든지 먼저, 먼저였다. 카리스마 있게 좀 다이나믹하게 앞세우는 그의 문장표현은 세련되고, 힘이 있었다.

용국이 가기로 되어 있는 서부지청에 이구완이 지청장으로 와 있었다. 이 지청장은 대퇴가 절단된 중상자다. 이 사람은 본부 교육과장을 하다가 서부지청장으로 내려왔는데, 서부지청장으로 오기 전에 제주지청장으로 잠깐 근무했다. 고향이 제주도다. 용국이 본부 의무과에 있을 때 제주도로 출장을 간 일이 있었고, 이것이 인연이 되어 두 사람은 가까이 지낸다. 서로 인간적으로 통했다.

이구완 서부지청장은 여러모로 난감했다. 이러지도 저러지도 못할 처지에 놓인 것이다. 생각다 못해 용국을 불렀다. 당시의 보훈처는 안국동에 있는 풍문여고 그 앞에 있었다. '백양' 다방이라고 깨끗하고 조용한 다방이 보훈처 가까이에 있었다. 둘은 다방의 저쪽 구석에 자리를 잡았다. 분위기가 약간 무거웠다. 지청장이 먼저 운을 뗀다.

"최형이 그 자리에 오신다면 이구완은 쌍수 들고 환영합니다. 그런데 요긴히 상의 드려야 할 일이 생겼습니다. 김 과장이 지금 그 자리에 앉은 지가 4개월 밖에 안 됩니다. 반년을 채워야 교체가 됩니다. 6개월 이내에는 움직이지 못하게 되어 있습니다. 교통사고가 났거나 무슨 특별한 사유가 없는 한 이유없이 그 자리 못 들어가고, 못 나갑니다. 앞으로 2개월 남았습니다. 그 사이 딴 자리 앉았다가 그 자리로 즉각 보내도록 계획을 짜 보겠습니다."

용국은 속으로 고마웠다. 못난 사람에게 그 어려운 자리를 마련해 주겠다니, 너무 감사할 뿐이었다.

용국은 바른대로 실토했다.

"내가 그 자리가 탐이 나서가 아니라 내뱉는 소리로 한 번 해본 것이니 걱정 마시고, 처리해 주세요. 오히려 그런 자리가 아닌 자리가 나한테는 마음이 편합니다."

"관리과장으로 발령을 내겠습니다. 거기 가시어 좀 쉬십시오."

"아 좋습니다."

두 사람은 그렇게 서로 언약하고 헤어졌다.

울어야 될지, 웃어야 될지 감이 잡히지 않았다. 기실 용국은 그 동안에 겪은 열외란 열등감에 대한 보상을 받고 싶은 심통에서 한 말이지, 그 자리에 꼭 가고 싶었던 것은 아니었다.

둘의 약속은 처음부터 불가능한 상태로 맺어진 위선이었다. 영국에겐 성격상 맞지 않을뿐더러 거기 앉아 있는 과장도 상이자로 김철기란 이름을 가진 중상자다. 여기에 더하여 두 사람은 야! 자! 하는 사이로 친분이 두터웠다. 용국은 그런 자리를 밀고 들어갈 위인이 되지 못했다.

용국에게 관리과장이 차라리 좋았다. 취향에 맞는 업무이니 지루하지도 않고, 일의 능률도 오를 것이다. 그러나 따져보면 용국은 득보다 실이 많았다. 주변 사람들이 말하기 좋아, 아! 최용국은 여기서 한 번 멍들었기 때문에 보내줘도 오래 있으려고 하지 않을 것이다. 어떤 단체에 내보내 가지고 뒤에서 밀어주고, 그 단체를 좀 키울 수 있도록 이렇게 본부에서 검토를 해 볼 필요가 있지 않느냐? 적성에 맞는 활동을 하도록 어떠한 포지션이던 주는 게 어떠냐? 이렇게들 입방아를 찧고 있었다.

지청장은 나름대로 복안이 서 있었다.

이제 모든 단체는 유신체제로 돌아간다. 그간의 모순된 규정, 그리고 비리 이런 것들을 척결해 버려야 한다. 최용국이 밝은 눈으로 단체의 비밀, 이런 것들을 잘 가려낼 것이다. 용국은 용국대로 아쉬울 것이 없었다. 공직생활을 소신껏 원없이 해봤다. 대한민국 구석을 들여다보면 안 썩은 곳이 없었다. 이런 판국에 혼자서 아무리 해봤자 강물을 바가지로 떠내는 격이다. 하여튼 나가라고 하니까 나가본다는 격이었다. 어차피 보훈처에 있기 싫은 몸이었다. 지청장의 복안과 용국의 생각이 맞아떨어졌다.

1972년 10월 17일에 선포된 유신체제 하에서 동년 11월 21일 국민 투표로 확정된 헌법이 유신헌법이다. 덕목이라고 할까, 주요 골자가 열 댓가지 되는데, 그중 용국의 심장을 뒤틀게 하는 대목은 '대통령을 통일주체국민회의에서 선거하도록 한다'는 부분이었다. 최용국이 남조선을 선택한 이유는 바로 북조선의 이와 닮은 제도가 싫어서였다. 문제는 유신헌법이 투표율 91.9%, 찬성 91.5%이라는 압도적 찬성으로 입안되었다는 점이다. 국민들이 그만큼 나라의 장래가 염려스러웠던 것이다. 이렇게 하여 박정희 대통령은 '우리 민족의 지상과제인 조국의 평화적 통일'을 뒷받침하기 위하여 '우리의 정치체제를 개혁한다'고 선언하였고, 이 외침이 새마을운동으로 응집되어 5천 년 가난을 물리쳤다.

우여곡절 끝에 용국은 보훈본청근무 발령을 받게 되었다. 장동운 처장시절이다. 장 처장은 일을 많이 한 사람이다. 각종 '기록카

드'를 통합 일원화해서 전산화를 했다. 사단법인 '4·19회'를 발족시켰다. 재단법인 '월남귀순자후원회'를 발족했다. 국립묘지 애국지사 묘역에 '충열대'도 장 처장이 설치했다.

용국은 나라에 마지막으로 봉사를 한다는 자세로 마음을 가다듬었다. 예산집행과 무관하다는 점에서 이 자리가 용국에게는 홀가분한 자리였다. 돈을 취급하면 마찰이 생기게 마련이고, 부정을 적당히 눈감아 주기도 해야 한다. 용국은 그렇게 할 수 없었다. 어떤 의미에서 관리과장 자리가 용국에겐 천직과 같은 것이었고, 더불어 국가는 용국과 같은 깐깐하고 능력 있는 성품의 행정가를 얻었다는 점에서 이득을 본 셈이다.

용국은 주먹구구식으로 집행되고 있는 모순부터 바로 잡아야 되겠다는 생각이 들어 밤잠을 자다가도 메모를 하곤 했다. 이렇게 하여 국경일에 관한 조항 등 10여개가 넘는 규정을 개정하고, 제정하였다. 독립운동에 참여한 공적으로 포상을 받은 독립유공자 중 후손이 확인되지 않아 지금도 훈장을 받지 못하는 독립유공자의 후손이 있다. 원조가 열악한 산하 단체의 독립성을 보장해 주기 위해서 이권 사업도 만들어 주어야 했다. 그러나 지정해 준 이권 사업이 뒷날 부정부패의 온상이 되기도 했다. 이것저것 바로 잡아야 할 일이 너무나 많았다. 용국은 특히 4·19회 발족에 대하여 많은 관심을 가졌다. 그러나 한 번 떠난 정이 되살아나지 않았다. 용국은 13년간 일터였던 보훈처를 스스로 떠났다.

용국은 그간의 노고를 인정받아 보훈처의 특별추천으로 국민훈장 동백장을 받았다. 청문회에 나가서 올바른 말을 했다는 투철한 애국심이 반영되었다. 그는 군대에서 금성화랑훈장도 받은 유공자이다.

보훈처를 떠나는 마지막 날은 쓸쓸했다. 배웅을 받는다는 사실이 싫어서 이곳저곳 기웃거리다가 사람들의 관심이 식은 틈을 타서 쫓기듯 정문을 나섰다. 육신의 자유와 정신적 자유가 겹쳐진 탓인 듯, 정문을 나서는 순간 가벼워져야 할 몸이 되레 무거웠다. 주루룩! 것잡을 수 없는 설움이 홍수처럼 밀려왔다. 두 손을 흔들며 눈비 속으로 희미하게 사라져간 성진역의 어머니와, 주먹을 쥔 채 검지와 장가락으로 V자를 그려 보이며, 다음 열차로 따라서 내려가겠다고 약속을 주던 쌍용역의 아버지 모습이 바람에 실려 왔다.

자유를 찾아 스스로 선택한 대한민국, 그 선택이 옳은 것인지, 그른 것인지 분간이 가지 않는 순간이었다.

인생의 이모작

그게 1973년도였다. 그리고 칠사, 칠오, 칠육, 칠칠, 칠팔, 칠구, 6년 몇 개월 동안 용국은 룸펜 생활을 했다. 이 과정에서 박정희 대통령이 시해를 당한다. 그리고 전두환 정권에서 국보위가 생긴다. 국보위 생기면서 모든 단체를 국보위에서 관리하고, 조정을 하기에 이른다. 한 단체에 간부였던 최태우 같은 사람은 비례대표로 유신국회의원도 지내고 했지만 국회의원 생활 똑바로 한 사람이다. 국보위에서 새로 발족하는 체제를 만드는 과정에서 군경회 회장도 전부 옷 베끼고 그 다음에 국보위 쪽에서 지정하는 사람을 회장으로 선정할 때 용국은 군경회 기획실장으로 발탁이 된다.

보훈처를 떠난 지 7년 만이다. 기획실장이라는 직함을 떼내고 상이군경회로 자리를 옮겨 앉았다. 기획실장은 사실상 군경회의 제반 업무를 관장하는 자리였다. 상이군경회는 사단법인체로 1951년 5월 부산에서 설립되었다. 그러나 60년 5·16군사정변에 의해 해체되었다. 그러다가 63년 8월 국가유공자 등 단체설립에 관한 법률에 따라 대한상이군경회로 재출발하였다. 설립목적은 '국가유공자의 자활능력 배양, 국가발전과 세계평화에 기여한다'로 되어 있다. 서울 여의도동에 그 본부가 있다.

군경회의 운영 실태는 과연 밖에서 듣던 풍문과 같았다. 윗자리에 앉은 사람들은 시간이 남아서 탈이었고, 아랫자리에 앉은 사람들은 시간이 모자라서 걱정이었다. 그나마 월남파병 갔던 장교들이 돌아와 제대를 하고, 부서마다 구성원이 되어 조직을 이끌고 있어 다행이라고 하는 것이 이 지경이었다. 그런데 웬걸! 시간이 지나자 파병군의 세력이 커지고, 이들이 주름을 잡기 시작했다. 용국은 기획실장이 갖는 권한을 최대한 행사했다. 일반 행정, 회계, 경리까지 수하에 두고, 예산집행부터 공정하게 처리해 나갔다. 그런데 경리는 말 그대로 골칫덩이었다. 경리과 장부에 잔고가 무일푼이니 무슨 계획을 세울 수가 없었다. 막말로 표현하면 경리과 현금은 보는 놈이 임자였다. 이놈이 갖다가 쓰고, 저놈이 갖다가 쓰고, 감사라고 갖다가 쓰고, 애 낳았다고 갖다 쓰고, 부회장이라고 갖다가 쓰니, 경리 담당자는 담당자대로 나 몰라라 하고, 계장은 계장대로 나 모른다고 두 손 들었다. 그런가 하면 총무부에서는 자기들 호주머니에 넣기 위해 지출을 최대한 아끼고 있었다. 여기에 발을 맞추어 기획실장, 국장도 한통속이었다. 이래 가지고도 군경회가 돌아가는 게 이상했다. 어이가 없었다. '대한상이군경회'는 225개의 시·도회 및, 시·군구회로 조직된 산하단체를 거느리고 있었다. 회원 수가 12만 명이다. 거대한 집단이다.

용국은 기가 찼다. 어디서부터 손을 보아야 될지 감이 잡히지 않았다. 용국은 그때그때 생각나는 아이디어를 수첩에 메모를 하고, 그 수첩을 들고 다녔다. 그러다가 생각해 낸 것이 애사심 기르기 운동이었다. '우선 본부직원부터 하나로 묶어보자-' 얼굴을 자주 맞대는 좋은 방법을 하나 착안해낸 것이다. 공식적인 식전 행사로 애국가를 부르듯, 군경회가(軍警會歌)를 부르면 된다. 일명 충혼곡(忠魂曲)이라 부르기도 하는 이 '상이군경회가'는 자유당 때 만들어 놓은 노래다. 어느 고참 직원이 그 회가를 보관하고 있었다. 가사도 그렇고 곡도 너무 조잡했다. 손을 보아야 할 처지였다. 김선대라고 하는 작곡가 생각이 났다. 이분은 상이군인 작곡가다. 공군 출신인데, 공군기지에서 일어난 폭파사고로 다리를 한쪽 잃고, 의족을 달고 다닌다. 용국을 형님! 형님! 하며 따르는 사람이다. 북조선 출신이다. 외환은행 지점장 하다가 퇴직해서 놀고 있었다. 용국이 먼저 상면하기를 요청하고, 다음날 상이군경회 사무실에서 만났다.

"반갑습니다. 도와주십시오. 사정은 차차…."

용국은 위선 김선대를 지도국장으로 천거하여 회장으로부

터 승낙을 받아냈다. 김선대 보고 군경회 회가를 보급하는 데 앞장서 달라고 했다. 김선대 지도국장은 회가의 노랫말과 곡 일부를 손봤다. 용국은 김 국장과 같이 다니면서 취입을 하고, 테이프를 제작했다. 문제는 이 충혼곡을 보급시키는 일이었다. 용국과 김 국장을 제외한 누구도 이 일에 관심이 없었다. 어쨌거나 사내에서는 주 1회 월요일 아침 일과 시작 전에 이 노래를 합창하기로 했다. 다음은 여직원으로 하여금 상이자(傷痍者)를 진심으로 이해하는 정훈교육부터 시켰다. 몇 달이 지나자 천주교 신자가 주기도문을 외우 듯, 입속으로 중얼대던 직원들의 목청이 제법 합창의 열기로 변해갔다. 의도대로 되자 이제 월 1회만 부르기로 했다. 그렇게 하다가 나중에는 공식 총회 때만 불렀다. 이 정도만이라도 협조를 해 주는 것이 고마웠다. 그리고 상이군경회에서 만드는 다이어리 앞뒤에 이 노래를 꼭 들어가게 제작했다. 그러다가 또 흐지부지 없던 것으로 힘이 빠져버렸다.

김형배가 총무부장 할 때다. 사무실 분위기가 밥줄 풀린 괘종시계 모양 제대로 돌아가는 게 없었다. 용국은 더 참을 수가 없었다. 그래서 하루는 불시에 점검을 나갔다. 김형배 총무부장을 대동하고 나섰다.

사무국 사무실로 먼저 나갔다. 국장이 자리를 지키고 있는 곳이다. 해병대 제대자가 총무국장 자리에 앉아 있었다.

"상이군경 회가를 보급 시켜야 할 사무부서가 어디요?"

용국이 그렇게 물었다.

총무국장은 더듬더듬 답을 하지 못했다.

"총무국장이면 각 부서의 계획을 알아야 될 거 아니요? 딴 사람은 잘 모르더라도 이거 총무부 소관이야! 불러 봐요."

용국의 얼굴에 울화꽃이 피어났다.

어리벌 어리벌 하던 국장이 기차게 독창을 했다. 용국은 속으로 쾌재를 불렀다. 흐뭇했다. 그러나 사가를 보급하는 일에도 한계가 있었다. 아랫사람이 아이디어를 제공하고, 솔선수범을 보이면 위에서 힘을 실어 주어야 할 터인데, 그냥 깔아뭉개 버리기 일쑤니, 진취적이지 못했다.

하루는 김형배 총무과장이 한 턱을 냈다. 용국이 그간 수고가 많았다며, 위문차 몇몇 직원을 불러 모은 것이다. 술잔이 부지런히 오갔다. 마이크 잡고 유행가 부르며 술 마시는 회식이 최고의 향연이었다. 총무과장도 한 곡조 뽑았다. 제목은 진방남의 '불효자는 웁니다'였다. 이 노래는 총무과장의 18곡이다. 누가 이 노래를 먼저 부르면 그날 총무과장 노래는 빵이다. 총무과장은 여섯 공주의 아버지다. 아들이 없다. 그리고 본인은 외동이다. 외동이 대를 이어주지 못했으니 불효자인 것이다. 총무과장은 노래를 여간해서 부르지 않는다. 〈불러 봐도 울어 봐도 못 오실 어머님을 원통해 불러보고~~~〉 불효자 노래는 이렇게 시작되는데, 총무과장은 한 소절을 다 부르기 전에 울어버린다. 그런데 이날따라 콧물을 닦아가며 1절을 모두 불러 넘겼다. 나이 든 총무과장이 노래에 눈물을 범벅으로 말아 넘기자 이에 질려 아무도 선곡을 하지 못했다. 마침 한 명의 고참 직원이 있었다. '충혼곡'이 적격이다 싶었다. 고참은 이 '충혼곡'을 신청하고, 마이크를 느슨히 잡은 채

멋들어지게 뽑았다.

조국 부름으로 겨레를 위해
우리는 싸웠다 몸을 바쳐서
말없는 상처 빛나는 훈장
영광의 땀을 뭉쳐 지킨다
아- 내 몸 사르며 휘황한 촛불
우리는 호국용사 대한상이군경회

아는 사람은 따라서 합창했다. 아니 모두가 합창했다. 역시 '충혼곡'이 분위기와 어울렸다. 취중의 잡담이 가라앉고, 분위기는 일순 엄숙해졌다. 일심동체가 되어가는 것이다. 아! 이거다. 용국은 힘이 솟았다. 용기가 되살아났다.

무슨 돈이 어디서 나오는지, 군경회 직원들은 평사원도 모두 자기 취향에 맞는 탁상용 다이어리를 만들어 책상 위에 턱 올려놓고, 날짜를 찍어가며 한 해를 보낸다. 이것이 서울본사 직무실 분위기였다. 그런데 오늘 보니 이들에게도 상이자를 예우할 줄 아는 정서를 가지고 있었던 것이다. 노래는 국제적 공통어라고 했다. 『노래방 가사집』에 '충혼곡'을 집어넣자. 용국은 순간적으로 그런 생각을 하고 있었다.

그날 이후 용국은 3일을 헤맨 끝에 '금장'이라는 『노래방 가사집』 만드는 업체를 찾았다. 민간인이 운영하는 업체인데, 노래하나 집어넣는 데도 절차가 복잡했다. 정식 공문이 필요하다고 했다. 가사집도 회사마다 조금씩 달랐다. 하여튼 '금장'이 제일 큰 곳이었다. 그래서 다른 곳은 피하고, 이곳을 집중적으로 파고들었다. 인기곡이나 유행가에 밀려 '충혼곡'은 차례가 한참 뒤쪽에 배정이 된다는 것이다.

용국은 그 이후에도 '충혼곡' 보급을 위해 '금장'을 여러 번 찾았다. 노래방은 수도 없이 찾아다녔다.

123을 '충혼곡' 고유코드로 만들어 넣었다.

"123번 찍어, 거기 나와!"

용국은 노래방을 들릴 때면 의자에 궁둥이를 붙이기도 전에 선곡부터 했다.

"감계가 무량합디다."

용국에 대하여 이렇게 생각하는 직원이 늘었다. 용국은 한동안 만나는 사람마다 자랑했다. 사원들이 회식이라도 하는 날이면 2차로 노래방에 둘러앉아 짐짓 큰 소리로 주문을 하곤 했다. 용국은 '충혼곡' 선전하느라 김선대와 노래방에 자주 갔다. 이제 '충혼곡'은 『노래방 가사집』에만 담겨 있는 것이 아니었다. 아예 '충혼곡'을 18곡이라 자랑하고 다니는 직원도 있었다.

사무실 분위기가 나날이 달라졌다. 제대로 된 근무 자세에 제대로 된 봉사활동으로 자부심을 느끼는 직원이 늘었다. 직원들의 마음을 이렇게 하나로 묶을 수 있다는 것을 두고, 용국은 꼭 '충혼곡'의 힘이라고만 믿지 않는다.

그런데 직원 가운데 이 회가를 2절까지 딱 외워가지고 외부에 나가서도 부르고, 노래방 가서도 부르는 친구가 있었다. 그 친구 지금 안산지회장으로 가 있다. 어느 해 가을이다. 자연보호 운동을 나갔다. 작업이 끝나고 밤시간 노래방에 들어갔는데 아 친구가 이 노래를 여기서 신나게 뽑았다. 물론 이 친구는 『노래방 가사집』에 이 노래가 들어가 있는 걸 모르고 있었다. 용국이 고유번호를 딱 눌렀다. 전주곡이 나오자 벌떡 일어나 정자세로 서서 자막을 보지 않고 2절까지 힘차게 불렀다. 그리고 이 친구가 그걸 또 어디서 불렀느냐? 체육대회가 영국 런던에서 있었다. 저녁 회식 시간대에 각국 선수들이 보는 앞에서 목청을 돋우어 기차게 불렀다. 애국자가 따로 없었다. 이 친구, 이 조직에서 제일가는 애국자가 되었다.

그간 본부직원들을 이끌고 갈 구심점이 없었다는 것이다. 신참은 신참대로 고참은 고참대로 선임자에게서 본받을 것이 별로 없었다. 근무 자세가 그렇고, 청렴도가 그렇고, 국가관이 그렇고, 실력이 그렇고, 뭐하나 배울 게 없는 윗분들이었으니 존경의 염(念)이 있었겠느냐는 것이다. 과연 10만 회원을 보호해야 할 군경회의 회장은 아무나 하는 자리가 아니었다.

용국은 그간 공로가 인정되어 군경회 부회장으로 승진했다. 부회장 자리가 싫은 것은 아니나 문제는 보훈처와의 관계설정이다. 보훈처 박유철 회장과는 껄끄런 사이다. 여기에 직접 상관인 상이군경회 이종호 회장과도 궁합이 맞지 않았다. 사무총장을 비롯하여 비서실·감사실·기획실·총무국·복지지원국·지도국·복지사업국 등 7개의 실·국과 전국 16개 도의 지부 그리고, 각 시·군·구에 230개의 일반지회와 20개의 특별지회도 보살펴야 한다. 10만이 넘는 회원의 수를 머리에 담아두어야 했다. 그리고 6·25전쟁

관련 회원과 베트남전쟁 관련 회원을 합쳐 5만여 명에, 이 숫자와 맞먹는 국내 공상(公傷)관련 회원은 더욱 관심을 두어야 한다.

4년 임기의 박유철 처장은 임기 중 치적이 많은 분이다. 그 중에도 용국의 마음을 끄는 것은 '국제협력팀'과 '제대군인협력센터'의 신설이었다.

용국은 김대중 대통령 재임기간 동안 '평통자문위원'직을 가졌다. 김대중 대통령은 친북성향의 국정철학을 갖고 있다. 그는 일찍이 정치판에 고려연방제를 들고 나왔다. 김대중은 통일로 가는 길은 이 길밖에 없다고 생각하는 사람이다.

북조선이 주장하는 연방제의 선결 조건은 국가보안법 철폐, 주한미군 철수 및 평화협정 체결, 미국의 내정간섭 포기 등이다. 내막을 뜯어보면 김대중의 연방제는 공산주의 만들기의 전초작업이었다. 대다수 국민들은 그렇게 생각하고 있었다. 설령 우리들의 요구조건이 다소 관철된다 하더라도 결국은 북조선식의 연방제를 수용하는 길로 들어가는 수밖에 없다는 결론에 이른다. 북조선이 야심을 품고 있는 고려연방제의 본질은 적화통일에 있다는 것이다. 또한 사상전에서 우리가 그들을 이겨낼 수 없다는 것이 엄연한 사실이었다. 월남전을 타산지석으로 삼아야 한다. 저들의 사상무장은 철통같아서 집으로 치면 내진 설계를 갖춘 철골 구조물과 같았다. 여기에 비하면 남조선 사람들의 정신은 사상누각 격으로 바람이 조금만 불어도 흔들렸다. 이미 남조선에 사는 국민의 많은 숫자가 공산주의를 선호하고 있기에 어느 시점에 이르면 사상전이란 내란으로 국가의 존망이 심히 우려된다는 것이다. 북조선은 그 때까지만 연명하면 손쉽게 적화통일을 이룰 수 있다는 결론이다. 모든 경기의 결과는 공격형이 수비형을 이기는 것으로 통계가 나와 있다. 북조선과 남조선의 관계에서 남조선은 언제나 수비형 정책을 펴고 있는 형국이다. 최용국이 그동안 바라본 대한민국에 대한 평가는 남조선이 북조선 보다 먼저 무너질 것이란 생각으로 굳어가고 있었다. 얼마 전까지만 해도 북조선의 체제가 먼저 와해될 것으로 여겼던 용국이다.

북조선은 통일을 대비한 정책을 수립한 지 이미 오래전이다. 남북한 동수의 국회의원을 갖기 위해서 5개 도(道)를 남한과 같이 8개 도로 쪼갰다. 그리고 국민들의 열망은 오직 북남통일이다. 그들은 백두혈통 김씨 왕조의 명령이라면 목숨을 초개처럼 버릴 각오가 되어 있다. 상대적으로 남조선의 보수 세력은 쇠락한 지 오래다.

8·15해방 이후 역대 정권의 무관심 속에 참교육이란 허울을 내세우며 전국의 교직원으로 조직된 속칭 '전교조'가 길러낸 엘리트들이 입법·사법·행정부에 주축을 이루고 있다. 여기에 이북 추종 세력과 대물림 골수 좌파와 원한 맺힌 자생 좌파의 상당수가 힘을 보태고 있다. 이것이 용국의 눈에 비친 대한민국의 내부사정이다. 대통령 된 사람이 사회주의로 가겠다는 의도를 노골적으로 드러내고 있는 가운데 이를 추종하는 국민이 많다는 것은 국가장래의 암운이 아닐 수 없다. 공산정권이 제물에 허물어질 것으로 보는 안목은 기우에 불가하다. 고려연방제를 주창하다가 고인이 된 대통령의 묘소를 찾아가서 이 정신을 잇겠다고 다지는 국회의원의 뒷통수를 보며 용국은 차라리 웃음이 나왔다. 인민공화국식 국가

가 수립되기를 열망하고 있는 교육자가 드디어 요직에 앉는 지경에 이르렀다. 서울특별시 교육감, 경기도 교육감, 강원도 교육감, 저 유명한 전라남도 교육감, 여기에 서울특별시장까지 좌파 인사가 주인이 되어 교육정책의 기조를 바꾸려고 안달이다. 경기도 교육감 이재정은 학생의 요구를 정책에 반영할 방법의 하나로 만 16세 이상인 자는 교육감 선거권을 주어야 한다고 주장을 하고 다닌다. 그 사람은 6·25전쟁이 남침임을 국민 앞에서 공식적으로 인정않는 인사다. 국회청문회장에 나와서까지 자기의 사상을 곧추세우는 골수 좌익이다. 교육감이 될 인성을 가진 자라고 볼 수 없다. 공산화를 위한 교두보 역할을 충실히 하겠다고 다짐하는 모습을 용국은 명확히 목도를 했다.

"국민들의 법의식이 곧 헌법이다. 대통령 탄핵이 기각되면 혁명밖에 없다."

대통령이 되겠다고 눈에 쌍불을 켜고 다니며 대놓고 공갈 협박을 하던 입후보가 대통령이 되었다. 그는 대통령에 당선되면 미국보다 북조선을 먼저 방문하겠다고 공언했었다.

이런 뉴스가 나올 때마다 용국은 헷갈렸다. 도대체 이 땅이 이남인지 이북인지 분간이 명확하지가 않아 헷갈렸고, 남조선 우익들의 무관심인 이유를 몰라 헷갈렸고, 이북의 실상을 아는지 모르는지 분간이 서지 않아 헷갈렸고, 그리고 북조선을 선망하는 이유가 어디에 있는지 헷갈렸다. 한술 더 떠 시장이라는 사람은 행정수도를 사유물로 여겨, 세종로 광장에 대형 태극기를 게양했으면 좋겠다는 국가보훈처장의 청이 있자, 세종로엔 그런 터가 없으니 당신들 사무실 마당에 세우라고 거절하는 판국에까지 이르렀다. 그들에게 태극기는 언제나 눈엣가시였다. 지금 의 남조선을 두고, 월남의 운명을 답습하고 있다는 주장을 많이들 한다.

김대중 정권의 정책은 북한의 사상과 체제는 그대로 인정하면서 남조선만 북조선이 요구하는 대로 인구비례가 아닌 남북한 동수의 대표를 선발하여 고려연방제를 운영하자는 북조선의 주장에 방점을 찍어 놓고 있었다. 여기에 기초한 실천방안이 소위 말하는 '민화협'이었다. 지상의 평화주의자 김대중은 이 민화협을 통일의 전초기지로 삼아 기초를 다진 후에 그 업적을 후임자에게 물려주고, 후임자가 다시 다음 후임자에게 넘겨줄 수만 있다면 북조선식 연방제 통일은 성사가 된다고 확신했다.

이 정책을 두고 신의 한 수로 생각하는 위정자가 많다는 사실에 주목해야 한다. 가랑비에도 옷은 젖는다.

통일로 가는 길

대한국민의 지상 목표는 통일이다. 그러나 그 통일이 적화여서는 안 된다. 용국의 주장이었다. 통일이라 하는 것이 옛날 이승만 대통령처럼 점심은 서울에서, 저녁은 신의주에서, 이런 입에 발린 선동으로는 어림없다. 용국의 주장은 이런 가식적인 웅변보다는 실제적인 행동이 필요하다는 주장이다. 종교인들이 왔다 갔다 하고, 연예인들이 좀 왔다 갔다 하고, 가수들이 가서 노래나 하고,

그걸 화해의 모션으로 생각하고 있는데, 또 가톨릭 사제들이 가서 귀에 솔깃한 말이나 해주고, 미사 집전한다며 북한 사회 우월성을 두둔하기 위해서 상대적으로 남한 사회 비하하는 그런 얄팍한 짓거리 가지고는 정신무장한 이북의 지도층이나 특히 국민들의 가슴을 돌려놓기는 어렵다는 것이 용국의 생각이다. 이제 이런 식은 집어치우자. 진정한 화해를 도출하기 위해서는 사실상 책임진 실체들에게 평화의 중요성을 인식시키자. 김정은 독재 체제의 실세들에게 평화의 중요성을 일깨워 주자. 용국의 주장이 낭만적이기는 하지만 순수성은 높이 평가할 가치가 있었다. 또한 용국은 김영삼 보다 노태우 대통령의 치적을 생각할 때가 많았다.

실로, 노태우 대통령의 6·29선언은 대한민국 헌정사에 새로운 이정표였다. 군정의 민정 이양은 그리 간단한 문제가 아니었다. 피를 보는 일이다.

아침 밥상을 앞에 놓고 수저를 들고 있는 전직 대통령의 밥그릇을 빼앗고, 오랏줄로 묶어가 듯 구인(拘引)해 가는 야만의 행동을 전 국민이 목도했다.

김대중 정부가 들어서자 북한을 보는 눈이 급변했다. 1998년 9월 3일, 정당과 시민단체가 함께 모여 민화협[民族和解協力汎國民協議會]이란 단체를 구성했다. 김대중이 대통령에 취임하던 그 해다. 민화협은 통일운동 협의체로 지금도 활동을 이어가고 있다. 법인형태의 이 민화협은 사단체이지만 정부로부터 후한 사업비를 지원받고 있다. 이 단체는 통일문제에 대한 국민 합의를 이끌어 내고, 민족화해 협력과 평화를 실현하고, 민족 공동번영을 이루어

나간다는 목표를 세워놓고 있다.

이에 앞서 1998년 6월 '조선민주주의인민공화국'은 '통일을 희망하는 북남 및 해외단체 인사들과의 접촉과 왕래 협력강'를 목적으로 하는 민간교류 협의체인 '민족화해협의회'를 결성하고, 평양에서 정당, 단체 대표자 회의를 열어 같은 해 8월 15일 판문점에서 민족의 화해와 단합을 위한 대축전을 개최할 것을 남측에 제의했다. 당시 김대중 정부에서는 이 제안을 긍정적으로 검토하여, 1998년 7월 민족의 화해, 평화, 통일을 위한 대축전 남측본부를 결성하였다. 남측본부의 참가 원칙은 남북기본합의 정신에 동의하는 모든 개인, 시민사회단체, 정당은 과거 행적과 정파를 불문하고 누구나 참여할 수 있도록 되어 있었다.

그러나 결성 초기 정당과 일부 보수 사회단체가 포함되지 않았다는 비판 여론이 제기되면서 진보, 보수 사회단체와 정당을 모두 포괄하는 '민족화해협력범국민협의회'의 결성을 추진하게 되었다. 그리하여 1998년 9월 정당, 보수, 진보, 시민단체를 망라한 통일운동 상설협의체로서 민화협이 창립되었다. 김대중 정부가 끝난 이듬해인 2004년 7월 집계로 민화협 회원단체는 모두 203개에 이르렀다. 통일의 서광이 코앞 가까이에 보였다.

2000년 6월 13일 평양 순안공항을 출발하여 김정일 관저로 이동하는 90분간의 밀담 내용을 미 CIA정보당국이 도청했다. 출판사 [일신]은 이 사실을 담아 2004년 12월 4일자로 「김정일 파멸의 날」이란 제목을 달아 출간을 했다. 저자는 '미도 히로미찌'이다. 내용을 발췌하여 소량 기술한다. 출판사 [일신]은 어렵게 포착하였다는 주석을 달았다.

"생전의 김일성 수령님을 만나 뵙지 못하여 유감입니다."

"(박통시절) 납치 사건에 있어서 여러모로 힘써 주셔서 오늘날의 제가 있었습니다."

"광주사태로 인하여 사형판결을 받았을 때에도 생명을 구해주셨습니다."

"수령님의 은혜에 보답하기 위해서 김 총서기님과 협력하여 살고 싶습니다."

"남북평화협정을 조기에 체결하고 싶습니다."

"국가보안법을 철폐시키고, 주한미군을 철수시켜, 민족을 자주적으로 통일하는 데 매진하고 싶습니다."

"북조선에 경제재건을 위해서 의욕적으로 협력하겠습니다."

"클린턴 미 대통령과 일본 총리를 조속히 평양에 가도록 노력하겠습니다."

-남쪽의 국가정보원에 의하면 김정일이 김대중에게 남로당 입당서류와 1967년부터 김일성이 죽을 때까지 30여 년간의 김대중에게 제공한 자금원조에 관한 자료 등을 보이며-

"이들 자금이 도움 되었습니까?"

라고 김대중에게 귓속말을 하였다고 되어 있다. 그리고 북측이 끈질기게 요구한 '통일을 위한 낮은 연방제'를 남조선이 수용하는 형식으로, 소위 '6·15남북공동선언문'을 두 정상의 이름을 담아 발표하기에 이른다. 김대중의 '민화협' 발상이 겉보기에는 그럴듯

한 정책이었다.

'민족화해협력범국민회', 민화협의 발족은 거국적인 기구로 조직이 된 단체다. 그 좌우 가릴 것 없이 모든 직능단체가 총 망라해 참여를 했다. 200개가 넘는 단체가 모였다. 그런데 우파단체는 얼마 가지 못하고 가을 낙엽처럼 우수수 떨어져 나갔다. 단체가 지향하는 방향이 좌경화였기 때문이다. 마지막 남은 우파는 바로 상이군경회뿐이었다. 용국이 그 상이군경회를 이끌고 있었다.

통일의 징검다리 역할을 하리라고 단단히 믿었던 민화협도 김대중 정권의 종말과 더불어 그 막을 내리고 말았다.

용국의 생각은 이러했다.

"우리가 침략을 당한 상태에서 먼저 가서 사과한다는 것은 이건 쪽팔리는 일이다. 이렇게 생각할 이유가 없다 이겁니다. 우리가 진정한 형 노릇을 하려면 한 발 물러서 주고, 한 발 양보해 가지고, 우리가 먼저 가서 원한을 서로 씻자! 당신이나 나나 이렇게 병신들이 되었는데, 우리끼리 끝내 죽을 때까지 병신이 되어 가지고 서로 죽이지 못해 애쓸 것 없지 않느냐? 서로 원한 지을 것 없다. 싹 없애자. 우리 이렇게 되면 다른 인민들, 북한의 인민들, 남한의 시민들 다 화해되는 거다! 우리 여기 주역이 되어보자!"

그러나 이 발상은 설득력이 없는 주장에 불과했다. 천하 권력의 불용성, 김일성 일가와 백두혈통이 그리 쉽사리 문을 열어줄 집단이 아니었다.

용국의 이 생각은 지금도 변함이 없다. 그렇다. 통일은 누가 들고 와서 우리에게 안겨주지 않는다. 남한은 북한으로 하여금 핵과 대남적화 전략을 포기하도록 기다리고, 북한은 미국으로 하여금 한반도평화협정 체결 정책이 나오도록 기다리고, 미국은 중국으로 하여금 대북 압박에 적극적이기를 기다리고, 중국은 한국으로 하여금 친미노선의 탈피를 기다리고, 일본은 대한민국 평화통일에 목마르지 않고, 여기에 북조선의 체제를 선호하는 친북좌파가 3권의 권한을 상당 부분 장악하고 대한민국의 와해를 획책하고 있으니, 그놈의 통일이 저만큼 다가오다가도 멈추곤 했다.

회전목마

용국에게 군경회의 부회장 직책이 내려졌다. 과분한 일이다. 능력이야 갖추고도 남지만 건강이 문제였다. 용국에겐 무거운 짐이었다. 조국 통일 성업 달성과 세계평화에 기여한다는 군경회의 설립목적을 선창해온 용국은 책무가 소중함을 스스로 느끼고 있는 터였다. 용국은 웬일인지 고향 성진에 두고 온 부모와 친지가 더 보고 싶었다. 용국은 민화협을 생각하면 피가 거꾸로 선다. 내 일이라도 해방이 된다는 기분으로 이 사업에 전념했었다. 민화협엔 참여 단체만 200개가 넘는다. 회원 수만 8만에 이른다. 모두가 선골(仙骨) 회원이다. 278개의 지회를 거느리고, 전교조보다 더 탄탄한 위용을 갖춘 집단이라 평가받는다. 600만 회원을 거느린 재향군인회도 이 단체의 지배하에 움직였다.

그렇다. 김대중 정권의 상징 6·15 남북 공동 선언만 이행이 된다면 통일은 앞당겨 질 수 있다. 이 공동성명은 한국의 김대중 대통령과 북한의 김정일 국방 위원장이 분단 55년 만에 처음으로 만나 백화원 영빈관에서 6월 14일 오후 3시부터 6시 50분까지 3시간 50분에 걸친 회담 끝에 합의한 5개 항의 내용이 담긴 통일 이정표다. 첫째, 통일문제의 자주적 해결. 둘째, 1국가 2체제의 통일 방안 협의. 셋째, 이산가족 문제의 조속한 해결. 넷째, 경제 협력 등을 비롯한 남북 간 교류의 활성화 등이었다. 생각할수록 분했다. 왜 남조선 백성들은 자기들의 대통령을 못 잡아먹어서 안달일까, 임기가 끝나기 무섭게 잘못한 정책만 들추어 감옥으로 보내려 하니, 이래가지고도 종묘사직이 이어지는 게 이상했다. 전임자들의 정책을 휴지조각처럼 밟아 버리니 국가의 정체성이 흔들릴 수밖에 없었다.

'副會長 崔容國'이란 팻말을 책상 위에 올려놓고, 안락의지에 앉아 보지만 용국의 정신은 온통 딴 곳으로 빠지고 있었다. 생전에 맞이하고 싶은 것이 있다면 그것은 오직 통일뿐이었다. 마음이 온통 심란하여 갈피를 못 잡고 있는 판에 김선대가 찾아왔다.

"형님 저녁에 형님 모시고 갈 곳이 있어서 왔어요. 시간 내실 수 있지요?"

"있다마다. 김 과장 청인데…."

이렇게 급조된 두 사람의 만남에서 간 곳이 고작 노래방 '향교'였다. 직원들이 모여서 '상이군경회가'를 부르며 즐거운 시간을 보내던 곳이다. 그런데 오늘따라 달랑 손님 둘을 맞이한 노래방은 분위기가 좀 그랬다. 용국은 다리를 열십자로 꼬고 앉았다. 용국은 4·6배판 크기로 손수 제작해서 만든 노래 묶음집을 무릎 위에 올려놓고 펼쳐가며 선곡을 했다.

"127번 눌러봐."

용국이 김 과장에게 '충혼곡' 고유번호를 일렀다. '노래방 가사집'을 뒤적이고 있던 김 과장이 127번을 눌렀다. 그러나 127번의 노래는 '충혼곡'이 아닌 백년설의 '대지의 항구'로 바뀌어 있었다. 용국이 깜박했던 것이다. 123번이 충혼곡 고유번호였다. 차라리 잘됐다 싶었다. 따분한 회가 보다-꿈에 어리는, 꿈에 어리는, 항구 찾아 가거라- 이 가사가 훨씬 멋졌다. 최용국도 그랬고, 김선대도 마찬가지였다. 그런데 정작 즐거움의 순간은 오래 가지 못했다. 심장이 칼침에 찔리듯 쓰리고 아팠다. '항구'라는 노랫말 때문이었다. 용국은 항구도시 성진을 생각하면 가슴이 저려온다. 질펀한 개펄 내움이 바람에 실려 성진항을 덮어올 때면 뱃고동 소리가 하늘로 오르고, 어부들의 구릿빛 얼굴에 생기가 돌았다. 김선대도 예외는 아니었다. 그도 선창가 파도 소리와 흰 갈매기의 울음소리를 들으며 잔뼈가 굵은 사람이다.

두 사람은 노래방에 더 있고 싶지 않았다. 손바닥만한 노래방에서 듣고 있는 파도 소리와 갈매기 소리는 가슴을 옥죄어 차라리 답답했다. 용국이 먼저 일어났다. 두 사람은 경사진 노래방 계단을 조심스레 밟아 올랐다. 용국이 앞서고, 선대가 뒤따랐다. 계단을 오르는 용국의 거동이 퍽 불편하게 보였다. 용국을 처음 대했을 때 보다 눈에 띄게 몸이 망가지고 있었다. 선대는 그런 모습의 용국이가 싫었다. 힘겹게 계단을 오른 용국은 뒤를 돌아다보았다.

김선대는 손을 뒤로 포갠 채 계단을 올라왔다. 그렇게 노래방을 나온 두 사람은 한참 동안 말없이 그저 땅만 내려다보고 걸었다. 무슨 말이든 하고 싶지가 않았다.

다음날 오후 시간이었다. 용국은 최태호 회장실로 들어갔다. 회장실엔 마침 찾아온 손님이 없었다. 최 회장은 의자에 앉아서 신문을 읽고 있었다. 용국은 그간에 품고 있었던 복안(腹案)을 단도직입적으로 최 회장 앞에 쏟아 놓았다.

"이제 앞으로 우리는 신문에 계속 강경 성명이나 내고, 그것만 가지고 하기엔 이제 안 됩니다. 틀에 박힌 이러한 울타리 행동에 불과합니다. 그러지 말고 변신을 좀 해야 됩니다. 이 일은 회장님이 계획하셔야 됩니다. 엄청난 국제적인 포커스를 받을 겁니다. 우리가 먼저 용서하지 않고서는 이북을 변화시키지 못합니다. 용서하고 화해를 해서 선물도 주고받는 이런 것도 있어야 됩니다. 여기서 만약에 6·25 때 다친 사람들 그 이후에 어떤 일을 하다가 공상(公傷)을 입어가지고 활동을 못하고 아직까지 치료가 안 된 어떤 거, 중병에 걸린 북조선 동포가 있으면 우리가 우리 보훈병원에 모셔다가 특별히 치료해서 보내드릴 수도 있고, 그런 아량이 필요합니다. 우리가 필요할 때 코이카[(KOICA)한국국제협력단]니 뭐 이런 걸 동원해서라도 우리가 붐을 조성해서라도 평양이면 평양 어디다가 상징적인 우리 거, 화해의 상징으로 보훈병원도 거기다가 하나 좀 설립하고, 이렇게 하면서 서로 왔다 갔다 하고, 이런 계기를 좀 만드는 게 좋습니다. 민화협 정신이 바로 이런 것 아니겠습니까?"

외워 둔 웅변의 연설문처럼 용국의 입에서 통일 전술이 술술 나왔다.

최 회장은 용국의 얼굴을 뚫어져라 쳐다봤다.

"최용국! 갑자기 돌았나?"

최 회장의 입에서 불쑥 나온 말이다. 용국은 눈을 부릅뜨고, 최 회장의 얼굴을 쏘아봤다. '돌았다니?' 이럴 수가! 순간 용국의 눈 가장자리에 이슬이 맺혔다. 용국은 땅이 꺼져라 '후유-'하고 목구멍에서 한숨 소리가 터져 나왔다. 최 회장은 그렇게 해놓고도 너무 했구나 싶어 좀 미안했다. 최 회장이 용국의 의욕을 모르는 바 아니다. 그러나 실현 가능성이 희박하다고 판단하고 있는 터에 주석을 달아 주었다가 문제가 생길 수도 있는 일이기에 덮어두자는 뜻에서 한 말이다. 최 회장은 곧바로 자기의 말이 과했노라고 사과했다.

용국은 민화협에 가입할 때 중상자들을 대동했다. 주로 휠체어를 타고 다니는 상이자들을 앞세웠다. 이후 용국은 임원 자격으로 금강산도 다녀오고, 평양에도 다녀왔다. 평양에서는 상이군인 회장 누구라면 다 알 정도로 선전이 되어 있었다. 용국은 평양에 머물면서 일정량 자기 역할을 완수했다. 사실 용국은 북조선에 있으면 지금쯤 연로한 의사로 대우받고 살 수 있는 신분이었다. 어린 손주 주렁주렁 앞에 놓고, 고 녀석들 재롱 보며 재미나게 지낼 용국이었다. 용국에게 3박 4일간의 평양 방문은 화려한 꿈으로 남았다. 극진한 대우를 받았다. 그네들의 생활상은 화려하고 부유해 보였다. 큰형 사이카이류우의 소식을 알아보려 했으나 성사시킬

수가 없었다. 금강산도 구경했다. 가는 곳마다 그들은 용국 일행을 먼저 알아보고 손으로 눈으로 인사를 해왔다.

어쨌건 용국의 일관된 주장은 화해정책이었다. 우리가 서로 살아남자면 무조건 화해를 해야 한다. 그전처럼 좌우익이 갈려 싸우다가는 천년 만년이 가도 절대 통일이 안 된다. 결국은 어느 쪽이 무력침공을 당하는 수밖에 없다. 그러니 이제는 서로 흉금을 털어놓고, 화해하는 길밖에 없다. 그런데 용국의 이 주장이 도를 넘었다. 용국은 우리의 주적이 북괴일 수 없다며 국방부 백서 내용까지 들고 나왔다. 이 분위기가 상이군경회의 내부까지 흘러들었다. 결국 용국은 못 말릴 놈으로 주위에 인식이 되었다. 이북 출신으로 좌익 사상에서 벗어나지 못하고 있다는 인식을 갖게 하는 우를 스스로 범하고 말았다. 하필이면 용국에게 우호적이던 윤재철 군경회 회장이 죽었다. 최태욱이 이어서 그 회장의 자리를 물려받았던 것이다. 최 회장의 통일관은 용국의 생각과는 거리가 멀었다.

용국은 불현듯 여의주가 보고 싶었다. 呂궁식·李마주·周채식 이 세 친구가 옆에 있었다면 용국의 입지가 달라졌을 지도 모른다. 무슨 일에건 유화적이던 궁식이, 직설적이던 마주, 강직한 성질을 버리지 못하는 채식이가 한없이 그리웠다. 궁식은 장진호 전투와 연루되어 고혼이 되었고, 마주는 현리 전투에서 포탄을 맞아 그 자리에서 육신이 산산이 부서졌으며, 채식은 월북을 했다는 뜬 말이 있었다.

민화협은 뒷날 노무현 정권 시절인 2009년 6월 14일 장충체육관에서 열린 '6·15공동선언 범국민실천대회'에 참석하는 등 좌파

정권에 열성적으로 충성했다. 드디어 이 단체의 한 회원은 마크 리퍼트 주한 미국 대사를 살해할 목적하에 날카로운 무기로 목을 찌르는 끔찍한 일을 버리기도 했었는데, 그가 바로 '우리마당대표'라는 민화협 소속 김기종이었다.

용국이 남한 국민이 되어 살아가는 생애 중 가장 가슴에 와 닿는 정치행태가 김대중의 민화협 창설이었다. 용국은 윤재철 회장과 더불어 평양에 갔을 때 이북의 정시영 민단협 회장과 철석같이 주고받은 약속이 있었다. 어떤 어려움이 있더라도 민화협 정신을 이어 살려 통일을 이룩해 보자고 했었다. 그리고 적당한 시기 북쪽 대표단도 초청하기로 했다. 이렇게 서로간 왕래가 잦다가 보면 통일이 될 수도 있다는 것이 이들의 주장이었다.

엘베강을 건너다

최용국과 김선대는 노래방 '향교'로 갔다. 김선대가 제안한 동행이었다. 그런데 거기 놀랍게도 유하성이 기다리고 있었다. 의외였다. 선대가 이런 짓거리를 하다니! 용국은 순간 현기증이 이는 듯 정신이 몽롱했다. 머리를 좌우로 두어 번 흔들었다. 꿈속은 아니었다. 현실이었다. 반갑게 맞이해야지. 이런 생각이 머리를 스쳤다. 아니야, 송아지 제 형 보듯 해야 돼. 실로 난감했다. 그러나 김선대와 내통하고 있었다면 이는 분명 큰형 상국과도 모종의 관계로 엮여져 있다는 것이다. 용국은 대뜸 그렇게 생각했다. 용국은 선대의 눈치를 살폈다. 선대는 얼굴색 하나 변하지 않았다. 되려 용국을 향하여 핀잔하듯 말을 걸었다.

"뭘 하세요? 형님, 서로 모르는 사인가요?"

김선대가 능청을 떨었다.

용국은 선대에게 눈길을 주며 그냥 웃음을 지었다. 그렇게 할 수밖에 없었다. 옆에 섰던 유하성이 손을 먼저 내밀었다.

"오래간 만이요."

"반갑습니다. 형님"

두 사람은 서로 손을 잡고 흔들었다. 두 사람은 서로 손을 잡은 채 얼마간 그대로 서 있었다. 두 사람의 얼굴 표정은 언 고등어 등짝모양 딱딱하게 굳어져 있었다. 김선대가 맥주를 시켰다. 기다렸다는 듯 점원이 맥주 3병을 들고 왔다. 눈치 빠른 점원은 분위기를 감지하고, 맥주병과 술안주가 담긴 오봉을 그대로 두고 쫓기듯 자리를 비켰다. 세 사람은 점원이 날라다 주는 맥주를 미친 듯이 마셨다. 맥주는 두 병씩 일곱 번째 들어왔다. 김선대는 맥주를 시켜놓고 점원이 들어올 때를 기다렸다가 기기를 작동하여 볼륨을 올려서 세 사람이 주고받는 대화의 내용이 밖으로 새어나지 못하게 했다. 시간이 많이 지났다. 김선대는 우물쭈물하다가 먼저 나가버렸다. 유하성도 그렇고, 최용국도 그렇고, 두 사람의 눈알은 피를 쏟을 듯이 충혈되어 있었다.

"어제 형 애이다구 만났네!"

이렇게 말하는 유하성의 혀는 술에 절여 있었다. 그러나 분명 애이다구라고 했다. 애이다구는 용국의 큰형 상국의 아명이다.

"형은 지금 이남 있네. 이북은 자주 왕래해."

용국은 가슴이 철렁했다. 영특하고, 약삭빠르고, 임기응변에 능한 큰형이 결국 그렇게 살고 있었구나! 용국은 혼잣말로 중얼거렸다.

"형을 만나보고 싶거든 내일 이 시간 여기서 만나세."

유하성은 크지도 작지도 않은 톤으로 그렇게 말했다.

인사불성인 용국은 유하성의 말이 귀에 들어오지 않았다. 유하성도 안 죽을 만큼 취해 있었다. 세상 풍파 다 겪고, 고생을 낙으로 살아가는 유하성의 심정을 용국은 절반도 모른다. 두 사람은 한 평 남직 크기의 노래방 의자에 얼굴을 서로 맞대고 잠이 들었다.

이튿날 13시 정각 용국은 향교 출입문 쪽으로 나갔다. 유하성은 보이지 않았다. 용국은 뒷짐을 지고 약간 경사진 길을 걸었다. 간밤에 유하성이 시킨 대로 하늘 세 번 쳐다보고, 땅 두 번 내려다보았다. 그렇게 똑같은 동작을 3번 반복하며 걸었다. 걸으면서 길 건너 쪽을 훔쳐보았다. 과연 행인 속에 섞이어 움직이는 모습 중 자기와 닮은꼴의 행동을 하는 남자가 있었다. 그 사람이 바로 인민군 문화부 대공장교 최상국이었다. 그는 남한에서 붙박이로 활동하는 고정간첩이었다. 용국은 조금 느린 속도를 유지하며 보폭을 좁혀 형 상국에게로 접근했다. 그리고 B29가 작전 중인 전투기에 공중 급유를 하듯, 안주머니에 깊숙이 숨겨 간 서류봉투를 꺼내어 상국의 손에, 아니 형의 손에 넘겨주었다. 작전은 퍽 부드럽게 끝났다. 순간적이나마 최용국의 손바닥과 최상국의 손등이 닿았다. 핏줄의 온기가 강하게 느껴졌다. 흔히 전기가 통한다고 했던가, 찡하고 살점에 불이 붙는 듯했다. 그런데 용국은 형 상국의 얼굴을 제대로 쳐다보지 못했다. 자꾸만 누가 옆에서 지켜보는 것 같았다. 59년 만의 상봉은 그렇게 꿈결같이 끝났다. 용국은 짙은 안개 속에서 물체를 보듯 형의 모습을 그렇게 봤다.

용국이 상국에게 건너 준 문건(文件)은 이북의 주장대로 국가보안법 폐지를 촉구하는 각계인사 공동선언 참가자 71명과 각 사회단체 명단이었다. 그리고 5·18 광주사태의 개략도 정리해서 담았다. 사회단체는 총 106개로 집계되었는데, 그중 좌파성향 63개, 우파성향 31개, 그리고 중도성향이 12개로 되어 있었다. 이들 단체에 대한 홈페이지, 조직현황, 주요 인사, 주 활동 등이 상세히 기록되어 있었다.

한 사람의 활동을 간략하게 정리한 것도 있었다. 성함부터가 이단적이었다. 괴상했다. 이름이 창서(金猖鼠)다. '미쳐 날뛸 창자'에 '쥐서자'가 그의 호적명이다. '猖의 훈은 어지럽다'이며, '鼠의 훈은 간신배'의 뜻으로 풀이한다. 물론 부모가 지어놓은 아명이 아니다. 사회활동을 하면서 튀고 싶어서 그렇게 개명한 이름이다.

김창서는 전북대 78학번이다. 『학생운동의 방법과 그 수단에 관한 연구』란 저서를 남길 정도로 학생운동에 심취한 인물이다.

최상국이 전해 준 좌파 세계의 실상은 너무나 적나라하였다. 혼자 듣기 아까운 대목이 많았다. 상국은 이런 나라에서 세금을 받으며 공직생활을 하였다고 했다. 대한민국이 공산화되지 않고 지금껏 버틸 수 있는 게 이상하다고 했다. 그의 눈에는 대한민국이 콩가루 집안으로 보일 수밖에 없었을 터이다.

같은 날 저녁 상국과 유하성은 둘만의 아지트에서 단둘이 만났다. 용국으로부터 건너 받은 서류뭉치를 앞에 놓고 둘은 눈을 부라리며 귓속말을 주고받았다. 국가보안법 폐지를 촉구하는 각계 인사 공동선언 참가자 명단부터 확인했다.

강신석 목사(조선대 이사장), 강원하 목사(기장 원로목사), 금영균 목사(예장, 전 노사정위원회 위원), 김동완 목사(전 KNCC 총무, 아시아기독교협의회 중앙위원), 김상근 목사(기장총무, CBS 이사), 김준영 목사(감리교 총무 원로목사), 김지길 목사(전 감리교 감독회장), 박덕신 목사(감리교, 전국목회자정의평화실천협의회 상임의장), 박상중 목사(전 아세아교회협의회 총무), 박형규 목사(전 민주화운동기념사업회 이사장), 오재식 목사(전 월드비젼 회장), 오충일 목사(전 NCC 회장, 전 민주헌법쟁취국민운동본부 상임집행위원장), 유경재 목사(예장, 안동교회 원로목사), 이명남 목사(전 KNCC인권위원회 위원장, 예장 사회문제위원장), 이해동 목사(기장, 덕성여대 이사장), 조승혁 목사(감리교 도시산업선교회, 도시개발연구원), 조용술 목사(복음교회 목사, 전 CBS 이사), 홍근수 목사(기장 원로목사, 평화운동가), 홍성현 목사(예장, 전 기독교사회선교연대회의 공동대표), 김병상 신부(천주교정의구현전국사제단), 김택암 신부(천주교정의구현전국사제단), 문정현 신부(불평등한소파개정국민행동 공동대표), 양홍 신부, 송기인 신부(부산가톨릭교회사연구소장), 신현봉 신부, 안승길 신부, 안충석 신부(천주교정의구현전국사제단 고문), 황상근 신부, 함세웅 신부(전 천주교정의평화인권위원장), 영공 스님(전 해인사 주지)

-이상 종교계-

강만길(상지대 총장), 국순옥(인하대 교수), 박승경(전 이화여대 교수), 백낙청(서울대 명예교수), 변형윤(서울대 명예교수), 성대경(역사문제연구소 고문), 이문영(고려대 명예교수), 이상희(서울대 명예교수), 이이화(동학농민혁명기념재단 이사장), 이지형(성균관대 명예교수), 장회익(녹색대학 총장), 정창렬(한양대 명예교수), 주종환(동국대 명예교수), 최장집(고려대 교수), 한완상(한성대 총장, 전 교육부총리) -이상 학계-

이돈명 변호사(전 민변 회장), 최영도 변호사(전 민변 회장), 한승헌 변호사(전 감사원장) -이상 법조계-

김윤옥(전 한국정신대문제대책협의회 대표), 박영숙(한국여성재단 이사장), 이효재(한국정신대문제대책협의회 명예대표) -이상 여성계-

김중배(전 문화방송 사장), 리영희(한양대 대우교수), 주섭일(내일신문 주필 겸 고문), 최일남(소설가, 전 한겨레 논설고문) -이상 언론계-

서한태(목포환경과건강연구소 이사장), 장임원(전 중앙대 의대학장), 홍창의(전 서울대 병원장) -이상 보건의료계-

백기완(민족문제연구소 소장), 남상헌(민주노총 지도위원), 박정기(유가협 고문), 박용길(전 통일맞이 이사장), 배다지(민화협 상임고문), 배종렬(전농 고문), 신창균(통일연대 명예대표), 오종렬(전국연합 상임의장), 이소선(유가협 고문), 임기란(민가협 고문), 정광훈(전국민중연대 상임대표) -이상 재야-

명단을 확인한 두 사람의 얼굴은 상기되어 있었다. 자기들이 알고 있는 것보다 훨씬 구체적이었다. 그리고 실제 한국 사회를 움직이는 106개의 단체를 일일이 분석해본 두 사람은 자못 흥분을 감추지 못했다. 조직 현황도 살폈다. 조직의 설립년월일을 정권별로 체크해 봤다. 단연 김대중·노무현 정권시절에 많이 생겨났다. 106개 단체 중 32개 단체가 김대중 정권, 27개 단체가 노무현 정권 때 생겼다. 이승만과 이명박 정권 시절에는 각각 3개 단체가 결성되었다. 63개 좌파단체 중 59개 단체가 두 정권 때 설립되었다.

특별히 관심이 가는 단체가 몇 있었다.

'민주사회를위한변호사모임'과 '전국교직원노동조합'과 '민주언론시민연합'과 '범청학련남측본부'와 '실천불교전국송가회'와 '기독교교회연합회의'와 '천주교정의구현사제단'과 '전국민주노동조합총연맹'과 '주한미군철수운동본부'와 '한국진보연대' 등이었다.

대공장교 최상국의 최대 관심사는 '민변'과 '전교조'였다. 입법부와 사법부의 요직에 민변의 우군이 포진해 있다는 사실은 정부의 일정권한을 행세한다는 의미가 되고, 전교조가 활개를 치고 설치는 한 남한의 부르주아는 맥을 쓰지 못한다. 또한 전교조는 공산주의 사상을 주입시키는 자칭 연금술사였다. 지금 이들 두 단체는 김정은의 2중대역할을 스스로 자임하면서 목숨 바쳐 활동을 하고 있다. 이 주장은 최용국과 김선대의 맞아떨어지는 견해였다.

백승현, 이돈명, 김인숙, 안상운 등이 이끄는 민변은 1988년 5월 28일 설립된 단체로 변호사 500여 명이 가입돼 있다. 법조계 좌파운동 세력의 결집체로 인식하면 된다. 적지 않은 숫자다. 말이 좋아 민변이지 이들은 노골적으로 이북정권의 친위대 노릇을 하고 있었다.

소속 변호사 중에서 김대중·노무현 정부의 고위직 및 국회의원이 많았다. 민변은 국보법폐지연대, FTA범국본, 파병반대행동, 평택범대위, 광우병대책회의 등에 늘 앞잡이 노릇을 했다. 이 단체는 특히 국보법 폐지에 열을 올린다. 2004년 12월 27일에는 서울 서초동 사무실에서 기자회견을 열고 국보법 폐지 시한부 철야 단식 농성을 전개했다. 이들은 「17대 국회의 제1의 역사적 책무에 속하는 국가보안법의 완전한 폐지」 운운하며 「국가보안법의 완전폐지 이외의 어떠한 여야의 정치적 타협도 반대한다」고 주장했다. 이들은 국보법 위반사범인 강정구, 송두율 및 한총련 변호에도 앞장서 왔다. 2003년 10월 22일 성명에서 「이번 검찰의(송두율)」 구속영장청구는 선처를 조건으로 한 전향을 검찰이 요구하는 수준에서 강제하기 위한 수단으로 선택된 것이란 의구심을 지울 수 없다」며 송두율 구속수사를 규탄했다. 2005년 10월 13일 논평에서 강정규 동국대 교수 건과 관련, 「이번 사건이 보여주는 것처럼 국가보안법은 우리 헌법이 보장하는 학문, 사상의 자유와 표현의 자유를 근본적으로 침해하는 결과를 낳을 수밖에 없기 때문에 우리는 그동안 국가보안법의 폐지를 요구해 왔다」고 주장했다. 강정규의 주장은 늘 한결같이 북조선을 그 자체로 이해하자는 것이었다. 그는 자기 입을 통하여 김정은에게 누가될 말은 하지 않는 위인이다. 2003년 8월 7일에는 한총련 미군기지 난립과 관련, 「이번 시위는 우리에게 한반도에 드리운 위험의 실상을 분명히 알리고 한반도 핵문제의 평화적 해결의 중요성을 다시금 인식시킨 것」이라며 「이번 시위를 계기로 한총련 합법화의 기류를 가로막으려

하는 사회일각의 태도에 대해 심히 우려한다」고 주장했다.

문화부 대공장교 최상국은 노무현 정권하에 좌파 단체가 특히 많이 설립되었다는 사실에도 주목했다. 그리고 중국 어느 식당 동료 12명의 탈북에 대한 김정은의 주장을 대변하는 민변의 태도에 관심을 쏟았다.

중국 저장(浙江)성의 북한식당에 근무하던 여종업원 12명은 남성지배인과 함께 탈출 제3국을 거쳐 국내에 들어온 일이 있었다. 출신 성분이 우수한 이들의 집단탈북은 북한의 4차 핵실험 이후 대폭 강화된 국제사회의 대북 압박·제재 분위기 속에서 국내외 언론의 주목을 받기에 충분했다.

그런데 느닷없이 민변은 이들 12명을 법정에 세워 과연 한국행이 자유의사인지 아니면 납치인지 진실을 가려보자고 법원에 정식으로 소송을 제기했다. 법원은 기다렸다는 듯이 이를 낼름 받아들였다. 법정에서 자진 탈북하였다고 실토를 하면 북의 가족이 사지로 내 몰리게 된다. 그러니 이들의 주장은 오직 하나 납치를 당하였다고 주장할 수밖에 없다. 민변이나 법원은 이 사안을 박근혜 정부를 흔들어 놓기 위한 무기로 삼았다. 소송 그 자체만으로도 김정은을 웃음 짓게 하는 일이었다. 또 그들은 국제적으로 박근혜 정부의 신인도가 떨어질 것이라는 계산도 깔고 있었다. 어떻든 민변은 박근혜 정부를 못살게 구는 일이라면 쌍지팡이를 집고 나섰다. 이렇듯 민변의 의도를 미리 알고 그들에게 손을 들어 주자는 것이 법원의 태도였다. 이들에게 박근혜 정부는 그대로 암 뭉치였다. 이들은 머지않아 대한민국에 좌파정권이 들어서리란 믿음이 서있다.

'12여성종업원' 사건을 구체적으로 기술해 보면 이렇다.

법원은 국가정보원에 여성 종업원 12명을 날짜까지 못을 밖아 법정에 출석시키라고 통보를 했다. 이들이 정부 발표대로 스스로 한국에 온 건지, 북한 주장대로 국정원에 유인·납치된 건지 가리겠다며 민변이 낸 '인신보호구제심사청구'를 심의하겠다고 했다. 법원은 스스로 이미 대한민국 국민을 위한 사법부가 아님을 스스로 천명하였던 것이다. 이북의 지령을 받고 있는 조선민주주의인민공화국의 사법부로 낙인을 찍어두겠는 의미 같았다. 최상국에겐 대단히 고무적인 일이었다. 최상국은 두 주먹을 불끈 쥐었다. 그리고 유하성 얼굴을 뚫어져라 응시했다. 두 사람의 얼굴은 다소 상기되어 있었다.

"유 동무 이거 어케된거요? 스스로 알아서 기누만!"

유하성도 의기양양했다. 하나, 이도 잠시 한국을 뒤흔든 5·18 광주의 11일간 사건이 적나라하게 까뒤집어 지고 있다는 사실이다. 5·18사건 수사기록에 나타난 군인과 시민 양측의 증언·자료·체험기 자료에서, 5·18의 조종자가 DJ추종세력과 북한의 침략군이었다는 증거가 하나하나 들어나고 말았다. 리을설이 이끄는 전투조 600명과 김중린이 이끄는 공작조 600명의 실체가 밝혀진 것이다. 전투조 600명의 구성은 무장습격조·공격조·시민무장교육조·폭파조·반탐조 등으로 세분되어 있으며, 김중린의 공작조 600명은 로열페밀리·호위조·정권접수조·선동모략조·테크노트라스트로 구성된 다수의 공작조·훗날 서울로 위장 파견할 '꿈나무조' 등의 구조를 갖추고 있었다. 전투요원 1,200여 명 중 사살된

병력이 450명이었는데, 이들은 대부분 5월 21일 교도소 공격 중 사살이 되었다. 지만원의 『5·18분석 최종보고서』 등에 의하면, 익히 기억에 남아 있는 당 선전선동부차장 황장엽, 북한 여광무역 총사장 김덕홍, 내각부총리 전하철, 당 국제부대사 김태종, 제네바주제북한대사 서세평, 외무상 백남순, 리수용, 노동당계획재정부장 박남기, 노동당중앙위부부장 박태성, 당중앙위국제담당비서 강석주, 전투조의 인민군원수 리을설, 인민군상장 박승원, 인민군총정치국장 황병서, 인민군차수 최용해, 내각총리 연형묵, 인민군대장 변인선, 리영길, 오일정, 김격식, 최부일, 주상성, 예술공작조 광주의 원한(怨恨) 조각가 최경민, 영화연출가 강중모, 도자기공예가 김동옥, 미술가 리정호, 비군인공작조 조대위위원 김춘실, 조대위위원장 홍선옥, 조대위서기장 손철수, 민화협부장 안명국, 민화협부원 리동석, 유엔주제북한대표부공사 김영길, 노동당역사연구소장 김정임, 노동당비서국비서 오수용, 유엔주재북한대표부대사 신선호, 동 차성남, 만수대의사당부총장 리상진, 국가과학원장 변영립, 대외경제성부장 리광근, 농업근로자동맹위원장 강창욱, 조선문학예술총연맹위원장 김정호, 소설가 정성훈, 인민군차수 조명록, 무산광산연합기업소지배인 고학진, 영국주재대사 현학봉, 유엔북한대표부차석대리 리동일, 유엔북한대표부대사 한시해, 인천아시안게임폐막식대표단 성명미상, 조선올림픽위원회부위원장 송광호, 당검열위원회부위원장 리득남, 아태평화위원회참사 안원혁, 인천아시안게임조추첨대표단 양성호, 함경남도인민위원회위원장 김풍기, 재일조총련부의장 남승우,

(시체 선동조장)수매양정성 상 문응조, 김정일 여동생, 인민군대장 김경희, 조선천도교청우당위원장 류미영, 조총련부의장 김소자, 조선민주여성동맹부부장 백창숙, 조선불교도연맹위원장 차금철, 불교도남북한교류위원장 리규용, 당비서국비서 김평해, 인민군장성 성명미상, 인민군소장 성명미상, 조선그리스도연맹목사 강명철, 그리고 백남순(외무상)·박남기(노동당계획재정부장)·박태성(노동당중앙위부부장)·강석주(당중앙위국제담당비서) 이 4명의 거물급들은 도청을 두고, 5월 21일 오전에는 광주시장이, 22일에는 이들이 장악했다. 그런가 하면 탈북하여 이 땅에 영주하는 인물들도 있는 터였다. 홍순경·김영순·고영환·김소연·강철환·박상학·안혁·김광일·김유송·정성산·조명철·강명도 등이다. 어성일·김창화·최계순·박정숙·신중철 등은 위장 탈북 후 다시 평양으로 되돌아갔다. 신중철은 1983년 대위로 귀순하여 국군정보사령부에서 대령으로 예편할 때까지 한국군 정보를 샅샅이 취득한 후 2001년 중국을 거쳐 북으로 갔다. 그는 당시 한국 최상의 애국자로 행세하고 다녔다.

이 모든 거사는 수포로 돌아가고, 모 월간지의 「5·18, 한국을 뒤흔든 光州의 11일간」을 통하여 그날의 광주사태를 상세히 알렸다. 결국 남한 내의 좌우대립상황을 내란으로 몰고 가려던 DJ 추종세력과 김일성·김정일의 합작 민중봉기는 실패로 막을 내리고 말았다. 광주사태의 원인과 결과는 그동안 수차에 걸친 소송과 재판으로 명명백백 드러나 있는 사실 그대로였다. 사실상의 군발이 정권을 인정할 수 없다. 대통령 직접 선출만이 민주정치이다. 이에 대한 요구와 불만표출의 진원지 광주에 김정일 집단이 가세하고 살인, 방화, 범법자, 흉악범, 불량배 등이 이끄는 데모의 양상이 도를 넘자, 군부의 실세 이학봉·허화평·정도영·권정달·허삼수 등이 숙의한 과잉진압이 불러온 내란양상의 궐기에서, 트럭 적재함으로 무기고 철문을 부수고 M1 소총을 탈취하고, 나주 등에서 빼앗은 총기를 들고 와서 합세한 총격전 중 시민들에게 피탈된 흉기는 소총 4,747정, 기관총 49정, 실탄 29만발, 수류탄 552발이었고, 사인은 M16 96명, 카빈 26명, 자상 4명, 타박사 18명, 차량사 12명, 기타에 이르렀다. 차량사에 의한 사망은 경찰관이 제일 많았다. 이는 데모 진압 중 데모대원이 운전한 차량에 깔려 죽은 자를 말한다.

민변의 탈북 여성 12명의 신변 인수 코미디 놀이판으로 다시 돌아간다.

'인신보호구제심사청구'는 위법한 행정처분이나 타의에 의해 부당하게 시설에 수용된 사람의 기본권 보장을 위해 법원에 석방을 요청하는 것이다. 주로 강제로 정신병원에 갇힌 사람을 꺼낼 때 쓰인다. 민변과 법원은 이를 악용하여 박근혜 정부를 허무는 데 일조하겠다는 메시지를 김정은에게 보내고 싶었다.

"여러 의혹을 해소하고 투명하고 공개적인 검증을 하겠다."

민변은 수차 국정원을 상대로 탈북 종업원들에 대한 변호인 접견을 신청했다가 거절당하자 해외 친북성향 인사들이 평양에 가서 받아온 종업원 가족들의 위임장을 건네받아 인신 보호 구제 심사를 청구했다.

이에 대해 탈북자들과 북한 인권 운동가들은 펄쩍 뛰었다. 우선 등장인물부터 가짜라는 것이다. 또 인권 가해자인 북한 당국의 편에서 인권 피해자인 탈북자와 그 가족을 사지(死地)로 내모는 일이라고 항변했다. 새누리당 하태경 의원도 보다못해 훈수를 들고 나왔다.

"북한 당국이 이들의 가족을 인질로 잡고 있는 상황에서 탈북자가 사실 그대로 진술하기가 어려운데도 이를 강제하는 것은 심대한 인권 탄압이다."

이렇게 지적하고 나선 것이다. 종업원들이 사실대로, "스스로 탈북했다"고 진술할 경우 북에 남은 가족들은 '반역자 무리'로 내몰리게 된다. 민변은 이들이 필시 가족들의 안위를 염려하여 "납치가 맞다"는 진술을 할 것으로 믿고 있었다.

인류의 양심은 이 몰염치한 민변의 사이비 정의감을 저주함에 더하여 이런 위선으로 변호사 노릇하며 수임료 받고 연명하는 저네들의 처지가 가련하고 측은하다며 비웃을 터이다.

법조계에선 다음과 같은 의견을 제시했다.

1차적으로 보호센터에 있는 탈북자가 인신 보호 구제의 대상이 될 수 있는지 의문이라는 것이다.

법조 관계자 A씨의 견해다.

"법원 출석 과정에서 자칫 이들의 진술이 변호인을 통해 외부로 유출될 가능성이 크다. 서류 심사만으로도 '인신 보호 청구의 대상이 아니다'라고 결정할 수 있는 사안이 아닌가?"라고 주장했다.

그러나 좌파성향 법학자나 교수들은 민변의 주장에 동조하고 나섰다. 여기에 유수의 일간지들도 민변에 대하여 비판 기사를 게재하는 데 인색했다. 심지어 탈북자 중 몇 명이 사망했다고 기사화하는 일간지도 있었다. 좌파 판사들은 해산된 통진당원이 도의원으로 활동할 수 있도록 신분을 보장해 주기도 했다. 부산 지방에서는 전교조 소속 교사들이 사회·도덕·역사 과목을 북한 역사책 내용을 발췌해서 만든 교재로 수업을 진행하기도 했다. 이쯤되면 대한민국 영토의 어느 곳을 골라 독립된 인민공화국을 수립한들 이를 제지하고 나서지 못할 것이다.

대한변호사협회가 추천한 국정원 인권보호관 신분으로 귀순 종업원들을 여러 차례 만난 박영식 변호사는 다음과 같이 말했다.

"종업원들은 북에 남겨둔 가족과 자신의 신변 안전을 우려해 (개인 신상이나 발언이) 밖으로 드러나는 것을 절대 원하지 않습니다."

그리고 그는 일부 종업원 사망설에 대해 어이가 없다는 뜻을 밝히기도 했다.

"그걸 믿느냐? 지배인 출신 남성을 포함해 13명 모두 건강하게 잘 있다는 건 분명하게 말씀 드린다."
고 항변했다.

그런데 침묵으로 일관해 오던 북한은 조선적십자회 중앙위원회 대변인 담화를 통해 이 사건을 '괴뢰 정보원 깡패들이 조작한 전대미문의 유인·납치'로 규정하고 종업원의 즉각 소환을 요구한다며 대한민국 민변과 짝짜꿍으로 손바닥을 맞추었다. 과연 찰떡궁합이었다. 또 북의 대남기구 조국평화통일위원회는 입에 게거품을 물었다.

"우리 여성 공민들은 단식투쟁을 벌이고 있으며 일부 어린 처녀들은 실신 상태에 빠져 생사귀로에 놓여있다."

고 주장했다.

친북성향 매체들은 이 주장을 펴 나르느라 신바람이 났다. 물론 국외에서도 북한 주장에 동조하는 움직임들이 있었다. 민변은 한술 더 떴다.

"여러 의혹을 해소해야 한다."

이렇게 괴변으로 일관하며, 국정원 종업원들에 대한 변호인 접견을 신청하기도 했다. 민변은 한국진보연대 등 '진보성향' 시민단체 66곳과 더불어 정부 서울청사 앞에서 기자회견을 열고, 종업원들의 가족만남보장, 국정원 개입 의혹 공개, 종업원의 사망 의혹 해명 등을 촉구하고 나섰다. 그야말로 민변의 변(辯)은 변(辨)이었다. 이어 공인 이적단체인 조국통일범민족연합 남측 본부는 종업원들이 있는 북한이탈주민보호센터(경기 시흥) 앞에서 '변호인 접견'을 주장하는 1인 시위를 벌였다. 국정원이 접견을 거부하면 민변은 또 다시 기자회견을 자청했다.

"종업원 가족들의 위임을 받아 인신보호법상 구제 청구를 하겠다. 가족들은 민변 장경욱 변호사 앞으로 위임장을 보내 달라."

이런 엉터리 주장도 폈다. 그러자 친북성향 인사들이 일제히 움직였다. 재미 언론인 노길남 민족통신 대표는 민변 회견 이튿날 평양에서 종업원 류모·김모씨 등 가족을 만나 동영상을 찍어왔다.

동영상은 그럴 듯했다.

"민변이 따님을 만나는 걸 위임하겠느냐?"

노길남이 물었다. 가족들은 이구동성으로 다음과 같이 대답했다. "동의한다. 위임한다"고 말하는 장면을 담았다.

이 저속한 코미디를 좌파신문사에 종사하는 외눈박이, 안면수심의 종교인, 교육업자와 사이비 석학들이 갈채를 보내며 합세했다. 그들의 행동은 언제나 물오른 전교조의 데모같이 일사불란했다. 노씨는 해외에서 북한을 선전한 공로로 2014년 김일성 상을 받는 등 67차례 북조선을 방문한 전력이 있는 인물이다. 이어 미국 국적으로 중국에서 활동하는 정기열 칭화대 초빙교수 겸 '제4언론' 책임 주필이 평양을 방문, 종업원 가족들이 작성한 위임장을 받아왔다.

정기열은 이 자리에서 다음과 같이 열변했다.

"세월호 사건 때 300명 가까운 어린 학생들의 생명을 끊으면서 부모들의 가슴을 찢어놓은 청와대가 이 사건에선 북녘 부모들의 가슴을 갈가리 찢어 놓았다."

이들은 기회가 있을 때마다 세월호 사건은 정부가 개입한 계획적인 작품이다. 배가 침몰하는 과정에서 관계기관들이 수수방관 손을 쓰지 못하도록 유도했다. 그 중심에 청와대가 있었고, 중심의 중심에 박근혜 대통령이 있었다. 이 주장을 펼 때마다 남한의 좌파들은 기분이 좋았다.

UN군의 승리로 끝난 6·25남침전쟁

"정기열은 북한이 '백두산 절세 위인들(김정은 일가)의 위대성을 적극 선전한 공로가 있다'며 사회정치학 박사 학위를 받은 인사올시다."

안보부서의 관계자가 보다 못해 정기열에 대해서 한마디 했다.

칭화대 교수 정기열은 최용국의 큰형 최상국과 절친한 사이이다. 최상국은, 정기열이 아직 이남의 안보부서에서 주요인물로 인식되기 이전에 북경에서 선양을 거쳐 평양으로 동행해서 들어가기도 했었다.

최상국은 유하성에게 정기열과 아는 사이란 말을 하지 않았다. 노길이 탈북자 가족을 만나 사진을 찍었다는 말은 이내 새빨간 거짓으로 드러났다.

"민변이 따님을 만나는 걸 위임하느냐?"

"동의한다. 위임한다."

결국 이 장면은 5류 신파극에도 미치지 못한다는 평가가 내려졌다.

최상국은 노길남이 평양에 들어가 탈북자 가족을 만나 동영상을 찍었다는 이 주장에 대하여는 동의하지 않았다. 평양이 그렇게 어리석은 구석이 아니라는 것이다. 탈북자 가족은, 탈북자 가족임이 세상에 알려지는 바로 그 시간부터 일반 사회와는 거래가 차단된다. 노씨가 아니라 노씨의 할아버지가 가도 그따위 허튼짓은 하지 아니한다. 탈북자를 두고, 남한 얼라들이 하는 짓이라고 오리

발을 내밀면 그저 그뿐이다. 남한을 윽박질러 보았자 소득이 없음을 안다. 덮어버리면 그것으로 끝날 일이다. 사건을 만들어 세계가 아는 개망신 당할 짓을 사서 할 공산정권이 아니라는 것이다.

회문산의 비극

6·25남침전쟁을 전후해서 전라북도 순창군을 중심으로 활동했던 공산 게릴라가 있었다. 이른바 빨치산이다. 빨치산은 1945년 해방 이후부터 1948년 여순 사건과 1950년 6·25전쟁을 거쳐 1955년까지 활동했던 비정규 인민군이다. 빨치산이 빨갱이로 통용되는 경우가 있으나, 빨치산은 러시아어 파르티잔(partizan), 곧 노동자나 농민들로 조직된 비정규군을 일컫는 말로 유격대와 가까운 의미를 지닌다. 이것이 이념 분쟁 과정을 통하여 좌익 계통을 통틀어 적대감을 조성하는 용어로 표현된 것이 빨갱이다. 조선인민유격대라고 부르며, 남부군이나 공비, 공산게릴라 라는 표현으로도 사용되었다.

육지에서의 본격적인 빨치산 활동은 여순 사건에서 비롯되었다. 제주도 4·3사건을 진압하기 위해 1948년 10월 11일 제주도 경비 사령부가 설치되고, 육지 부대인 부산, 대구, 여수 주둔 부대가 연대에서 각각 1개 대대가 출병했다. 이 중에서 여수 주둔 제14연대의 일부 군인을 중심으로 '동족상잔 절대 반대', '미군 즉시 철퇴'를 주장하면서 봉기하는 웃지못할 일이 일어나기도 했다. 이것이 여순 사건이다. 이후 최덕신 장군이 대대병력을 이끌고 회문산으로 쳐들어갔다. 1,350여 명의 빨치산이 거점을 구축하고 있었다. 아군의 작전 개념은 견벽청야(堅壁淸野)로 초토화 작전이었다. 작전은 성공적이었고, 1955년 7월 1일 종식을 선언했다. 하지만 지리산·덕유산·회문산 등에는 한두 명의 소규모 빨치산이 잔존하고 있었다. 마지막 빨치산으로 알려진 정순덕은 1963년 11월 12일 경상남도 산청군 지리산 기슭에서 체포되었다.

훗날 설송(雪松) 현화진(玄化珍)〈國史編纂委員會 史料調査委員〉옹은『내가 겪은 4·3事件』이란 글을『제주수필 창간(1994. 12. 15)호』에 실었다. 4·3사건의 현장 분위기가 비교적 적나라하게 기술되어 사료로 충분하다고 평가되는 터다. 현화진은 제주 중문중·원예고·서귀중학교 교장 등을 지낸 제주지방 교육계의 거장이다.

초록 게재한다.

-나는 일제시대 서귀포북공립국민학교에서 훈도로 근무하다가 해방 후에 고향인 성읍국민학교로 전근되어 교무를 맡아보며 후진을 가르치느라 정과 열을 쏟고 있었다. 그러던 중 1948년 4월 3일에는, 끔직한 3·4사건이 일어난 줄 모르고, 당시 담임을 하고 있던 6학년 학생들을 데리고 해방 후 처음으로 개최된 제주농고에서의 새교육전람회를 참관하기 위하여 성읍리에서 여산장, 봉개동을 거쳐 제주시까지 32km(통칭 16참)되는 먼 길을 새벽 6시에 출발하여 네 번 정

도 쉬어가며 오후 2시경에 도착하는 강행군을 하였다. 도시락을 어깨에 매거나 허리에 찬 남녀학생들이 지칠 줄도 모르고 노래를 불러가며 행진을 하다 보니 손에 몽둥이를 든 장년들이 20여 명이나 양지바른 들녘에 모여앉아, 무언가 열심히 이야기를 나누다가 우리 일행을 보고 한 사람이 내려와 "어디 가느냐?"고 묻는데 표정이 매우 무섭고 험하여 어린 학생들을 데리고 있지 않았다면 무슨 봉변을 당했을지 모를 형편이었다. 그 후 봉개리를 지나는데 피를 흘리는 사람을 들것에 싣고 여러 사람이 지나가는 모습도 볼 수 있었다. 무슨 연고인지도 모르고 제주시에 도착해 보니 만나는 사람마다 어떻게 올 수 있었느냐고 의아해 하며 큰일이 터진 것을 말해 주었다. 바로 오늘 아침(4월 3일) 새벽에 일본군이 버리고 간 총으로 무장한 폭도들이 경찰관지서와 파출소를 일제히 불 지르고 경찰관과 양민을 학살하였다는 것이다. 실로 평화로운 제주섬을 강타한 경천동지(驚天動地) 할 대사건이 아닐 수 없었다. -생략- 집에 와서 들으니 성읍리 출신 고일수 순경이 남원지서에서 근무하다 이날 습격으로 무참히 살해되었다는 것이다. 이처럼 끔찍하게 3·4사건을 일으킨 자들은 남로당의 지령을 받은 김달삼(金達三), 이덕구(李德九) 등이 이끄는 무장분자들로서 1948년 5월 10일 실시되는 제헌국회의원 선거를 무력으로 저지하기 위하여 선거사무소를 습격하여 선거인 명부를 탈취하는가 하면 투표함을 소각하는 등 선거를 방해하였다. 이에 북제주군 갑구

> 와 을구는 투표인 수가 부족하여 선거무효가 되기까지 하였다. 표선면 가시국민학교의 초대교장으로 재임하던 문자봉(文子奉) 선생(가시리 출신)은 제헌의원선거일인 5월 10일 새벽에 가시리투표구관리위원장의 자격으로 투표함을 지키며 잠을 자다 폭도의 습격을 받아 투표함은 탈취 소각되고 문교장은 죽창에 찔리어 무참히 살해되는 비운을 겪었다. -생략- 제주의 3·4사건은 5·10제헌의원 선거를 철저히 저지하라는 남로당의 지령을 받은 과격 좌익분자들의 무장 폭동에 의하여 도내 경찰지파출소(支派出所)가 일제히 습격됨으로써 시작된 것이 역사의 엄연한 사실이다. 다만 무장한 폭도들을 소탕하는 과정에서 무고한 사람들이 많이 희생되었고, 또 많은 가옥이 불타고 파괴되기도 하였다. 정말 필화로 표현하기조차 어려운 끔찍하고 엄청난 연쇄적인 비극과 피해가 컸음도 이해한다. 그런데 너무나 명명백백한 이 폭도들의 행위를 두고 민중봉기 운운하는 작태를 보며 분노를 느낀다. 도의회에서는 특별조사위원회를 조직하여 철저한 진상조사를 하고 있다.-

대선후보 문재인은 선거를 22일 앞둔 18일 제주4·3평화공원을 방문해서 내년 제70주년 제주4·3희생자추모식에는 대통령 자격으로 꼭 참석하겠다며 약속을 했다. 그리고 대통령이 된 이후 제70주년 기념행사에 참석했다. 그는 이렇게 말했다.

"아직도 4·3의 진실을 외면하고, 낡은 이념의 굴절된 눈으로

4·3을 바라보는 눈이 있다."

문재인을 두고 연설의 연금술사로 보는 경향이 강하다. 그의 열변은 심화될수록 이론적이고 합리적이다. 그러나 문제는 그 열변이 열변으로 끝난다는 사실이다. 그의 행동은 언제나 주제(主題)와 정반대로 간다는 이야기다.

여북하면.

"밖에는 눈이 내리고 있어요."

해서 확인을 해보면, 비가 내리고 있다는 시쳇말이 생겼을까?

정말 그럴까? 굴절된 눈은 과연 누구일까? 제주에는 제주4·3사건의 진실을 말하는 작가가 있다. 4·3사건의 '허위'와 외롭게 맞서는 제주 출신 원로작가 현길언은 이렇게 말한다.

"제주 4·3사건은 내 문학의 출발점이었다. 체험만 아니라 오랜 기간 현장취재와 자료조사를 해왔다. 역사적 사건이란 시작과 중간 끝이 있다. 이를 총체적으로 봐야한다. 지금은 어떤 한 부분, 정당한 민중봉기를 미군정(美軍政)과 그 하수인 이승만 정권이 탄압해 비극을 극대화시켰다는 틀에서만 얘기하고 있다. 남로당에 의해 기획된 4·3의 발발 동기를 지우려 하거나 순수한 항쟁으로 변조하고 있다."

'대기자 최보식의 '내가 만난 사람' 중에서 작가 현길언이 한 말이다.

제주 4·3사건의 발발 동기는 '남로당 반란'이었다. 설송의 주장대로 1948년 5월 10일 제헌국회 의원 선거를 무효화시키기 위한 남로당의 무력시위였다. 문재인의 주장은 달랐다.

"이념은 단지 학살을 정당화하는 명분에 불과했다."

그러나 현길언 작가는 '부끄러운 역사일수록 그럴듯하게 분칠하려고 해 세월이 지나 분칠이 떨어지면 그 모습이 더 추악해지는 법이다. 4·3은 정치적 논리가 됐다. 정치인은 이득을 노리지만 역사를 전공한 사람들이 동조하는 건 모순이라고 일갈(一喝)했다.

제주 4·3사건 6년간의 희생자는 1만 4천여 명에 이른다. 전쟁 아닌 한 지역 안의 좌우 대결에서 이렇게 많은 인명이 살상된 적은 일찍이 없었다.

의사자 명단에는 분명 남로당의 하수인 노릇을 하다가 죽은 주동자도 끼어 있다. 이는 마땅히 가려져야 한다. 그런 연후에 참석하는 게 애국하는 길이다. 대선후보가 이를 몰랐다면 무식이 되고, 알고 하는 행동이었다면 반역이 된다. 박근혜 대통령은 재임기간 동안 제대로 정리되지 않은 이 추모식에 한 번도 참석하지 않았다. 자칫 의사자 명단에 끼인 남로당 하수인의 명복을 빌기 위하여 추모 행사에 참석하는 분별없는 대통령이 되기 싫어서였다.

악명 높은 회문산 '빨치산추모제'에 연례적으로 어린 학생들을 꼬드기어 참석을 하고 있는 교사가 있었다. 이 추모제에 참석하는 총인원은 해마다 불어나는 추세다. 비전향 장기수 등 재야단체 300여 명이 회문산 청소년 수련원에 모인다. 유하성도 몇 차례 이 행사에 동참하고 있었다. 대부분 이름을 대면 손쉽게 알아볼 인사들이다.

이날의 행사에서 제1연사는 관촌중학교 서정화 학생회 회장이었다. 서 회장은 당당한 자세로 연단에 올라갔다. 이어 큰 소리로 선서를 했다.

"우리는 통일전사다. 북남간의 평화적 통일을 위하여 우리가 앞장선다. ………."

그리고 서정화 회장은 이어 6·15공동선언과 5개 합의문을 또렷또렷하게 외워나갔다. 합의문 중 특히 제2항은 북측이 제안하고 우리가 이에 응한 고려연방제로 명백한 독소조항(毒素條項)이 들어 있었다.

박수 소리가 크게 터져 나왔다.

정정화(15, 관중2)양이 두 번째로 연단에 올라갔다. 그는 평양간성중학교 학생에게 보낸 통일편지를 낭독했다.

"선생님이 부르셔서 3층에 갔더니 거기 어떤 어른 3분과 3학년 언니, 오빠들이 있는 거야. 장기수 어른들이래. 사회나 국사교과서에 적히지 않은 중요한 역사도 있다고 말씀해 주셨어. 굉장히 훌륭한 분이시더라. 나는 통일의 주역이 될 거야. 우리학교 학생들 전부다 통일전사야."

정정화양이 평양간성중학교 학생들에게 보낸 통일편지의 일부 내용이다. 정정화양의 낭독이 끝나자, 연단 아래에 서 있던 준비요원 2명이 얼른 연단으로 올라가서 정정화양에게 예쁜 꽃다발을 안겨 주었다. 정정화양의 기세는 당차보였다. 단상의 앞자리에 앉아서 이를 지켜보며, 통일연대 상임대표의장 한상렬은 흐뭇한 표정을 지었다. 그 바로 옆자리에는 범민련 남측본부 이종린 명예의장이 자리하고 있었다.

이번에는 범민련남측본부 명예의장 이종린이 날렵하게 단 위로 올라갔다. 그는 의기양양했다.

"201×년 5월 29일, 오늘 이 밤을 회문산 해방구라 부르고 싶다. 남녘 동포들이 회문산에서 용감히 싸웠던 역사를 기리면서 올해는 반드시 미군없는 나라를 만들자."

그는 아주 큰 소리로 외쳤다. 박수소리가 회문산 중턱까지 퍼졌다. 300여 명이 참석한 이 행사장에 민주노동당 최고위원 하연호, 전국연합 공동의장 노수희, 전농부의장 서정길, 한청의장 전상봉 등도 연사로 발언했다.

제1부가 끝났다.

28일 전야제에서 통일연대 상임대표의장 한상렬은 다음과 같이 열창했다.

"이 행사는 일본·미국 제국주의자를 몰아내고 우리민족끼리 힘을 합쳐 통일해 나가는데 밑뿌리가 되신 통일애국열사들을 기억하는 자리이다!"

아직 연설은 시작에 불과한데, 박수소리가 산자락을 휘감았다. 전야제 행사는 「통일전사」 관촌중학교 학생들의 북한 학생들을 향한 통일편지 낭송에 이어, 「심장에 남는 사람」이란 노래를 합창하며 마무리 됐다. '심장에 남는 사람'은 89년 제작된 김정일 찬양 북한영화 '심장에 남는 사람'의 주제가이다. 북한이 발간한 '조선영화'라는 잡지는, "영화 '심장에 남는 사람'은 친애하는 지도자 김정일 동지를 만나 뵙고 가르치심을 받은 당 일군의 적극 투쟁하는 모습을 그려, 당 정책 관철에서 당원과 일꾼들이 절대적 무조건적의 정신을 가져야 한다. 는 내용을 훌륭하게 형상화"하고 있다며 예찬했다.

2부는 전투 현장의 견학이다.

학생들은 회문산 정상을 향하여 일제히 출발했다. 학생들은 33,55 짝을 지어 정상을 오르면서 조국의 해방을 위해 목숨을 바친 빨치산의 정신을 이어받자며 서로 이야기꽃을 피웠다. 이들은 감회가 남달랐다. 이곳이 바로 유명한 영화 『남부군』의 촬영장소다. 좀 과장되게 만들어진 세트장이 많았다. 그러나 어린 학생들의 눈에는 모든 게 사실대로만 느껴졌다. 가슴을 뭉클 뭉클하게 만드는 전투 흔적도 보였다. 학생들은 주먹을 불끈 불끈 쥐면서 빨치산의 애국심에 감동했다. 유하성은 이종린 회장의 꽁무니를 졸졸 따라다녔다.

이 행사에 학생을 동원시킨 교사는 도덕을 담당한 김창서(金創鼠, 44)였다. 그는 전북대 78학번이다. 저서 「학생운동의 방법과 그 수단에 관한 연구」가 그의 대학 생활의 목적이었다. 주 활동은 학생운동이었다. 그는 대물림 좌파였다. 조상이 그랬다. 결국 그는 사상의 이단자로 수사당국에 체포되고 수년간 복역을 했다. 그러다가 김대중이 대통령에 취임하자 그 다음 해에 민주화 운동자로 분류되어 특별사면이 되고, 관촌중학교에 첫 발령을 받아 교사가 되었다. 그게 1999년 11월이었다. 김창서와 같이 거룩한 민주화 운동자로 명예가 회복된 교사의 수는 모두 1,139명이었다. 죄상의 경중을 떠나 이들에겐 교단에 서서는 아니 될 죄목을 가지고 있는 자들이었다. 모두가 사상범이라는 공통적인 위법자였다. 김대중은 이들 토종 미꾸라지들에게 초대형 소(沼)를 마련해 주고, 거기에서 새끼를 마음 놓고 부화시켜 키우라고 했다. 실로 하늘에 닿는 성은이었다.

통계상으로 다음과 같은 결과가 유발된다. 중·고등학교의 경우를 본다. 교사 1인당 수업 시수는 주 17시간이 기본이다. 1개 반의 학생 수는 60명이 넘는다. 국·영·수를 제외한 여타과목 중엔 주 1시간 정도 배당되는 경우가 많다. 역사과목도 여기에 해당된다. 그러니 1개 학년에 17개 클래스가 있는 대형 학교를 기준해 보면 한국사 교사 1사람이 연 1천여 명이 넘는 제자를 배출한다. 옛 통진당 이석기 류의 제자를 교사 한 사람이 일 년에 일천 명씩 길러 낼 수 있다는 계산이다. 1,139명의 교사가 이런 제자를 길러낸다고 생각해 보면 눈앞이 캄캄해 진다. 은전 받은 1,139명의 교사들은 전교조의 1등 정예부대였다. 대한민국은 이미 이 계열이 마음만 먹으면 뭐든지 할 수 있는 상황에 이르렀다. 북괴가 생떼거리로 달려드는 것도 이들이 있기 때문이다. 최용국이 목숨을 걸다시피 '민화협'에 정성을 쏟은 이유도 여기에 있었던 것이다.

자고 나면 새로운 이슈를 만들어 정부를 괴롭히던 김창서는 언제 그러했느냐는 듯 김대중 정권에 고분고분 협조했다. 아니 스스로 알아서 하수인 노릇을 했던 것이다.

유하성은 전교조의 성향과 조직 그리고 활동 방향에 대하여 누구보다도 잘 알고 있었다.

전교조, 이들은 교육감실을 뒷간 드나들듯 한다. 나이 어린 중학생에게 교육감 투표권 주자고 부채질하고 다니는 교육감도 있다. 이들은 표 나오는 일이라면 섬[島]이라도 진상할 위선자들이다. 6·25남침전쟁을 두고, 남침을 인정할 수 없다고 했다. 그것도 청문회 중에……. 그 색깔 그대로 옷을 입고 임명장을 받았다. 출근부 날인 거부하기, 학습지도안 작성 거부하기, 주번교사 거부하기, 상담기록부 작성 거부하기, 이 모두가 교사의 자율권을 빼앗는 일이라고 선동하고 다닌다. 출근부 날인을 하지 않으면 그만큼 출퇴근이 자유롭고, 학습지도안을 없애야 자기들이 짜놓은 의식화 교육이 수월하며, 주번교사 제도가 없어져야 학교에서 일어나는 모든 책임을 교장에게 돌릴 수 있다. 또 상담기록부가 없어야 전과자 보호가 쉬워진다. 전교조가 설정한 3대 적은 교장, 사학, 교육 관료다. 그리하여 그들의 지침서에는 '교장과 적대관계를 유지하라고 되어 있다.

최상국은 이러고도 나라가 유지되는 꼴을 보며 이상하다고 느끼고 있는 터이다. 최상국은 동생 용국이가 차라리 불쌍했다. 오늘 무너질지 내일 무너질지 모를 이런 땅에서 살고 있는 동생이 한없이 불쌍했던 것이다.

사이소우고쿠 최상국의 관심은 관촌중학교 김창서 교사와 접선하는 일이었다. 김창서를 통일의 선구자로 모셔놓고, 전교조 복직교사 1,139명을 그물망으로 얽어놓으면 황금붕어가 가득가득 잡힐 것이라 여겼다. 유하성이 사이요오고쿠 최용국으로 하여금 이 일에 협조할 수 있도록 하는 책임을 지기로 했다.

다음은 김대중의 의중을 떠받들어, 1,139명에게 특전을 베풀어 주도록 방망이를 두들긴 9명의 〈민주화운동관련자명예회복및보

상심의위원회〉 위원을 유하성이 자기 사람으로 만드는 일이었다. 학교수업 20분 앞당기는 게 싫다며 삭발을 하는 전교조 교사도 있었다. 경기도 고양시의 한 고등학교에서 벌어진 일이다. 등교 시간 20분 앞당겼다고 3명의 교사가 머리를 박박 깎고 중머리로 교단에 선 것이다. 이런 행동들이 전교조 사이에서는 상당한 이력으로 통한다. 간부가 되기 위한 스펙 쌓기다. 중앙에 간부 자리 하나 꾀어 차면 종신토록 월급도 받는다. 제2의 연금인 셈이다.

1,139명의 범법 행위를 '민주화운동'으로 인정해 주는데 앞장 선 위원회 위원장 조준희는 본 위원회를 수도 없이 열었다. 분명한 전과자를 '민주화운동자'로 둔갑시키는 데는 어려움도 있었다. 이 사안은 위원 9명중 찬성 5명, 반대 3명, 기권 1명으로 통과가 되었다. 조준희(변호사), 이우정(민주당고문), 최학래(한겨레신문 사장), 백화종(국민일보 전무), 김정기(전 방송위원장), 김철수(명지대 석좌교수), 김경동(전 서울대 교수), 노경래(법무법인 화백대표), 김상근(제2건국위 상임위원장) 등 9명이다. 전국에 방을 내걸고 10년을 모아도 이보다 더 좋은 조합은 이루어내지 못할 터이다. 유하성과 최상국은 흐뭇했다.

표결이 쉽지는 않았다. 김경동, 노경래 등은 표결 직후 위원직을 사퇴했으며, 김철수는 표결 직전 사퇴했다. 위원장의 권한을 이어받은 이우정의 변을 들어보면 귀에 고름이 나온다. 심지어 김철수 위원은 1985년 미 문화원을 점거하고 농성을 벌인 자를 민주화 운동으로 포장시켜 놓고 이렇게 궤변을 했다.

"과거는 미래 개척의 귀중한 자료이기 때문에 재고할 필요가 있었다.”

위법을 논하는 자리에서 이런 궤변을 늘어놓을 수 있는 분위기였다니 무슨 말인 듯 못할 소냐? 실로 명판결이었다. 위원장 이우정은 이를 이용하며 1,139명 모두를 성스러운 교단으로 되돌려 보내고, 민주화 운동자로 추대하여, 보상해야 한다는 논리를 폈다.

허-허- 이런 법이 있다는 것을 우리 국민은 아무도 모르고 있었다. 이들에게 내린 보상액은 얼마나 될까? 그 액수 아무도 모른다.

김창서는 2003년 이라크전쟁에 반대하는 반전 배지를 전교생에게 달도록 했고, 2004년에는 학생들과 함께 인터넷을 통해 북한 학생들에게 1년 넘게 편지를 보내기도 했다. 김창서는 '전교생이 6·15공동선언문을 다 외우고 있을 정도로 통일의 염원이 불타는 학생들'이라고 이 학교 홈페이지에 소개했다. 이 학교 학생들은 2004년 8월 15일 광화문에서 열린 통일연대 집회에 직접 참석해서 6·15공동선언문을 외우기도 했다. 김창서는 또 자기가 몸담고 있는 관촌중학교 활동을 상세히 소개하기도 했다.

그는,

“아침에 일어나면 '나는 우리 조국 통일을 위해 무엇을 하여야 하나', 잠들기 전에는 '나는 오늘 통일을 위해 무엇을 하였는가?' 라는 표어를 외워보는 일일이성(一日二省)운동을 펼치고 있다.”

고 적었다. 김창서의 역점교육은 의식화 교육이다. 김창서에게 수업을 받은 심심인군은 관촌중학교 홈페이지에 다음과 같은 글을 올렸다.

“어제는 '조국통일범민족연합결성 15돌 기념대회'에 참여하고 왔다. 첫째 민족자주, 둘째 애국통일, 셋째 반전평화, 우리는 이 3대 공조 구호를 외쳤다. 이렇게 해야 노동자, 농민이 잘살 수 있는 날이 올까 생각한다."

관촌중학교 학생들은 김창서 교사로 하여 아주 깊숙이 공산주의 사상에 물들고 있는 터이다.

유하성은 잠시 말을 멈추었다. 유하성은 최상국을 똑바로 쳐다보았다. 그리고 말을 장구하게 이어갔다.

"역시 김대중은 영웅이야. 김대중의 정신을 이어받아 북남통일을 성사시켜야 돼. '의문사진상 규명에 관한 특별법'이란 게 있었지. 이 특별법으로 보상을 받으려면 2가지 요건을 갖추어야 해. 첫째, 민주화운동과 관련이 있다고 인정. 둘째, 공권력이 직·간접적으로 개입되었다고 인정. 이런 조항이 달려 있는데, 우익패거리들은 100% 첫째 조건을 달아 탈락시킨 거야. 이 법으로 해서 우파단체 놈들이 보상받은 예는 없었네. 우파단체 놈들의 모든 행위는 민주화 운동과 거리가 멀다 이거지. 2002년 7월 29일에 있었던 일이야. 육군첩보부대원 280명이 영등포역 광장에 모여 북파공무원 실체를 인정해 달라고 LPG가스통 3개에 불을 붙여 경찰과 대치하는 격렬한 시위를 했다네. 첩보부대가 하는 일이 무엇인지 국민은 다 알고 있어. 남조선 간첩 아닌가? 얘들이야말로 남조선을 지키기 위한 선봉장이지. 민주화운동하곤 거리가 멀어. 그래서 한 놈도 혜택 못 받았네. 김대중 아니면 어림없지. 결국 김대중·노무현 두 정권에서는 북조선을 털끝만큼이라도 불쾌하게 만든 행동에는 민주화운동에서 배제시켰네. 이만하면 영웅 아닌가. 김대중은 역시 김일성 장군과 뜻을 같이할 동무네. 많은 사람들의 귀에 익은 동의대 사건을 두고 보면 남조선 인사 중 상당수는 북조선을 좋아하고 있다는 걸 확인할 수 있지."

동의대 사건은 1989년 5월 3일 부산 동의대(東義大)에서 학내 자체 비리폭로와 관련하여 일어난 시위다. 교내외서 시위를 벌이던 학생들이 경찰 5명을 납치하여 교내에 감금하자, 그 경찰을 구출하기 위하여 진입하는 경찰관에게 학생들이 바리게이트를 쌓고 건물바닥에 신너를 뿌리고 화염병을 던져 방화함으로써 경찰관 7명이 순직하고, 10명이 부상을 입는 경찰사상 최대의 희생자를 낸 불상사다. 당시 많은 국민들은 경찰장(警察葬)을 치루는 운구 앞에서 눈물을 흘리며 통곡하는 가족들과 함께 이들의 죽음을 애도했다. 이에 김대중 정부는 경찰관 17명을 살상한 동의대 사건 관련자 46명을 민주화 운동이란 이름을 달아, 억대의 보상을 해주는 등 불법적인 행정처분을 내렸다. 그러나 정당한 공무를 집행하다가 죽은 17명의 경찰관에 보상이 내려졌다는 기사는 볼 수 없었다.

대법원의 확정판결로 징역형을 선고받고, 헌법재판소의 최종 판단까지 내려진 범법자를 민주화운동의 표상이라며 추켜세워 거액의 포상금을 안겨주는 일이 백주 대한민국에 있었던 터이다. 민주화운동에 맞선 경찰관은 대 반역죄로 종신형에 처해 져야 법의 형평성에 맞는 것이 아닌가? 평화전쟁 운운하며 불의의 기습으로 남침해온 인민군에 이런 법 정신을 대입시켜 민주화운동으로 자리매김해 주고, 거액의 보상금을 준들 위법행위는 아닐 터. 머리가 복잡해지기에 어느 것이 무엇인지 헷갈리는 터이다. 국립

현충원에 안장된 호국영령의 무덤이 파묘될까 걱정하는 국민의 한탄도 있었다.

분명한 건 그날의 동의대 불상사가 대학 내적 모순에 학생들이 항거하고, 경찰관은 데모 진압나섰고, 이 과정에서 경찰관이 학생들에게 구금을 당했고, 동료 경찰을 구하기 위한 자구책으로 더 많은 경찰관이 출동하였고, 학생들이 경찰을 향하여 시너를 뿌려 불을 질렀고, 그리고 죄없는 경찰관 다수가 목숨을 잃는 불상사가 생겼고 이것이 모두였다. 여기에 어찌하여 민주화운동이란 팻말을 걸 수 있었는지 국민은 납득이 가지 않는다는 것이다.

최상국과 유하성은 목구멍으로 피가 솟고, 심장에서 발동기 소리가 났다. 통일부장관은 6·25남침을 두고, 평화전쟁 운운하며 그 성업이 실패로 끝났다며, 아쉬움을 품고 다녔다. 유하성으로부터 남한 사회의 난맥상을 소상히 전달받은 최상국은 북녘땅을 바라다보며 두 손을 번쩍 들어 올렸다. 만세 3창을 부를 기세였다.

유하성은 최상국에게 임실의 관촌중학교와 '회문산빨치산추모제'에 대하여는 좀 살을 붙이고 과장해서 보고를 했다. 학생들이 부모를 속이고 추모제에 참석한 것이 아니라, 서로 내통하고 있으면서 밖으로 그렇게 보이기만 한다고 했다. 학생과 학부모들은 '회문산빨치산추모제' 참가에 대해 거부감이 전연 없었다고 했다. 이 학교 정정이(15, 중3)양이 주장한 내용에 더 살을 달아 전했다.

"통일운동 하면서 배운 노래 '우리는 하나', '서울에서 평양까지'를 열창했고, 저녁에는 미전향 장기수 어른들과 '손에 손잡고' 노래를 같이 불렀어요. 김창서 선생님은 통일에 대해 잘 가르쳐주셔서 무척 좋은 분이라고 생각해요. 저뿐이 아니라 전교생이 선생님을 좋아하고 따른답니다."

김금선(15, 중3)양의 어머니 생각도 정이양과 별반 다르지 않았다.

"우리 애들이 좋아하는 선생님이고, 학교에서 가는 건데 무슨 걱정이 있었겠습니까?"

의심 갖는 쪽에 되레 의심을 품었다.

고고우 교장은 김창서 교사의 일등 팬이었다.

"우리 학교는 도교육청에서 '통일교육연구학교'로 지정되었다. 당연히 통일 교육이 필요했다. 전혀 문제 될 게 없다. 회문산 행사는 통일 교육 행사의 일환이다. 신문과 방송에도 많이 났다."

교장은 당당했다. 김창서야 말로 산교육을 시키는 모범교사라며 치켜세웠다. 그러나 이것은 일부 학부모였고, 대다수 부모들은 '등산 간다더니 웬 빨치산추모제'라며 놀랐다. 한결같은 것은 빨치산추모제 행사에 대하여 비교적 상세하게 알고 있다는 사실이다.

김창서 교사에 불만을 갖고 있는 주민도 혹 있었다.

"왜 우리 동네에 이런 일이 일어났는지 모르겠네. 그냥 우리 손녀가 등산 갔다가 온다고만 했는데-"

결국, 이 추모제 행사의 기사가 중앙의 일간지에 나가고, 기자들이 모여들었다. 도덕교사 김창서는 공안 당국에 불려 나갔다. 소식은 삽시간에 퍼지고, 소읍(小邑)이 술렁거렸다. 관촌면에 사는 이수연(72)씨는 학생들이 빨치산 추모 행사에 나갔다는 소리를 듣고 손주 녀석 이선복을 찾았다. 이선복은 3대 독자다. 김창서라는 교사가 평소 5·18광주사태를 가르친다는 말은 들었는데, 빨치산 행사에 매년 어린 애들을 인솔해서 갔다는 소리는 처음 들었다. 관촌면 김학모(51) 면장도 이해가 가지 않는다고 했다.

"제대로 된 6·25 역사교육이나 해야지 45km나 떨어진 회문산 빨치산이 무슨 말이야!"

면장은 다소 격앙된 표정을 지었다.

임실교육청 장이현(59) 교육장은 좀 난감한 태도를 보였다.

"민주주의국가체제에서, 더구나 자기 주관이나 인생관도 만들어지지 않은 학생들에게 교육자로서 해서는 안 되는 일을 했다."

장이현 교육장은 이쯤에서 더이상 사족을 달지 않았다.

학부모 운영위원회 대표직을 경험했던 황장연(45)은 의외라는 표정이었다.

"학교에서 하는 행사니까 거부감 없었지요. 처음엔 아이들이 인터넷에서 북한 학생들에게 편지 쓰는 게 너무 예뻤거든요. 그런데 점점 아이들에게 편향적인 통일교육을 시킨다는 생각이 들어 김창서 교사에게 걱정된다고 수차례 건의를 했습니다. 사상교육을 시키지 말라고. 김 선생님은 제 말을 안 들으시더군요."

김영자(54) 학부모가 옆에서 거들었다.

"김 선생님이 계속 이상한 교육을 하는 것 같아서 전학도 생각했어요. 작년 5월 행사 얘기를 듣고 깜짝 놀라 학교에 다시는 그러지 말라고 부탁을 했습니다."

하지만 대다수 학생들은 김 교사에 대한 평가를 매도성 발언으로 간주하고, 강하게 반발했다. 거짓 기사 쓰지 말라는 것이다. 김창서는 관촌중학교의 뜨거운 감자였다.

김진태(48) 교사는 노골적으로 불만을 터뜨렸다.

“대한민국 교육은 자기 혼자만 한다던가요?”

최용섭(58) 교감은 수업 관찰 중 학생의 노트에서 ‘국가보안법 때문에 통일이 저지된다’는 메모를 보고 놀랐던 일이 있었다.

최용섭 교감은 조용히 타일렀다.

“김 선생님 그런 식의 교육은 곤란합니다.”

김창서의 꾐에 동료 교사 4명이 함께 추모제에 참석했다.

“우리도 거기서 깜작 놀랐습니다. 비전향 장기수들이 그곳에 있는 줄 모르고 따라갔지요. 그냥 1박 2일 산악회인 줄 알았습니다.”

일행이었던 최창집(49) 교사는 도저히 이해할 수 없다는 표정을 지었다.

“사실 학생들을 모두 철수시키자고 했습니다. 그런데 학생들이 완강히 거부했습니다. 걔들은 김창서 선생님의 지시 외에는 누구의 말도 듣지 않았습니다.”

뒷짐을 짚고 옆에 서 있던 서벌 교사의 생각은 전연 달랐다. “김창서 선생님이 진짜 나쁜 짓을 한 것인가요?”

서벌 교사는 얼굴을 붉혔다.

“반전 뱃지 달기 운동을 하거나 학생들을 이념집회에 데리고 가는 것과 관련해서는 학교 측과 갈등이 있었지만 주말과 방학 때도 쉬지 않고 학생들을 가르치는 등 열정이 넘쳤던 선생님 아니었나요?”

서벌은 김창서와 더불어 관촌중학교에 같이 근무했던 동료 교사다. 삼 년 전에 퇴직을 하고 지금은 노인대학에 나가서 동화구술 교육을 하고 있다.

눈치 빠른 임실교육청 정구인(58) 장학사는 좌도 우도 아닌 중간쯤에서 사건을 마무리 짓고 싶었다.

"김 교사 덕분에 학생들 성적이 많이 올라서 학부모에게 인기가 좋았고, 이 때문에 그런 교육에 반감을 사지 않는구나, 이런 생각이 듭니다."

그렇게 말했다.

얼마 후 도덕 교사 김창서는 전북 군산의 D고등학교로 전근 갔다. 영전이다. 중학교에서 고등학교로 간 것이다. 이 집단의 조국은 대한민국이 아닌지 모른다.

"반전 뱃지나 통일편지 등도 애들이 먼저 나섰고, 추모제 또한 학부모와 학생들이 자발적으로 갔던 행사였다. 우리는 매카시즘적인 사고에 의해서 단죄돼서는 안 된다고 생각한다."

김창서의 주장은 언제나 당당했다. 용공 분자들이 하는 전형적 태도였다. 교사들이 북한에 대해 냉철한 안보관을 갖기보다는 감정적인 통일관을 갖고 학생들을 교육한다는 것은 큰 문제가 아닐 수 없다. 이는 흡사 백지상태의 학생들에게 사상 테러를 가하는 것이나 다름없는 행위다.

김창서 교사는 인터넷 포털 '다음'에 개설한 반전(反戰)카페 4곳을 통해 중학교 학생뿐만 아니라 현재 재직 중인 군산 D고, 그리고 전북지역의 각 고등학교 학생들과도 친북 반미의 주제를 놓고 토론을 자주 한다.

김창서는 관촌중학교에 발령받기 전 사설학원에서 논술을 강의했다. 카페를 통해 논술을 지도하기도 했다. 논술지도를 하면서 '효량'이라는 ID로 친북 게시물을 수십 건 올려놓았다. 북한 핵실험에 대한 보수언론이나, 미국의 비핵화라는 일방적 주장에 모든 포커스를 맞추지만 이는 전형적인 매도수법이라며, 북한은 전쟁을 원하지 않고, 핵무기는 미국과의 평화협정을 맺기 위한 수단이라며, 북한의 핵무기 개발을 비호했다. 이런 주제가 ID의 주 내용이었다.

영화 '괴물'을 본 H고 심상군은 '한국이 아직도 미군 아래에서 복종하는 모습을 보며 주한미군이 얼마나 무자비한지 다시 한 번 확인했다'며 분개했다. 군산 D고의 홍반수군은 카페에 올려놓은 한미 FTA 반대 시위현장 사진에 '이게 다 반민족주의자들 때문'이라는 댓글을 남겼다.

구독자가 많은 중앙의 한 일간신문에서는 다음과 같은 사설을 썼다.

-전북 임실의 관촌중학교 학생들이 비전향 장기수들과 빨치산 추모제를 함께 가진 사실이 뒤늦게 알려졌다. 추모제가 열린 곳은 6·25 때 빨치산 근거지였던 회문산이다. 그곳에 빨치산 출신 등 수백 명이 모여 '해방구'를 선언하고, "우리 부대는 적을 공격해 무기를 노획하고 적의 옷을 빼앗아 입었다"고 자랑했다. 이들 말 속의 적은 바로 대한민국 국군이

다. 참석자들은 "당 창건 ××돌, 6·15공동선언 ×돌인 올해 통일은 다 됐다"고 호언하고 "북한 사령부를 목숨으로 수호", "양키군 섬멸"등의 구호를 외쳤다. 그 자리에 우리 어린 학생 180여 명이 함께 앉아 박수를 치고 표창장을 받았다. 그리고 학교 홈페이지에 "정말 뜻깊은 행사", "내 평생 가지고 갈 신념이 내 머릿속에 들어와 있다"고 썼다.-

전교조 소속 도덕 교사의 입김이 말하자면 핵융합처럼 놀라운 힘으로 호남지방을 오염시키고 있는 것이다. '반전 평화' 교육을 시작하면서 이 학교는 '통일 전사' 양성소처럼 변했다. 학교에 비전향 장기수가 공공연히 드나들고, 그들을 만난 학생들은 희열을 느낀다며 친구들에게 자랑한다. 중앙행정의 범위에서 벗어난 이곳은 '치외법권지역'으로 변질되어가고 있는 것이다.

"말씀 한마디 한마디가 너무 좋았다."

비전향 장기수를 흠모하는 학생들이 이구동성으로 하는 감탄사였다. 장래의 꿈이 '통일전사'라는 한 학생이 북한 학생에게 쓴 편지의 내용을 발취해 봤다.

"우리학교 학생들은 다 통일 전사입니다. 통일이 오는 그날까지 물러서지 않을 것입니다. 오늘도 좋은 아저씨 만나서 미제 놈들의 이야기 들었습니다."

이런 내용의 편지를 100통 넘게 쓴 학생도 있었다. 전교조에 의한 대한민국 교육은 지금 우리 아이들을 빨치산 숭배자로 세뇌시키고 있는 것이다. 이 모두가 다스리는 자들의 방관 속에 이뤄지고 있으니, 이를 막을 도리가 없는 실정이다. 광화문 촛불세력이 부기지수로 늘어나고 있다. 장관 한 자리 탐내는 정치꾼들은 지금 이시간에도 이들의 비위를 맞추려 찾아다닌다.

빨치산 추모제는 노무현 정권 탄생 후 한 달여 만에 사실상 '거국집회'로 치러졌다. 경찰은 그 행사를 그저 지켜보기만 했다. 내사 같은 거 그런 것 없었다. 대통령이 내심 좋아하고 있으니 여기에 충성하느라 학부모가 묵인하고, 학교장이 묵인하고, 장학사가 묵인하고, 행정부가 묵인했으니, 이 행사는 더이상 수군수군 어둠의 행사 아닌 밝음의 행사로 끌어냄이 마땅하다. 정부행사로 거룩하게 치러주란 말이다.

유하성의 입을 거쳐 여과없이 최상국에게로 넘어간 빨치산 행사의 정황설명이었다. 최상국과 최용국, 유하성은 어깨에 힘이 실렸다. 방치된 전교조의 사상교육은 사실 방치가 아닌 이미 국가의 힘으로는 통제가 불가능이었다. 전교조가 김정은의 2중대 역할을 하고 있음을 모르는 국민은 백치일 뿐이다.

문화부 대공장교 최상국은 잔뜩 충혈된 눈으로 유하성을 쏘아본다.

"유 동무!"

동무라 호칭했다. 유하성은 가슴이 찌릿했다. 순간 심장의 박동이 정상적이지 못함을 느낀다.

"……!"

유하성은 대답을 잊은 채 주변을 살폈다. 최상국은 최대한 음성을 낮추어 귓속말로 중얼거리듯 말했다.

"나 들어가네."

"……?"

두 사람의 대화는 이것으로 끝이었다. 언제, 어디로, 왜 들어가는지, 또 나온다는 것인지 궁금하기 한량없었으나 유하성은 물어보지 않았다. 어쨌거나 최상국이 대단히 중요한 역할을 하고 있는 것만은 사실이었다.

유하성이, 최용국에게 들은 말 중 최상국에게 꼭 전할 내용이 있었는데, 그걸 잊어먹었다.

"광화문 촛불시위! 그 터를 닦아 놓은 사람은 대인 김대중 선생이고, 스스로 불나방이 되어 몸 사를 준비가 되어 있는 행동대는 전교조가 배출한 남조선의 홍위병들입니다. 중죄를 진 1,139명의 전과자가 특별사면으로 풀려나 사상의 전도사가 되어 모범교사 대우를 받으며 전국의 중·고등학교에서 뜨겁게 교육받은 전사가 3부의 요소요소에 쇠말뚝처럼 박혀 있습니다. 촛불 들고 나와 박근혜 정권을 불태우는 것 보지 않았나요? 전투병 이상으로 훈련된 행동에 혀가 꼬부라지더라고요. 이명박 정권도 광우병 지렛대에 허물어질 뻔했습니다. 두고 보세요. 박근혜 뒤를 이어 이명박도 감방에 들어갈 겁니다. 촛불 부대의 조상들은 8·15광복 이후 이를 갈고 살아온 민초들입니다."

너무 흥분한 유하성은 정작 이 말을 까먹었다.

김선대가 찾아왔다. 오랜만이다.

사위에게 나라를 빼앗기고, 태어난 땅 촉나라로 돌아가지 못하는 신세를 한탄하며 울다가 울다가 죽어 촉혼이 되니, 훗날 사람들은 그를 귀촉도·불여귀·망제혼·두백이라 불렀다는 새, 우리 이름 뻐꾸기 신세가 된 최용국은 그간 쌓인 설움을 각혈하듯 김선대 가슴팍에 토해냈다.

"이제 내 생애에 통일이라는 것은 절대 이뤄지지 않습니다. 지금 대한민국에는 자신이 없습니다. 통일은 대한민국 체제로는 절대 안 된다, 이겁니다. 실망이 클 따름입니다. 이런 상태로 해가지고 우리가 통일, 통일을 이루는 주체다. 이런 자격 없습니다. 우리 국민도 그렇고 정부관료 정치인들 다 썩었고, 저런 식으로 해가지고는 절대 안 된다, 이겁니다. 민족의 비극이라고 하는 것은, 서로의 가슴에 총질하고, 불구자 되고, 남편은 전쟁터에 빼앗기고, 전 재산 잿더미 되고, 이 경우를 넘어 가슴을 저미게 하는 철책 너머의 피붙이에 대한 그리움이 아닌가요? 천안함 침몰 사건을 기억하지요. 그날 함정에 탑승하고 있던 우리 승조원 104명 중 58명이 구조되고, 나머지 46명은 실종된 거 아닙니까? 이는 분명 이북이 저지른 만행입니다. 그런데 지금도 남쪽의 한쪽 진영에서는 자작극이라고 우깁니다. 이것이 대한민국이라는 나라입니다. 백령도 46용사 위령탑이라고 해서 꼭 아이들 소꿉터 같이 만들어 놓은 곳이 있습디다. 조잡하기가 아이들 장난감 같더라고. 그런데 그 옆에 그럴싸한 제목의 노래비가 있지요. '천안함 46용사를 기리는 노래' 그 제목이 그럴싸하지요. 몇 번을 읽어 봤습니다. 놀랐습니다. 그 꽃다운 젊음을 빼앗아간 주적이 누구인지, 끝내 밝히지 않았더군요. 이게 다 자작극이란 사실로 인정해 두자는 의미가 아닌가요?"

그렇다. 46용사 위령탑이 백령도에 세워져 있다. 위령탑은 장연군에서 약 10km 떨어진 곳에 있다. 천안함 피격 장소가 가장 가까이 바라다 보이는 연화리 해안가다. 최용국의 말 그대로 군함을 향하여 총부리를 겨눈 주적이 누구인지 시의 어느 구절에도 나와 있지 않다. 이 조시(弔詩)는 「불멸의 성좌여, 바다의 수호신이여」란 제목으로 이근배 시인이 지었다. 장장 30행이다. 그 중 그나마도 스스로 자폭한 것이 아닙니다. 라고 고백하는 곳이 달랑 세 번째 줄에 나와 있을 뿐이다.

'적들의 불의의 폭침으로 순국한' 이 문장을 두고 한 말이다. 적을 '적'이라 단수(單數)로 지적하지 않고, 복수(複數)로 얼버무렸다. 적들은 누굴 두고 하는 말인가? 훗날 백두혈통이 이곳을 지나다가 이 시를 읽었다면 어찌할까? 시인은 몰랐을까. 그걸 놓아주고 말았다. 시인은 왜 이런 애매한 표현을 했을까? 왜 '붉은 괴뢰 북조선 집단'이라고 못을 박아두지 못했을까? 시인 스스로 북괴를 주적으로 규정짓기가 싫었을까? 아니면 그런 표현 쓰기가 싫었던 것인가? 짐짓 시빗거리로 남기자는 의도였을까?

지금까지 이곳을 방문한 육지인 중에 이 부분을 지적하여 문장화한 사람은 보지 못했다. 46용사의 원혼을 달래는 조시로는 약하다. 기록이 중요한 것은 훗날 그 기록이 고스란히 역사가 되기 때문이다.

최용국의 주장에는 일정 부분 타당성이 있었다. 최용국은 김선대의 두 손을 잡고 끌어당겨 꼭 껴안았다. 그리고 아우라 불렀다.

"아우님은 숨기고 있지만 고향이 함경도 어디라는 것 내 알고 있소이다. 남북이 통일되는 날 단천군 중리면 암문리 44번지 내 고향을 한번 찾아주시오. 내 아버지 성함은 최보고인데 기관사입니다. 쌍용역에서 역장으로 오래 있었고, 어머니는 박순덕. 꼭 묘지를 찾아가서 내 말 전하고 대신 절 한 번 해 주시오. 작은 형 영국은 6·25 때 선발부대로 진격하다가 의정부전투에서 사망했다는 소식이 들립디다."

용국의 눈에서 주먹 같은 눈물이 후두둑 떨어졌다. 북진통일이던 남진통일이던 그것은 상관없다. 우리 국민이 원하는 최상의 행복권이 보장되면 그만이다. 대한민국 국민이든 인민공화국 군민이든 다수가 원하는 평화통일이면 된다.

김선대는 할 말을 잊었다. 용국은 무덤까지 가져가야 할 비밀을 입안에 든 쓴 약처럼 우물우물하다가 김선대 앞에서 뱉어냈다. 큰형 최상국을 몇 번 만났다고 했다. 형이 스파이망 책임자라는 얘기도 했다. 다 털어놓고 나니 차라리 용국은 속이 후련했다. 김선대는 용국에게 큰절을 했다. 그리고 형이라 불렀다.

"형님! 형님이 하고 싶었던 이야기 저가 가슴에 품었다가 훗날 단천에 가면 꼭 부모님 찾아뵙고 고하겠나이다."

그렇게 말하는 김선대는 몸이 천근으로 무거웠다. 남북의 분단이 이토록 민족의 가슴을 옥죄고 있는 것이다. 아! 6·25. 하늘이 내린 백의민족의 복록이 예서 끝나지는 않을 것이다. 그러나 지금까지의 최용국의 기도는 너무나 빗나갔다. 허망했다. 그의 몸은 서서히 망가지고 있었다. 시력이 나빠지고, 청력이 나빠지고, 그리 좋던 치아가 막 무너지고, 그렇게 망가지고 있었다. 24시간 집에서만 머무는 부인과의 대화도 거의 불가능했다. 부인은 양 무릎에다가 인공관절을 끼웠다. 심장판막을 소(牛)의 것으로 바꾸었다. 가히 사이비 인생으로 살아가고 있는 것이다.

최용국의 하소연은 길었다. 구구절절 애련함이 배어났다. 이것이 최용국이라는 한 인간의 자화상이었다.

최용국은 독일의 전사(戰史)에 대하여 관심이 많은 사람이다. 그 관심은 최용국이라는 인간에게 생존의 에너지로 작용했다. 세기의 독재자, 세기의 권력자 아돌프 히틀러는 게르만 민족주의와 반유태주의자를 팔아 독일 수상이 되었고, 국가원수가 되었고, 총통으로 불리었다. 그러나 운이 다하자 자살로 생을 마감했다. 화끈하게 살다가 간 사나이였다. 용국은 히틀러처럼 언제 어디서나 최선을 다했다.

독일의 전사, 그것은 우리들에게 시사하는 바가 크다. 제2차 세계대전에서 패한 독일은 포츠담 협정에 의해 동독과 서독으로 분화되었다. 서독은 미국의 경제 원조를 받아 국가가 부흥의 길로 들어섰다. 그 과정에서 동독은 경제에 대혼란이 오고, 소련은 동서로 나누어진 베를린을 거점으로 동쪽 지역을 봉쇄하여 냉전 체제를 강화했다. 1972년에는 '동서독기본조약'을 맺어 평화를 공존하기도 했다. 하나, 동독 측이 1민족 2국가를 주장해 통일은 요원해지는 형국이 되고 말았다. 그러던 독일이 고르바초프가 집권하면서 동구권에 개혁의 바람이 불어 1989년 11월 '베를린장벽'이 붕괴되고, 1990년 10월 3일 분단 41년 만에 역사적인 통일이 이뤄졌다. 이후 독일은 경제적 차이, 재산권 문제 등 많은 문제를 안게 되었지만, 슬기롭게 극복해 나가고 있다. 이것이 독일의 근·현대사이다.

독일이라는 나라 앞에 서면 대한민국 국민이기를 숨기고 싶은 마음은 이 때문이다. 한국의 38선이나 독일의 동서국경이 처음부터 절벽은 아니었다. 어설픈 표지석에 철조망이 만들어지고, 다시 장벽이 생겨, 독일은 동서로 쪼개어지고, 대한민국은 남북으로 갈라섰다. 장벽을 넘다가 총 맞고 죽은 동독의 국민이나 철조망 넘다가 총 맞고 쓰러진 남북한 동포나 하나같이 조상 잘못 만난 업보다. 남과 북을 갈라놓은 우리의 철조망 그 길이는 16여 km였다. 독일을 둘로 쪼개어 놓은 장벽의 길이는 15km 정도다. 그 오차는 불과 1km에 지나지 않는다. 그런데 저네들은 41년 만에 장벽을 모두 허물었다. 그러나 이 땅의 철조망은 더 높아만 가고 있다. 이제 대한민국은 세계에서 유일한 분단국이 되었다. 그 분단이 1세기를 바라보고 있다. 이것이 나라를 위해 하나로 뭉칠 줄 아는 독일의 국민과, 너를 죽여야 내가 산다는 한국식 정치판의 차이다. 이제 우리는 여지없는 후진국 국민이 되었다.

한 줄의 시구가 국운을 바꿀 수 있을까? '우리의 소원은 통일' 민족이 분열일 때는 운명을 바꿀 기회가 와도 이를 못 잡는 법이다. 최용국의 눈에 비치는 대한민국의 운명이 그러했다. 그러나 용국은 희망의 끈을 놓을 수가 없었다. 언젠가 이 땅에 통일이 되는 날 함경남도 단천 고향으로 돌아가야 한다.

장마가 가신 서울의 하늘빛은 청와대의 청기와 색깔을 띠고 있었다. 최용국은 종로 구세군회관 3층에 있는 민화협 사무실을 찾았다. 거기에 가면 무슨 새 소식이라도 들을지 모른다는 기대가 용국의 발걸음을 재촉했다. 층계는 아주 가팔랐다. 그 가파른 층계의 3층에 사무실이 있는 것이다. 계단 하나를 오를 때마다 맥박수가 불어났다. 거칠어진 숨소리는 듣는 이의 가슴을 저리게 했다. 3층의 마지막 계단을 오르자 육신을 지탱할 모든 힘은 소진되고, 풀숲에 떨어진 배추흰나비처럼 얼굴은 핏기를 잃고 백색으로 변했다. 나이 어린 여직원이 자리를 지키고 앉아 있었다. 용국의 예상은 빗나갔다. 저 어린 직원에게 말을 걸어 얻을 게 없었다. 용국은 월간지 『민족화해』 두 권을 얻어 들고 돌아섰다. 그런데 올라왔던 계단이 내려갈 땐 천 길이나 되는 듯 높았다. 용국의 몸으로 계단을 내려가기에는 진정 버거운 경사였다. 허리 근육이 빠진 용국은 문어가 빨대의 힘으로 움직이듯, 몸의 무게를 양팔에 맡긴 채 사력을 다해 계단을 내려갔다. 도움을 청하고 싶었지만 불가능했다. 결국 용국은 계단의 중간쯤에서 중심을 잃었다. 몇 바퀴를 구르다가 바닥에 떨어졌다. 그리고 병원으로 실려 갔다. 2주 후에 불완전한 상태로 퇴원을 했다. 이제 병원 신세 이전의 건강상태로 돌아가서 일상적 활동을 하기엔 틀렸다.

그리하여 자구책으로 마련한 운동이 '다람쥐운동'이었다.

고향 가기

용국은 스스로 '다람쥐 쳇바퀴 돈다'고 했다. 어리석음을 숨기는 표현이다. 용국은 스스로 어리석기 위해서 '다람쥐운동'을 한다. 용국의 기상시간은 1년 12달 변함이 없었다. 6시면 일어난다. 일어나자마자 시작하는 운동이 '다람쥐 쳇바퀴 돌기'다. 40분 정도 소요된다. 운동의 유형은 3가지이다. '벽 돌기', '말 태우기', '자맥질'이 그것이다. 이름이 좀 특이했다. 오늘은 조금 일찍 시작했다. 직립하여 시계의 침 반대방향으로 벽을 짚고 돌아가는 운동이 벽돌기다. 그것부터 시작했다. 벽을 향하여 두 팔을 양쪽으로 쫙 벌리고 상체와 손바닥을 벽에 딱 붙인 다음 그 자세를 유지하면서, 자라가 빨대로 바윗돌을 흡입하듯 밀착한 손바닥 힘으로 갯벌의 큰 게가 움직이듯 좌로 1보, 또 좌로 1보, 또 좌로 1보, 이렇게 움직여 도는 운동이다. 목표는 3바퀴다. 3바퀴 완주에 대략 12분이 소요된다. 두 번째 운동은 바닥을 짚고 엉금엉금 기어서 가기다. 귀여운 손주를 등에 태우고 말놀이하는 그런 자세를 취하는 말 태우기 운동이다. 마지막 3바퀴는 자맥질하기다. 자-벌레가 몸을 원형으로 만들어 꼬리를 머리 쪽에 갖다 붙인 다음, 몸을 앞으로 펴며 자질을 하듯 기어나간다. 무릎을 잔뜩 오그려 몸의 길이를 줄인 다음 두 손으로 방바닥을 잡고, 앞으로 몸을 끌어당김과 동시에 다리에 힘을 주어 몸통을 밀어서 이동을 시킨다. 벽에 붙어서 도는 벽 돌기나, 두 손과 두 발로 땅을 짚고 앙금엉금 기어가는 두더지 걷기나, 허리를 한껏 굽혔다가 펴는 자-벌레 흉보기나 어렵기는 매한가지였다.

등줄기에 땀이 많이 났다. 오늘따라 힘이 달렸다. 마지막 세 바퀴를 비몽사몽 혼수상태로 돌았다. 그러면서도 그는 습관적으로 주술을 외웠다.

-"봄은 사람보다 부지런해서 하루에 3km 모자라는 1백리를 간다. 부산에서 3월 중순에 출발한 봄이 4월 초면 인천에 닿는다. 인천의 봄은 개나리를 따라 그렇게 그렇게 북쪽을 향해 달려간다. 그러다가 고향 성진에 닿는다. 상모솔새는 몸무게가 100원짜리 동전 1개와 비슷하다. 그런데 등치 큰 새들보다 낮은 높이로 날면서 머나먼 러시아 바이칼호수에서 한반도 이남까지 이동해 온다."-

용국이 다람쥐 운동을 할 때 외우는 주술이다. 바이칼호수를 지나 한반도에 닿는 상모솔새처럼 용국은, 봄의 꼬리에 그렇게 매달려 성진포구로 고향을 찾아가는 것이다. 한데, 오늘 아침 이 운동을 하다가 용국은 기절했다. 마지막 1바퀴를 남기고 그리된 것이다. 생일날이고 해서 할멈이 그래도 이것저것 찬을 갖춰 아침상을 올리려다 난리가 났다. 91번째 맞는 생일이다. 이날의 생일에도 축하객은 할멈뿐이었다. 자식이 있었지만 얼씬 못하게 했다. 실향민은 용국의 한 사람으로 족했다. 굳이 자식놈들에게 실향의 아픔을 대물림해주고 싶지 않았다. 용국은 등을 방바닥에 붙인 채 반듯한 자세로 누워 천정을 쳐다봤다. 이미 미동도 하지 못하는 몸이 되어 있었다. 일제가 만들어 놓은 38선이란 쇠사슬에 목이 묶인 채 그렇게 죽어간다는 사실이 한없이 서러웠다. 일제는 흡혈기가 되어 36년 동안 조선의 피를 빨아 먹었다. 그리고 38선이란 괴선물을 안겨주고 떠났다.

미(美)제와 중(中)제와 소(蘇)제가 밉기로는 일제 못지않았다. 조막만한 땅덩이 가운데 놓고 공기놀이 이제 그만했으면 좋겠다.

용국은 정신대 할머니의 처녀동상 마냥 두 손을 꼬옥 쥐고 반듯한 자세를 유지한 채 움직이지 않고 누워있다. 그의 왼쪽 손에 무엇이 들려 있었다. 꼬깃꼬깃 구겨진 종이쪽지였다. 쪽지에 적혀있는 내용은 고향의 가족들이 보고 싶을 때면 외는 주술로 철새 이야기였다. 영하 섭씨 30도까지 내려가는 시베리아·알래스카를 떠나 영하 10도의 날씨에 먹잇감이 풍부한 이남의 서해안 갯벌과 낙동강 하구로 이동해 온다는 겨울 철새 이야기다. 철새 중에는 큰고니란 아름다운 이름을 가진 놈도 있는데, 이놈은 230cm가 넘는 날개를 달고 다닌단다. 그놈들의 틈에 눈곱 크기의 상모솔새가 끼어온다는 것이다. 용국은 그렇게 하루 아홉 바퀴면 죽기 전 상모솔새가 낙동강 하구에 닿듯, 고향 단천에 이를 수 있다는 계산을 하고 있는 터였다. 용국에게 상모솔새는 그가 살아가는 삶의 목표이자 고향으로 돌아갈 수 있다는 희망의 상징이었다. 상모솔새가 남한 땅에서 겨울을 나고, 러시아의 바이칼호수로 돌아가는 길 장진호에 내려 쉬어갈지도 모른다는 생각을 할 때면 전신에 오싹 소름이 돋았다. 장진호는 함경남도 개마고원에 있는 호수 이름이다. 그곳 가까이에 용국의 진외가가 있다. 전신에 닭살이 돋는 것은 그곳에 아버지 외가가 있어서만은 아니다. 백마고지가 전투의 상징이듯 장진호는 6·25와 피의 상징이다. 핏물이 강을 이루어 이 호수로 흐르고, 흐른 핏물이 호수에 고여 수면이 10cm나 더 높아졌다고 전하는 전쟁은 아직도 이 땅에서 진행형이다.

땅머리에서 태어나 땅끝에서 죽는다는 사실이 용국을 더 슬프게 했다.

에필로그

우리나라는 유럽의 선진국과 다르다. 그들의 좌우 진영논리는 단순하다. 더 가진 자와 덜 가진 자의 돈 빼앗아 먹기 싸움이다. 그리고 그들에게는 '빨갱이'라는 단어가 없다. 우리는 이들의 진영논리와 다르다. 이들의 진영논리에 더하여 땅따먹기라는 지주논리(地主論理)가 1300년이 넘는 역사를 지배했다. 권력의 맛을 익힌 정치인들은 IS의 수니파와 시아파처럼 서로 주도권을 잡겠다며 혈투를 한다. 혈투는 4년과 5년을 주기로 벌어진다. 혈투는 1회전으로 끝나지 않고, 다음 정권이 나타날 때까지 청와대와 광화문으로 장소를 옮겨가며 이어간다. 이들이 싸우는 본질은 언제나 '반대를 위한 반대'의 기 싸움이다. 그러니 이제 국민은 여와 야가 싸우지 않으면 허전해지는 망각증세에 사로잡혀 있는 터이다. 이 싸움의 주범은 항시 정치인이다. 그 중에도 하늘의 별처럼 스스로 높이 있음을 자인하는 과대망상증의 환각에 빠진 국회의원이다. 이들은 오늘도 국민을 위한다고 입발림 소리를 하고 다닌다.

신라의 삼국통일은 한민족의 역사에서 최초의 민족 통일로 간주되는 사건이다. 676년 한반도의 제 국가(신라·가야·백제·고구려)를 통합한 것을 두고 하는 말이다. 또 같은 해에 당나라 군대를 대동강 북쪽으로 축출하고, 명실공히 통일을 달성하였던 것이다. 그러나 고구려의 영토를 상당부분 상실했다는 점에서는 분명 한계가 있었다.

나·당의 전쟁으로 외세를 축출하고 민족 단일국가를 성립시켰다는 것에 의미를 두는 긍정적 평가와 함께, 외세를 개입시켜 고구려 영토의 상당 부분을 상실한 불완전한 통일이라는 부정적 평가가 지금도 병존한다. 그러나 한반도 내에서 민족국가의 정체성을 확립하고 고려, 조선으로 이어지는 한민족 단일국가 수립의 기반이 되어 한국사의 토대를 만들었다는 점에서 매우 중요한 의의를 지니고 있다.

하나, 이 사실에 대하여 백제 사람들은 공감하지 않는다. 4개국이 통일된 이후 1340년이 넘도록 단 한 번도 화합을 이루지 못한 이유가 여기에 있지 않나 여겨진다. 935년이란 역사를 가진 대 신라와 660년의 전통을 가진 화려한 백제와는 원초적으로 하나가 될 수 없다. 가야도 520년이란 역사를 가지고 있는 나라다. 뿌리를 가야국에 두고 있는 중간지대 사람들은 어느 편에 설지를 고민하며 살아가야 했다.

북진을 국시로 삼았던 신라의 후예들과는 달리, 백제 사람들은 옛 고구려 영토에 대한 애착심이 강하게 남아 있기에 북진이니 남진이니 이 개념에는 별 의미를 두지 않는다.

요동의 중심부에 고구려가 있었다. 그 땅에 뿌리를 내리고 이어받은 나라가 '조선민주주의인민공화국'이다. 자칭 백두혈통 김씨 왕조는 1세기를 두고 다진 조선민주주의인민공화국을 탄탄한 반석 위에 올려놓고, 지금 세계를 호령하고 있다. 단군 환웅이 신시를 연 곳도 백두산 신단수 아래다. 우리가 단군 할아버지와 촌수를 따져보면 그리 멀지 않다. 145촌쯤 된다. 한민족은 단일 민족임에 긍지를 느낀다. 그러나 이건 형식적인 구호일 뿐이다. 백제와 신라와 고구려와 가야인은 서로 다른 자기들만의 DNA를 유지하고 싶어 한다.

지금 백제 사람들은 의자왕의 사치를 진도 앞바다에 수장시키고, 계백장군의 혼을 되찾고 싶어 한다. 신라의 후예들은 화랑정신을 망각하고, 저들끼리 물고 늘어지는 치졸한 싸움을 하느라 아래위도 모르고 있다. 장래가 뵈지 않는 후예들의 모습이다. 이런 토대 위에서 4년 주기와 5년 주기로 우파와 좌파 간의 대혈투가 벌어진다. 그러니 국민들은 태어나서부터 죽을 때까지 쌈바구하는 꼴을 보다가 눈을 감아야 한다.

"박정희의 구미와 김대중의 신안에 가서 각각 유해보라. 서로가 이방지대임을 담박 느낄 터이다. 구미에서는 김유신의 말발굽 소리를, 신안에서는 계백장군의 칼집 소리를 들을 것이다.

"새마을 운동이면 다냐?"

"민주화가 밥 먹여 주냐?"

칼부림 소리가 이쪽에서도 나고, 저쪽에서도 난다.

어느 날 핵폭탄이 휴전선을 넘어왔다. 신라와 백제는 서로 삿대질을 해댄다.

“이건 햇볕정책 때문이야!”

“이건 적대정책 때문이야!”

서로 삿대질하다가 귀중한 재산, 소중한 자유 모두를 잃어버릴 터이다.

“두고 보라! 북조선 사람들은 애국심으로 뭉칠 줄 안다. 백두혈통 김일성 일가에 대한 충성심은 신앙이다. 이씨 왕조가 500년 동안 유지되었던 것은 유교 정신을 깔고 앉았었기 때문이다. 백두혈통이 신형 종교가 된 것은 8·15해방 이후 강압적이고, 일관된 교육정책의 수행으로 가능했다. 대통령을 욕하고 끌어내려야 출세할 수 있는 대한민국의 수명은 절대 오래 갈 수가 없다. 우리나라는 유럽의 선진국과 다르다. 그들 나라에는 빨갱이라는 단어가 없다. 나는 67년이란 긴 세월을 남한 땅에서 살았다. 하층 생활은 몸으로 때우며 익혔고, 부유층의 모습은 눈으로 요기했으며, 국민의 근성은 공직생활을 통하여 발견했다. 남한은 콩가루 집안이다. 언제 부스스 허물어질지 모른다. 북조선의 정권이 멸망하기 이전에 자중지란(自中之亂) 으로 남조선이 먼저 허물어질 수 있다.”

최용국의 가슴을 억누르는 운명체의 모습이었다.

마른하늘에 천둥소리가 요란하다. 서쪽 하늘이 섬광으로 눈부시다. 천둥은 헛소리가 아니었다. 먹구름이 탱크처럼 몰려오고 있다.

아! 대한민국은 진정 『연리목에 핀 무궁화』이런가?

連理木에 핀 **무궁화**

인　쇄　2021년 12월 8일
발　행　2021년 12월 13일

저　자　金 泳 卓
발행인　孫 光 春
인쇄처　圖書出版 修 書 院
발행처　서울특별시 성북구 삼선교로 2길 7-3
TEL. 765-0924~5, FAX. 765-0927
E-mail　suseowon@hanmail.net
등　록　1971.12.9. No.2-282
ISBN / 978-89-6798-070-2

〈정가 20,000원〉